本书为河海大学中央高校基本科研业务费项目（人文社科专项—社科文库项目）"候鸟式异地养老中国家、市场和社会的功能研究"（项目编号：B220207026）的研究成果

候鸟式异地养老中国家、市场和社会的功能研究

A Study on the Functions of State, Market and Society
in the Retirement in Different Place by Seasonality

陈际华　黄健元　著

苏州大学出版社

图书在版编目(CIP)数据

候鸟式异地养老中国家、市场和社会的功能研究 / 陈际华, 黄健元著. -- 苏州：苏州大学出版社, 2023.11
　　ISBN 978-7-5672-4617-1

　　Ⅰ.①候… Ⅱ.①陈… ②黄… Ⅲ.①养老-服务业-产业发展-研究-中国 Ⅳ.①F726.99

中国国家版本馆 CIP 数据核字(2023)第 240280 号

书　　　名:	候鸟式异地养老中国家、市场和社会的功能研究
	HOUNIAO SHI YIDI YANGLAO ZHONG GUOJIA、SHICHANG HE SHEHUI DE GONGNENG YANJIU
著　　　者:	陈际华　黄健元
责任编辑:	马德芳
助理编辑:	闫莹莹
装帧设计:	吴　钰
出版发行:	苏州大学出版社（Soochow University Press）
社　　　址:	苏州市十梓街 1 号　邮编：215006
网　　　址:	www.sudapress.com
邮　　　箱:	sdcbs@suda.edu.cn
印　　　装:	江苏凤凰数码印务有限公司
邮购热线:	0512-67480030　销售热线：0512-67481020
网店地址:	https://szdxcbs.tmall.com/（天猫旗舰店）
开　　　本:	700 mm×1 000 mm　1/16　印张：15　字数：236 千
版　　　次:	2023 年 11 月第 1 版
印　　　次:	2023 年 11 月第 1 次印刷
书　　　号:	ISBN 978-7-5672-4617-1
定　　　价:	55.00 元

凡购本社图书发现印装错误,请与本社联系调换。服务热线：0512-67481020

前　　言

  我国的人口老龄化进程，始终伴随着经济社会的发展和社会结构的转型。新型城镇化建设、工业化的推进等，都在深刻影响着人们的观念与行为。在交通日益便捷发达、社会流动性日益增强的今天，老年人口的迁移和流动越来越具有普遍性和大众性，移居的老年人群体构成了我国城市化进程中流动人口的重要组成部分。同时，老年人群体的移居也是经济发展、社会转型过程中养老方式多样化的必然结果。在此背景下，候鸟式异地养老应时而生。本书通过参与式观察、访谈法等社会调查方法，选取海南省候鸟老人的主要聚集地点，针对候鸟式异地养老开展田野调查，借鉴结构功能主义理论，分析其产生、发展过程中国家、市场和社会的功能呈现及其调适。

  社会在候鸟式异地养老发展过程中的功能，主要从社群、社团和社区三个方面来实现。初到异地，候鸟老人倾向于以血缘、地缘和业缘等社会关系为基础形成各种类型的社群，通过社群的互动开展"抱团互助"养老。候鸟老人通过在异地进行强连接关系的移植与弱连接关系的重构，以及内生性社会网络与外延性社会网络的建构，从而在新的生存空间"抱团"养老。从社会资本的缺失和补偿的视角来看，候鸟老人"抱团互助"养老，通过互帮互助有效补偿缺失的社会资本，获取稀缺的养老资源。作为社会组织的一种，异地养老协会等类型社团的发展，不仅增强了候鸟老人的归属感，还有效整合了各种资源，为候鸟老人的异地生活提供更多的便捷和福利，提升其候鸟式异地养老期间的生活品质，促进老人们的社会参与，帮助候鸟老人实现自我价值。社区为候鸟老人搭建各种平台，极大丰富了候鸟老人在异地的生活，使他们能够更快地适应和融入新的场域。

  市场功能的发挥首先体现为市场对候鸟老人的吸引。初始阶段，旅游市场吸引大量游客，使游客们对海南的环境有了直观感受，特别是身患慢性疾病的老年群体，对海南的气候、环境等有了切身体会，萌生了到海南过冬的想法，对房地产、养老机构以及旅游市场产生大量需求，各类市场纷纷投其所好，吸引更多的候鸟老人前来养老。候鸟老人大量聚集之后，带来商机，进一步推动和影响着各类市场发展，同时也导致海南出现冬热夏冷的"半年经济"现象。各类市场受到"看不见的手"的调节，在此过程中难免出现"失序"，需要政府这只"看得见的手"来规范市场行为，引导市场有序发展。

国家在候鸟式异地养老发展过程中功能的发挥，可分为三个阶段。以海南省为例，候鸟式异地养老发展初期，海南省的经济、社会、文化等各领域已有的发展成果，为大量候鸟老人落地养老提供了良好的物质基础。候鸟式异地养老快速发展期，海南省推进国际旅游岛建设，这期间大量候鸟老人开始聚集，同时由于公共服务政策措施的缺失与滞后，各方面的冲突与问题层出不穷，例如医疗服务整体水平较低、异地就医结算不便、社会养老服务供给不足等；与此同时，公共资源供求失衡、生态环境变差、基础设施不完善、城市管理水平较低等城市病凸显。候鸟式异地养老平稳发展期，即2016年以后至今，针对前一阶段发展过程中出现的各种问题，政府出台推进异地就医结算、提升公共服务水平、发展健康养生养老产业等相关政策措施，其扶持、调控与主导等关键作用得以充分发挥。

候鸟式异地养老产生发展初期，政府政策滞后，功能发挥有限；各类市场发挥着较强的吸引作用，客观上推动了候鸟式异地养老群体的发展壮大和候鸟式异地养老的发展；社会方面，社群发挥主要的支持功能，候鸟老人主要通过自发地"抱团"养老，共同面对异地养老期间的诸多问题。候鸟式异地养老快速发展期，政府政策逐步跟进；市场继续发挥其资源配置功能，市场"失序"等问题大量出现；社会方面，除了候鸟老人通过社群"抱团"养老以外，各地的异地养老协会等社会组织开始涌现，社区的功能也逐步增加。候鸟式异地养老平稳发展期，国家、地方政府层面的相关政策文件大量出台，主导化解公共服务等领域出现的问题，加强调控，市场由"失序"走向规范；社会方面，社群功能持续发挥作用；各类型异地养老协会等社会组织发展壮大，在国家的扶持下功能得到拓展；社区功能进一步完善，多方共同促进候鸟老人融入社会，提升其在候鸟式异地养老期间的生活质量。

分析候鸟式异地养老发展至今的过程可见，国家、市场和社会在不同阶段的功能呈现各异，而且持续发生调适。市场先行，国家的调控、主导在后。初期，市场凭借敏锐的"嗅觉"先行发展，当市场"失序"、公共服务缺失和滞后等问题凸显之后，国家发挥主导功能，化解公共服务等领域出现的问题，加强市场调控，促进候鸟式异地养老平稳发展。国家和社会之间，从初期社会组织自觉发挥自身功能，到后期国家大力扶持，社会组织更好地发挥拾遗补阙的重要作用，进一步推动了候鸟式异地养老的平稳、可持续发展。

本书共由七个部分构成。绪论，介绍了研究缘起及研究意义，系统梳理了异地养老、候鸟式异地养老等方面的现有文献，阐述了本书的理论基础和核心概念，并提出本书的研究框架、研究内容、研究方法等。第一章从候鸟式异地养老的兴起与发展的视角，阐述养老方式变迁中候鸟老人的出现，梳理候鸟老人的群体特征和候鸟式异地养老方式的总体特征，以及其产生的推动因素和拉动因素等。第二章主要从社群、社团和社区等三个方面探讨社会在候鸟式异地养老发展过程中的功能呈现。第三章主要从与候鸟式异地养老密切相关的旅游市场、房地产市场和老年公寓市场等三个方面探讨市场在候鸟式异地养老发展过程中的功能呈现。第四章主要探讨国家在候鸟式异地养老发展过程中的功能呈现。第五章主要讨论在候鸟式异地养老产生、发展的过程中，国家、市场和社会在不同阶段功能的强弱和调适问题。第六章总结了本书得出的主要结论与观点，并对后续需要研究的问题提出讨论与思考。

本书得到河海大学中央高校基本科研业务费项目（人文社科专项—社科文库项目）"候鸟式异地养老中国家、市场和社会的功能研究"（项目编号：B220207026）的资助。

由于学术水平及实际研究条件的限制，以及其他各方面因素的影响，本书的一些结论和观点还需不断改进和完善，有关候鸟式异地养老后续发展的问题，还有待进一步研究和讨论。期待有关专家和研究人员批评指正，对本书提出宝贵的建议和意见。

陈际华
2023 年 7 月于河海大学

目 录

绪　论　　　　　　　　　　　　　　　　　　　　　　　　　/ 001

　　第一节　研究缘起及研究意义　　　　　　　　　　　　　　/ 003
　　第二节　研究综述及述评　　　　　　　　　　　　　　　　/ 009
　　第三节　核心概念和理论基础　　　　　　　　　　　　　　/ 021
　　第四节　研究内容、研究方法及创新之处　　　　　　　　　/ 028

第一章　候鸟式异地养老的兴起与发展　　　　　　　　　　/ 039

　　第一节　社会变迁中的候鸟老人　　　　　　　　　　　　　/ 042
　　第二节　候鸟式异地养老的特征及产生动因　　　　　　　　/ 059
　　第三节　候鸟式异地养老的发展阶段　　　　　　　　　　　/ 079

第二章　社会与候鸟式异地养老：适应与融入　　　　　　　/ 083

　　第一节　社群的互动："抱团互助"　　　　　　　　　　　/ 086
　　第二节　社团的实践：整合与拓展　　　　　　　　　　　　/ 101
　　第三节　社区的支持：搭建平台　　　　　　　　　　　　　/ 116

第三章　市场与候鸟式异地养老：吸引与发展　　　　　　　/ 123

　　第一节　市场吸引候鸟老人　　　　　　　　　　　　　　　/ 125
　　第二节　候鸟老人影响市场　　　　　　　　　　　　　　　/ 148
　　第三节　冬热夏冷的"半年经济"　　　　　　　　　　　　/ 150

第四章 国家与候鸟式异地养老：扶持与调控 / 159

第一节 厚植候鸟老人落地的土壤 / 161

第二节 候鸟老人聚集之后 / 165

第三节 政府主导化解策略 / 174

第五章 候鸟式异地养老中国家、市场和社会的功能调适 / 181

第一节 国家与市场：市场先行到国家调控 / 183

第二节 国家与社会：政府扶持与社会补缺 / 188

第三节 市场与社会：冲突与协作 / 195

第六章 研究结论与相关讨论 / 199

第一节 研究结论 / 201

第二节 相关讨论 / 207

参考文献 / 213

附录1 访谈对象基本情况一览表 / 223

附录2 访谈提纲 / 226

后　　记 / 229

绪 论

第一节 研究缘起及研究意义

一、研究缘起

老,是人生中必经的一个阶段,是一生中必然会开启的一段银色旅程。"老有所养",则是处于这个阶段中的每一个人希望达到、实现的一种理想状态。

尊老爱老,是中华民族的传统美德。古人云:"大道之行也,天下为公,选贤与能,讲信修睦。故人不独亲其亲,不独子其子,使老有所终,壮有所用,幼有所长,矜寡孤独废疾者,皆有所养。男有分,女有归。货恶其弃于地也,不必藏于己;力恶其不出于身也,不必为己。是故谋闭而不兴,盗窃乱贼而不作,故外户而不闭。是谓大同。"[1]

我国人口老龄化正在向纵深发展,无论是"未富先老",还是"边富边老",老龄化都似一股大潮,汹涌而来。第七次全国人口普查数据显示,截至 2020 年 11 月 1 日,我国 60 岁及以上老年人口达 2.64 亿。预计到 2050 年,每 3 个中国人中就将有 1 个老人。人口老龄化,不仅仅意味着一组组人口调查数据,一段段书面文字,一篇篇学术研究报告和期刊论文,更是每一位个体、每一个家庭需要切实面对的现实问题。随着我国人口老龄化速度的不断加快、程度的不断加深,养老及其相关话题已经逐渐成为个人、家庭,乃至国家、市场和社会持续关注的热点。

我国的人口老龄化进程,始终伴随着我国经济社会的发展和社会结构的转型。新型城镇化建设、工业化的推进以及城市化进程等,都在深刻影响着人们的观念与行为。"自 20 世纪 50 年代开始,西方学者开始系统性地探索现代性(如城市化和工业化)与家庭转变之间的关系。学者们普遍认为,现代性对家庭的影响是普遍的,它不仅极大地改变了人类所生存的物质条件和经济基础,也极大地改变了人们的思想和生活方式。"[2] 因此,我国老年人口数量逐年增多的同时,传统的养老方式和养老观念也在潜移默化地发生着

---

[1] 梁鸿. 礼记[M]. 长沙:湖南文艺出版社,2003:98.
[2] 杜鹏. 回顾与展望:中国老人养老方式研究[M]. 北京:团结出版社,2016:3.

变化。"传统的养老方式变化"包括两层含义：一是从养老资源提供的角度，指传统的家庭养老依然占据着重要地位，但社会养老也越来越为人们所认可和接受；二是从具体养老方式实践的角度，指常见的养老方式中出现了一些新的元素，一些新概念的养老方式应运而生，例如"互联网+养老"、娱乐养老、旅游养老、候鸟式异地养老等。而养老观念的变化，则体现在：一是由生存型养老转向发展型养老，随着老人收入水平的提高，改变了过去"新三年，旧三年，缝缝补补再三年""舍不得吃，舍不得花"的养老消费观；二是养老地点由"一地"转向"异地"，改变了传统的"离土不离乡""家本位"等养老定式思维；三是既注重物质养老，也注重精神养老，尽力打造一个适合自己、乐享晚年的养老状态；四是这些养老方式均能得到来自家庭、子女以及亲戚朋友的理解和支持。

在这一背景下，异地养老应运而生。异地养老，是指老年人离开现有住宅，到外地居住的一种养老方式，其实质也可称为"移地养老"[1]。其显著特征体现为老年人群体的移动和异地居住。在交通日益便捷发达、社会流动性日益增强的今天，老年人口的迁移和流动越来越具有普遍性和大众性。移居的老年人群体构成了我国城市化进程中流动人口的重要组成部分。同时，老年人群体的移居也是经济发展、社会转型过程中养老方式多样化的必然结果。

老年人群体的移居动因一般分为以下几种：第一，投靠子女，即因子女在城市安家落户而移居养老。第二，支援子女，移居到子女身边，一方面照顾孙辈，另一方面享受天伦之乐。第三，落叶归根，即退休后选择回家乡养老。第四，追求生活品质，退休后选择到空气清新、环境良好、气候宜人的城市生活。2009年国家社科基金青年项目调研组曾在大连市做过相关调查，结果表明，在移居老年人中，第一类和第二类占78%，第三类占10%左右，第四类占近12%。[2]

第四类追求生活品质的移居老人，即为本书重点关注的对象。由这一动因驱动的移居老人，收入比较稳定，经济上独立自主，对子女的依赖程度较低，没有后顾之忧，身体健康，生活自理，开朗乐观，适应性较强。他们有的选择旅游式的异地养老，轮流到风景优美、设施齐全的城市短期居住；有

---

[1] 陈友华. 异地养老：问题与前景[J]. 江苏社会科学, 2016 (2): 127-132.
[2] 李珊. 移居与适应：我国老年人的异地养老问题[M]. 北京：知识产权出版社, 2014: 19.

的选择回归田园的乡村式的异地养老,到环境优美的乡村租房长期居住,体验春种秋收的农家乐趣;有的选择候鸟式异地养老,每年冬季飞往南方,夏季再回老家居住生活。

候鸟式异地养老,正是本书的主要研究对象。候鸟式异地养老一般涉及的季节是每年的夏季和冬季。夏季高温酷暑,冬季数九严寒,都不利于身体日渐虚弱的老人平安度过。夏季如何避暑,冬季如何避寒,是老人们亟须面对的难题。因此,除了开空调、开暖气,夏季到凉爽舒适的北方避暑,冬季到温暖湿润的南方过冬,成为老人们度过严寒酷暑的解决办法之一。目前我国老人夏季避暑的首选地主要是北方城市,此外西南地区贵州、西昌、攀枝花等温度适宜的地区也可满足老人们度夏养老的需求;冬季则是飞往南方过冬,海南、广东、广西等地成为老人们过冬养老的首选地点。

之所以会关注到这一养老方式,是因为我作为一名"70后",个人在成长的过程中,经历了由主干家庭再到核心家庭的家庭规模变迁,看到了自己的祖辈们、父辈们从传统的"不离故土"到现在的候鸟式异地养老这一不同类型的养老方式的变迁。

我的祖辈们大都在一地终老,年轻时很少离开过自己的家乡,年老时更是寸步不离自己的老宅,他们的行为代表的是我国千百年来的传统养老方式。他们生于故乡,长于故乡,最后也在故乡终老。我的爷爷奶奶,是土生土长的重庆人,在嘉陵江畔嬉闹长大,在重庆丝纺厂工作到退休。之后,他们在嘉陵江的阵阵江波和隐隐的汽笛声中度过一生。我的外公外婆,一生都居住在重庆南部綦江区的东溪古镇上,务农为生。古镇山路崎岖,绿树成荫,这古朴小镇也陪伴了两位老人一辈子。费孝通先生曾在《乡土中国》中提出,"乡土性"也许是近代中国最显著的特征之一。"'乡村里的人口似乎是附着在土上,一代一代的下去,不太有变动。'——这结论自然应当加以条件的,但是大体上说,这是乡土社会的特性之一。我们很可以相信,以农为生的人,世代定居是常态,迁移是变态。"[1] 我的祖辈们,不管是身居城市,还是农村,似乎都在用自己的"不离故土"诠释着中国"乡土性"的含义。

而我的父母,却开始寻求他们的"第二故乡",尝试着在远离故土的异

---

[1] 费孝通. 乡土中国 生育制度[M]. 北京:北京大学出版社,1998:7.

地养老。我的父亲是一位"40后",从小在嘉陵江畔长大。18岁参军,退伍转业后进入重庆电缆厂工作。在20世纪80年代海南开发大潮中,他曾作为重庆电缆厂的第一批开拓者,带领团队前往海南省开拓电缆事业两年多。自此,他对海南岛这一片海风阵阵、椰林密布的热土拥有着特殊的记忆。我的母亲是一位"50后",1969年从东溪古镇来到重庆电缆厂工作,直到退休。当时父亲已前往海南,母亲对于带着我们姐妹俩留守重庆的这段时光,一直记忆犹新。2009年,他们成了候鸟老人,寒冷的冬季,温暖明媚的海南成为他们的"第二故乡"。身为女儿,在这八九年间,目睹和参与了他们从参加农家乐[1],到租房,再到买房,一直到现在的每年冬季"南飞"海南岛过冬的全过程。我的父母开始每年冬季定期前往海南的这几年,在他们身上,我看到了每年冬天来临之际前往海南过冬的一种迫切和期待。随着时间的推移,他们认识的朋友越来越多,"独在异乡为异客"的他们,开始尝试"抱团互助",把老年生活过得有滋有味、丰富多彩。微信群、QQ群里的一张张照片,洋溢着他们与伙伴们的笑脸。

下面这一首诗,作者就是一位80岁高龄的候鸟老人。这首诗反映出候鸟老人在海南的养老状态,候鸟老人对海南养老的环境条件满意度很高,养老生活充实、欢乐、丰富多彩。

候鸟的天堂
作者:LJY教授
我们是一群自由翱翔的候鸟,
白云蓝天间遨游,满世界寻找;
大洋中呈现出一座碧绿的宝岛,
在向我们招手,向我们微笑。
啊!原来是世界长寿乡——海南国际旅游岛,
我们轻轻飞落,在S季春城[2]落脚。

---

[1] 农家乐:指海南省各地接待过冬老人的一种私人旅馆,一般以包月计算费用,含三餐。根据旅馆的环境、设施、提供服务的内容和档次等,价格一般从1 000多元到3 000多元不等。因价格较合理,居住方便,对于在海南没有购房,但又有候鸟式养老需求的老人较为适合。
[2] S季春城:位于海南省澄迈县J镇,是海南田野调查点的小区的名字,这首诗的作者也居住在这一小区。这首诗表达了居住在S季春城的候鸟老人对"第二故乡"的热爱之情。这首诗经过候鸟老人组织排练后,在业主新春联欢会上进行集体诗朗诵。

万亩[1]原生林形成树的海洋,
清风拂过,涌起绿色波涛。
鹦鹉、雏燕、百灵在枝头迎宾舞蹈,
鸣声婉转清脆,更有那俏丽的莺鸟。
碧草如茵,处处盛开着鲜花,
姹紫嫣红,在绿波中翘首欢笑。
树影婆娑浮现红墙碧瓦,
那就是我们的新居,
窗明几净,正在向它的主人点头问好!
园区内棕榈成行,威武挺拔,
旅人蕉撑开巨伞轻飘慢摇,
凤凰树枝头,那粉红的小鸟正在筑巢。
看!白玉兰,红扶桑,三角梅,美人蕉,
百花争艳,竞相开放,四季如春,清香袅袅。
这是候鸟的天堂,我们在这里安家,健身养老。
我们快乐,我们健康,
我们乐活,我们骄傲!
我们相依相伴,亲如一家,
我们共唱和谐美满的赞歌,
共创、共享人间天堂的美好!
我们是一群自由翱翔的候鸟,
白云蓝天间遨游,满世界寻找;
寻找一处休闲之地,让我们安家、健身、养老;
澄迈张开双臂,S季春城把我们拥抱!
啊!长寿乡将我们迎接,犹如亲朋好友驾到;
温泉谷的温泉水为我们洗去风尘和烦恼。
天然绿水湖畔,我们流连忘返,
清风徐来,湖边泛舟,岸边垂钓,

---

[1] 1亩≈667平方米。

亭中品茶，知心话语尽情聊！
太极，秧歌，广场舞，海阔天空任逍遥。
忽听锣鼓声声响，
欢声笑语似春潮，
众乡亲捧来土特产，
迎接客人尽把心意表。
福橙，甜橘，小蜜枣，
荔枝，地瓜，小尖椒，
福山咖啡，瑞溪粽子，富硒大米营养高，
加乐黑猪，白莲鹅，瑞溪牛肉干世间少。
天南地北一家亲，
游子乡亲携手共建旅游岛。
这里是候鸟的天堂，
我们在这里长生不老！
这里是我们的第二故乡，
四海游子相聚乐陶陶！
今天我们共庆佳节迎新春，
S季春城涌春潮！
衷心祝愿各位来宾，亲朋好友，
新年好！新年好！新年好！（2014年12月4日）

自异地养老概念在中国提出至今，在三亚、北海、厦门、昆明、青岛等地的实践已取得了明显进展，其中，异地养老方式的典型代表——候鸟式养老涵盖的老年人群体越来越庞大。以海南省为例，随着我国经济的发展、老龄化社会的到来，海南省现已成为最热门的候鸟老人聚集地。不论国内还是国外的老年人，纷纷到海南安营扎寨。主要聚集地包括三亚、文昌、海口、澄迈等地，足迹逐渐遍布海南各市县，从早期的南部开始向东部、北部蔓延。和我父母一样南飞过冬的老年人越来越多，他们的这种候鸟式异地养老方式，也越来越引起了我的研究兴趣，激发了我的思考。

目前，候鸟式异地养老的老年人越来越多，关于他们的报道也开始频繁见诸新闻媒体。候鸟式异地养老方式何以产生？是哪些方面的条件促成了候鸟式异地养老方式的出现？个体的候鸟式异地养老行为是如何发生的？选择候鸟式异地养老的老年人有什么样的群体特征？他们对候鸟式异地养老方式的认知和选择源自何处？国家、市场和社会这三个层面的功能是如何影响候鸟式异地养老方式的产生和发展的？在候鸟式异地养老方式产生和发展的过程中，国家、市场和社会这三个层面的功能又是如何调适的？候鸟式异地养老方式产生和发展过程中的冲突和矛盾是如何得到解决的？候鸟式异地养老未来将会如何发展？这些问题都值得我们开展调查、研究和思考。

二、研究意义

候鸟式异地养老是随着经济发展和社会变迁逐渐兴起和发展的一种养老方式。这种养老方式本身产生和发展在先，理论和学术方面的研究相对滞后。目前，虽然学界对候鸟式异地养老的研究已经取得了一些研究成果，但总体来看，目前的研究视角主要集中在异地养老中的具体问题、社会融入困境、制约因素、发展前景等方面，还未见从国家、市场和社会的功能呈现及其调适的角度，将宏观的分析框架和微观的经验材料较为紧密地衔接起来，对候鸟式异地养老的兴起和发展做全面、系统的分析。

本书希望通过人口社会学的视角，结合结构功能主义理论，采用国家、市场、社会的三维分析框架，深入剖析在候鸟式异地养老这一养老方式的兴起和发展过程中，国家、市场、社会的功能呈现及其调适，进一步明晰国家、市场、社会之间的两两互动关系，并对候鸟式异地养老的未来发展方向提出思考与讨论，以期有助于候鸟式异地养老的可持续良性发展，提高候鸟老人的异地生活质量。

第二节 研究综述及述评

一、研究综述

（一）异地养老相关研究

我国已经迈入老年型人口社会，老年人口正在逐年增加。随着经济社会的发展，在传统养老方式的基础上，一些带有鲜明时代特点的养老方式应运而生，其中，异地养老则是顺应我国老龄化社会发展趋势而出现的。随着我国经济发展和社会转型，人们养老观念转变，生活水平提高，交通方式和通信工具变得便捷，异地养老在我国已具备了可行性。2004年8月17日，首届全国养老机构院长高级论坛暨全国异地养老推介大会在大连市社会福利院召开，异地养老作为一个新名词被提出。[1] 伴随着人口老龄化程度的不断加深，养老及其相关话题已逐渐成为社会持续关注的热点。人们探讨各种类型的养老方式，以应对人口老龄化的挑战，其中，就包括异地养老问题。在西方，异地养老已经有较长的历史，并建立了比较成熟的体系。在中国，异地养老的提出距今仅有10多年时间，相关研究围绕以下几个方面展开。

1. 对异地养老概念的厘定

王树新提出，根据养老目的的不同将异地养老划分为"生活享受型""投靠子女型""子女吸引型""移居到养老机构型"等不同类型，并对这四类异地养老人员的养老问题进行了系统概括，认为异地养老必须是老人较长时间（1年之内累计3个月以上或长期）离开原居住地在异地生活，有明确的安度晚年养老目的和养老投靠的固定住所。按照不同的维度，还可以把异地养老划分为其他不同的类型。[2]

陈谊、黄慧认为，异地养老是指老年人离开现有住宅，到外地居住的一种养老方式，包括旅游养老、度假养老、回原籍养老等方式。[3]

姜向群认为，异地养老是指老年人离开原来的生活地到另外的地方生活的养老方式。[4]

穆光宗认为，异地养老的实质是非出生地、非户籍所在地的养老方式，包括长期性迁居养老和季节性休闲养老。[5]

袁开国、刘莲提出，异地养老指的是老年人离开现有住宅，到外地居住的一种养老方式，其实质是"移地"养老，包括旅游养老、度假养老、回原籍养老等，也可以划分为候鸟式安居型、旅游观光型、休闲度假型、探亲交

---

[1] 阎萍. 异地养老市场分析及对策建议[J]. 市场与人口分析，2006（3）：67-70.
[2] 刘爽，陈谊，黄慧等. 孰是孰非：聚焦"异地养老"[J]. 人口研究，2006，30（4）：35-46.
[3] 刘爽，陈谊，黄慧等. 孰是孰非：聚焦"异地养老"[J]. 人口研究，2006，30（4）：35-46.
[4] 刘爽，陈谊，黄慧等. 孰是孰非：聚焦"异地养老"[J]. 人口研究，2006，30（4）：35-46.
[5] 穆光宗. 关于"异地养老"的几点思考[J]. 中共浙江省委党校学报，2010，26（2）：19-24.

友型四类，或迁居和暂居两类。[1]

何阳指出，异地养老可以界定为：老年人离开原来的生活地到另外的地方（以地级市为区分依据）生活较长时间（1季度至少累计1个月）的养老方式，它的实质为移地养老，是一个集合概念。[2]

陆杰华、沙迪认为，异地养老是指老年人离开长期居住地到出生地、户籍地之外的其他地方（以地级市以上地区为划分依据）生活居住一定时间（每年累计3个月以上）的移动式养老方式。[3]

异地养老还涉及一个流动的老年人口的概念，孟向京、姜向群等在研究中表述："流动的老年人口是一个容易被忽视的群体，一方面是因为流动老年人口在流动人口的大军中所占的比例较低，不是流动人口的主体；另一方面，流动老年人口由于已经完成了生命过程中的生育阶段、就业阶段以及受教育阶段，因而也被作为没有特殊问题的一类人而受忽略。"[4]

2. 异地养老的类别与特点

张茂玲根据异地养老的动因将其划分为跟随子女的、异地退休回原籍的、人才流动导致的、追求舒适时尚生活的、打工人员的异地养老等不同类别。[5]

王树新将异地养老划分为生活享受型、投靠子女型、子女吸引型与移居到养老机构型四种类型。[6]

穆光宗认为，从异地养老的发展形态看，它包括迁居与暂居；从养老目的看，异地养老多为季节性休闲观光型；从组织方式看，异地养老多为互动共享型。同时他认为异地养老是老龄产业链的重要环节，也是居家养老的重要补充。[7]

---

[1] 袁开国，刘莲，邓湘琳. 国外关于异地旅游养老问题研究综述[J]. 福建江夏学院学报，2013，3（6）：63-69.

[2] 何阳. 异地养老文献综述及其引申[J]. 重庆社会科学，2015（10）：66-71.

[3] 陆杰华，沙迪. 老龄化背景下异地养老模式类型、制约因素及其发展前景[J]. 江苏行政学院学报，2019（4）：56-63.

[4] 孟向京，姜向群，宋健等. 北京市流动老年人口特征及成因分析[J]. 人口研究，2004，28（6）：53-59.

[5] 张茂玲. 异地养老：我国社会保障制度改革面临的新问题[J]. 财经政法资讯，2006，22（2）：16-19.

[6] 刘爽，陈谊，黄慧等. 孰是孰非：聚焦"异地养老"[J]. 人口研究，2006，30（4）：35-46.

[7] 穆光宗. 关于"异地养老"的几点思考[J]. 中共浙江省委党校学报，2010，26（2）：19-24.

李珊从社会适应的角度分析我国老年人异地养老问题,将老年人移居类型分为投靠子女型、支援子女型、追求生活品质型、落叶归根型这四类。[1]

陆杰华、沙迪认为,异地养老包含投亲靠友、投奔子女、候鸟式养老、度假式养老等多种方式;这种养老方式作为机构养老、社区养老、居家养老、互助式养老等养老方式以外的一种新型养老方式,更多的是功能补充而非替代传统养老方式;这种养老方式不仅反映出老年人养老区域的变化,还涉及养老服务供给方式的变化和老年人社交、情感关系网络的变化,整体上体现出当前老年人养老方面的新变化和新需求。[2]

陈友华认为,在中国,异地养老这一群体的特点可以归纳为:(1)市场性。异地养老需要建立在较好的经济基础之上。实践异地养老的老年人自己或者子女都有一定的经济实力,属于中高收入水平的社会群体。这种养老方式满足的是老年群体的发展型需求,而非生存型需求,因此其市场属性明显。(2)相对小众性。由于目前仍然缺少全国性的调查统计数据,全国异地养老的确切人数仍然不得而知。但可以肯定的是:虽然绝对数可能超过百万,但相对于全国2亿多的老年人口而言,异地养老依然是一个相对小众的市场。(3)或然性。异地养老属于非生存型需求,影响其产生的不可控因素较多,因此,这种养老方式表现出某种或然性。(4)风险性。受身体、心理等多方面因素的影响,老年人是一个相对脆弱的群体,其迁居过程中的安全保障和可能遇到的意外事件是首要考虑的因素。因此,长途跋涉,以及因迁居而带来的自然与社会环境的突然改变,对老年人的身体、适应能力等方面都是严峻考验。此外,对于组织者来说,异地养老也必须考虑相应的法律责任风险。[3]

穆光宗提出,老年人到了异地由于水土不服和其他非自然原因发生某些意外时,就存在一个谁来承担法律责任的问题。[4] 因而异地养老存在一定的风险。此外,由于远离原居住地,来自家庭与原居住地的社会支持大大减少,从而对养老所在地的社会依赖性增强,故在养老所在地会需要更多的医

---

[1] 李珊.移居与适应:我国老年人的异地养老问题[M].北京:知识产权出版社,2014:18-19.
[2] 陆杰华,沙迪.老龄化背景下异地养老模式类型、制约因素及其发展前景[J].江苏行政学院学报,2019(4):56-63.
[3] 陈友华.异地养老:问题与前景[J].江苏社会科学,2016(2):127-132.
[4] 穆光宗.关于"异地养老"的几点思考[J].中共浙江省委党校学报,2010,26(2):19-24.

疗等配套设施与专业服务支持。

本书准备加以研究的候鸟式异地养老，可以描述为追求舒适时尚生活的、季节性休闲式的养老，或者生活享受型的养老，更准确地描述，准备研究的这一群体可称为候鸟式安居型异地养老群体。

3. 异地养老形成的动因

异地养老的形成有其推动因素和拉动因素。

李芬专注于异地养老兴起的社会结构背景研究，发现异地养老的兴起与我国目前的人口结构、家庭结构、阶层结构等密不可分。人口结构的现状及趋势，老年人口增速快、基数大、中低龄老年人比例高等因素，客观上要求异地养老持续发展；家庭结构的变化，家庭规模小型化、家庭成员构成简单、女性就业率较高等现状，难以满足家庭养老需求，因此，异地养老就变成了有益补充；阶层结构发生变化，中产阶层人数增多，老年中产阶层不仅对于异地养老的需求强于其他阶层，还拥有异地养老的能力，促使异地养老不再是天方夜谭。[1]

近年来异地养老为什么会在中国逐渐兴起？陈友华认为主要有以下推动因素：(1) 随着社会经济和生活水平的提升，部分老年人或者子女逐渐具备了一定的经济实力和异地养老的消费能力，为异地养老创造了必要的物质基础。(2) 伴随着社会经济的发展，百姓需求正逐渐由生存型向发展型转变，养老的思想观念已经并仍在发生着深刻的变化，由"一地"向"异地"转变。(3) 人口老龄化快速发展，老年人口规模快速增加，虽然异地养老相对小众，但庞大的老年人口基数，为中国异地养老市场的逐步形成创造了人口基础。(4) 中国的老年人口与西方发达国家相比年龄低得多，也为异地养老提供了身体基础。中国的退休年龄较早，使部分人想出去走走，甚至有异地养老的愿望。(5) 政府推动与社会参与，中国的老龄产业近年来取得了一定的进展，为异地养老创造了一定的现实基础。(6) 身体需要。大部分老年人都患有慢性支气管炎、高血压、冠心病等老年慢性疾病，冬季到例如海南、昆明等气候温暖的地方生活，病情就会减轻很多，身体感觉更舒适。[2]

---

[1] 李芬. 异地养老者的特征：异地养老模式的机遇与挑战——基于157位异地养老者问卷调查的分析[J]. 人口与发展, 2012, 18 (4)：62-66.
[2] 陈友华. 异地养老：问题与前景[J]. 江苏社会科学, 2016 (2)：127-132.

何阳提出异地养老的兴起背景主要是我国人口结构的变化和公民收入的增加。[1] 这些因素极大地推动着新的养老方式的形成。

周刚、曹威、李运娥等通过分析旅游养老者的迁移行为，认为目的地的自然环境与资源是吸引老年人的决定性因素；此外，目的地的医疗水平和条件、社会发展状况、交通便利程度、物价因素等也是吸引此类群体的必要性因素。[2]

4. 异地养老存在的问题

孔金平、刘瑜闻认为异地养老存在诸多难题，主要表现在移居风险、法律责任、保险费用的异地支取、养老机构的服务质量、老年人的精神慰藉等方面，并提出相关建议，如要尽快出台相应的政策和法规、合理定位异地养老市场、异地养老要实现市场化与社会化、整合资源，建立异地旅游养老产业网络等，促进异地养老更好地发展。[3]

周婷从城乡社会保障政策、老年人自身、子女三个方面分析我国异地养老发展缓慢这一问题的原因，并从政府、老人自身、家庭成员的角度提出支持异地养老发展的对策建议，以加速异地养老服务的实施与推广。[4]

在总结不同学者观点的基础上，李芬认为社会保障体系不健全、户籍制度的隔离和二元社会保障制度以及对老年人自身和传统养老文化等观念认识不到位等因素，使异地养老的发展速度较慢，并提出应重新定位异地养老的市场群体，政府要给予支持和引导，在政策和法律上给予优惠和保障，需要打通异地养老的政策渠道与减少法律障碍等具体建议。[5]

李延宇等分析了限制老年人异地养老的制度因素、自身因素、家庭因素，提出了解决异地养老问题的对策，如合理调整户籍制度、转变老年人旧

---

[1] 何阳.异地养老文献综述及其引申[J].重庆社会科学，2015（10）：66-71.
[2] 周刚，曹威，李运娥等.基于推拉理论的重庆市旅游养老者迁移因素与迁移行为分析[J].经济师，2016（12）：29-32.
[3] 孔金平，刘瑜闻.养老方式多样化的探索：互动式异地养老[J].湖南科技学院学报，2008，29（1）：73-75.
[4] 周婷.浅析"异地养老"在我国发展缓慢原因及其对策研究[J].特区经济，2011（1）：226-228.
[5] 李芬.异地养老者的特征：异地养老模式的机遇与挑战——基于157位异地养老者问卷调查的分析[J].人口与发展，2012，18（4）：62-66.

有观念、加强传统文化教育等。[1]

何阳提出异地养老的制度障碍集中于社会保障领域，尤其是医疗保险与社会福利这两个方面。[2]

5. 异地养老的发展前景

异地养老作为一种新的养老方式，在国内，一线城市如大连、上海、广州、北京、香港等已经付诸实践。如姜向群进行了我国异地养老实践的初探，2003 年在大连成立同泰老年休养服务中心，以机构联网的方式发展异地养老，把异地养老作为一个"产品"来开发，建立了"异地互动养老"网站，为需要服务的人们提供各种相关的服务。但这是一种机构服务式的异地养老，带有休闲旅游、短期异地生活的特点，还不能代表完全意义上的异地养老。[3]

陈谊、黄慧针对香港特区政府实施的"综援长者自愿回广东养老计划"开展研究，发现目前在香港接受综援的老年人已有 3 000 多人，回广东养老居住逐渐成为祖籍广东的香港人落叶归根较好的选择。[4]

刘伟、陈鹏针对浙江省天目山地区"候鸟式""休养式""度假式"的异地养老模式开展研究，发现其将避暑、避寒、休闲、旅游、调节生活相结合，为全国各地老年人提供异地居所。[5]

何阳提出异地养老市场前景光明，异地养老模式在我国拥有独特性，并且具有持续的可行性。[6]

陈友华提出，除投靠子女这一类型之外的异地养老，不仅可能会增加家庭与国家的负担，更会因此而带来一系列风险。因此，建议国家采取中立的态度，不要直接介入，也不要投放大量的资源于异地养老，而是让市场充分发挥作用，政府只需加强监督管理即可。[7]

---

[1] 李延宇, 任姣姣, 丁玉乐. 老龄化与少子化背景下中国老年人口异地养老现象探究[J]. 经营管理者, 2013 (4): 5-7.
[2] 何阳. 异地养老文献综述及其引申[J]. 重庆社会科学, 2015 (10): 66-71.
[3] 刘爽, 陈谊, 黄慧等. 孰是孰非：聚焦"异地养老"[J]. 人口研究, 2006, 30 (4): 35-46.
[4] 陈谊, 黄慧. 如何解决老年人的异地养老需求[J]. 北京观察, 2006 (10): 19-22.
[5] 刘伟, 陈鹏. 我国异地养老的现状及对策研究[J]. 广西政法管理干部学院学报, 2012, 27 (3): 65-68.
[6] 何阳. 异地养老文献综述及其引申[J]. 重庆社会科学, 2015 (10): 66-71.
[7] 陈友华. 异地养老：问题与前景[J]. 江苏社会科学, 2016 (2): 127-132.

6. 国外异地养老的理论与实践

国外对异地养老的研究与实践，主要有以下几点：

利特瓦克（Litwak）等（1987）提出了老年人的"三阶段"迁移理论，奠定了西方老年人口迁移理论的基础。Litwak 从时间发展视角提出了老年人迁移的三阶段模型：第一阶段，老年人刚退休不久，拥有健康的身体和完整的家庭，为了追求更高的生活质量，选择迁往气候和环境更为舒适的"阳光地带"；第二阶段，随着年龄增加，老年人的健康状况不断恶化，丧偶又加剧了生活自理压力，被迫靠近子女居住以获取日常生活帮助，形成老年人迁移的"逆流"；第三阶段，当老年人的身体状况进一步恶化，子女也没有足够精力照护时，老年人将迁往养老机构。利特瓦克的三阶段模型获得了美国、日本、加拿大、英国等地的研究证实。例如，美国老年人口迁移的集中度较高，超过一半的迁移者流向"阳光地带"的 10 个州。其中，1960 年以来的迁移者有 20%—25% 迁往了佛罗里达州。但最近，随着传统目的地的饱和及新目的地的开发，老年人口迁移集中度呈现下降趋势。美国人口净迁出的州则主要集中在气候较冷的北部和东北部地区。随着老年人身体机能衰退，过渡到需要照护阶段后，老年人又会逐渐从环境迁移目的地迁出，因此佛罗里达、加利福尼亚等州表现出迁入地和迁出地重合的特征，老年人迁出量也居全国前列。[1]

康韦（Conway）等（1998）研究发现，低龄老年人愿意迁往具有良好生活环境的地区，高龄老年人则会因为高生活成本而被迫迁移。[2] 如陈谊等（2006）发现在加拿大，由于漫长冬季对老年人健康和户外活动带来影响，有部分老年人在气候适宜的美国东南部购房或者租房，有的长期移居异国安度晚年，有的每年冬季有数月或半年去异国生活。英国也有不少老年人把自己的养老地点选择在西班牙、南非这样的国家，这些国家物价水平较低，可以享受到比本国更好的物质生活和服务。[3]

卡尔沃（Calvo）等在 2009 年的实证研究将老年人迁移划分为"计划"

---

[1] LITWAK E, LONGINO C F Jr. Migration patterns among the elderly: a developmental perspective [J]. The gerontologist, 1987, 27 (2): 266-272.

[2] CONWAY K S, HOUTENVILLE A J. Do the elderly 'vote with their feet'? [J]. Public choice, 1998, 97 (5): 663-685.

[3] 陈谊，黄慧. 如何解决老年人的异地养老需求[J]. 北京观察，2006 (10): 19-22.

和"被动"两种,"被动"迁移者往往遭遇了离婚、疾病、丧偶等冲击,更倾向于出售自有房产,与亲戚共同生活,迁移行为能改善老年人的福利和精神状态。在国外,出于气候条件、日常消费水平、护理成本等考虑,发达国家的部分老年人中较早就兴起了"异国养老"风潮。

安杰利斯(Angeles)等(2004)针对欧洲的候鸟式异地养老开展研究,发现北欧地区因为天气严寒,当地老年人身体很难承受,而地中海的气候比较温和,适合老年人进行户外活动,并且不会让老年人感到寒冷。调查显示,62.3%的老年人认为舒适的地中海气候环境,是吸引他们前去马耳他进行异地养老的重要原因。同时调查还发现,吸引老年人前往的另一个因素是地中海地区人们的生活方式,如慢节奏的生活、高品质的食物、健康的饮食结构等。[1]

古斯塔夫森(Gustafson)(2002)通过研究发现,瑞典夏天的温度相对比较低,而西班牙冬天的温度相对比较高,瑞典的退休人员会选择在瑞典度过夏天,在西班牙度过冬天。[2] 维隆(Viallon)(2012)的研究数据表明,92%的欧洲老年人因为当地的严寒天气而迁往摩洛哥过冬,进行异地养老活动。[3]

史密斯(Smith)等(2006)研究发现,在2005年冬季,有大约81.8万名"候鸟"老人居住在佛罗里达州,而同期数据表明,55岁以上的佛罗里达州常住人口为510万人。这意味着,近600万老年人冬季居住在佛罗里达州。可见,这些老人都是根据适宜的气候条件来选择养老的地点,让自己生活在一个气候舒适的环境中,从而有效增强在冬天的活动能力,扩大活动范围,提高自己的老年生活质量。[4]

---

[1] CASADO-DIAZ, ANGELES A, CLAUDIA K, et al. Northern European retired residents in nine southern European areas: characteristics, motivations and adjustment[J]. Ageing & Society, 2004, 24(3): 353-381.

[2] GUSTAFSON P. Tourism and seasonal retirement migration[J]. Annals of tourism research, 2002, 29(4): 899-918.

[3] VIALLON P. Retired snowbirds[J]. Annals of tourism research, 2012, 39(4): 2073-2091.

[4] SMITH S K. House M. Snowbirds, sunbirds, and stayers: seasonal migration of elderly adults in florida[J]. The journals of gerontology. Series B. Psychological sciences and social science, 2006, 61(5): 232-239.

(二) 候鸟式异地养老相关研究

1. 候鸟式异地养老的概念界定

候鸟式异地养老是异地养老方式中具有代表性的一类,作为近年来的新生产物,现阶段对这类养老方式的关注较多见于报纸、老年杂志、养生杂志等,而对此开展的学术研究还不多见,发表的学术期刊论文也屈指可数。

黎莉、陈棠、王珏把这种养老方式描述为:随着生活水平的提高和养老观念的改变,我国越来越多的老年人加入旅游大军,旅游不仅成为老年人非常青睐的休闲活动,还是老年人乐意选择的养老方式。不少离退休老年人在各方面条件许可的情况下,开始把旅游与养老结合在一起,寻求积极养老、健康生活的理想方式。气候是影响老年人身体健康的一个重要因素,随着季节变化,许多老年人会像候鸟一样选择气候适宜的地方来消夏避寒,在当地居住生活、旅游休闲、养生养老,人们形象地把这些老年人叫作"候鸟"老人,把这种特殊的旅游养老方式称为候鸟式异地养老。[1]

李雨潼将候鸟式异地养老定义为:老年人季节性前往气候和环境更舒适的地区养老。候鸟式异地养老与家庭养老、社区养老和机构养老既有相似之处,又有明显不同。候鸟式异地养老往往建立在一系列客观条件的基础之上,如经济基础、身体状况、出行习惯、对新事物的适应能力、新居所的环境条件等,是对家庭养老、社区养老和机构养老等养老方式的补充。[2]

李雨潼、曾毅还进一步将异地养老界定为:异地养老是一种在非出生地、非户籍所在地养老的方式,包括长期性迁居养老和季节性休闲养老,"异地"的说法是相对之前的长期居住地而言的。候鸟式异地养老则是指短期或长期选择更舒适的气候和环境,季节性前往异地休闲养老的一种新型养老模式。[3]

2. 候鸟式异地养老的类型

按季节分类,候鸟式异地养老可以分为夏季北飞避暑度夏型和冬季南飞

---

[1] 黎莉,陈棠,王珏. 佛罗里达经验对海南"候鸟式"养老产业发展的启示[J]. 科技和产业,2014,14(2):29-33.

[2] 李雨潼. "候鸟式"异地养老方式研究[J]. 社会科学战线,2018(8):276-280.

[3] 李雨潼,曾毅. "候鸟式"异地养老人口生活现状研究:以海南省调查为例[J]. 人口学刊,2018,40(1):56-65.

避寒过冬型。夏季候鸟老人一般前往气候舒适凉爽的地区，北方以及南方凉爽的山区等都是候鸟老人选择的区域。冬季候鸟老人一般前往气候温暖宜人的地区，南方以及西南方如昆明、西双版纳等都是候鸟老人选择的区域。

海南是目前候鸟老人比较集中前往的避寒地区。陈忠权通过调查提出，海南适宜过冬的地方很多，其中有海口、三亚、琼海、文昌、澄迈、万宁等地。可以说冬季温暖如春的海南全省都适宜北方老人过冬，其中三亚最为火爆，因为有碧蓝的大海、碧绿的椰子树和温暖的气候，每年外地来此过冬人数达到三十万。[1]

按居住方式分类，北方老人到海南过冬一般有四种方式：（1）入住当地大型养老社区。当地大型养老社区一般以会员制入住，公共服务配套较完善。比如，天津和海南民政部门联合建立的某养老中心，位于琼海市。该养老中心规模大，配套设施好，还开设老年大学，有温泉池、三甲医院等，周边有菜市场、银行、超市等。（2）入住当地中低档养老公寓。这些养老公寓规模、质量、服务参差不齐。有的相对较好，环境、地理位置都不错，但是可容纳的老年人比较少。而有些中低档公寓则建在偏远郊区，地理位置比较偏僻，居住很不方便。还有一些中低档公寓几乎不开展集体活动，老年人们在日常生活中会感到乏味。（3）租住当地民房。租住当地民房，好处是价格十分便宜，当地的物价也相对较低，周边配套较好，但缺点是有些民居软硬件设施较差，人员也比较杂乱，存在一些安全隐患。（4）在海南买房过冬。一些有经济条件的老年人在海南买房过冬，好处是自己的房子住着舒服，跟在老家一样，好地段的房子还有保值升值的空间。缺点是一次性投资花费较大，同时面临房子在全年时间里存在大半年闲置的问题，日常养护管理也是一笔不小的费用。

3. 候鸟式异地养老的老人面对的困难

陈昶屹提出在候鸟式异地养老的早期，候鸟老人面对的第一个也是最大的难题是，医疗保险没有联网，老年人不敢在当地就医。不少到海南过冬的老年人在当地看病买药受限制，原因就是不少省市跟海南省的医疗保险没有联网。[2] 为此，很多有病的老年人只有自己带药过去，或者让孩子邮寄过

---

[1] 陈忠权. 候鸟式养老：银发族有哪些期待？[N]. 天津日报, 2016-1-9 (6).
[2] 陈昶屹. "候鸟式异地养老"的困境[J]. 法庭内外, 2011 (9): 40-41.

去，根本不敢在当地看病，因为回去之后不能报销。第二大难题是领取退休金不方便。大多数候鸟老人领取退休金需回原籍办理领取手续。第三个难题是未能融入当地生活，也没有儿女陪伴，养老的幸福感下降。有的候鸟老人原来以为到海南过冬感觉会很好，阳光、沙滩、海风、椰子树，但是天天看，后来也厌倦了，然后就开始想家、想儿女们。有的候鸟老人居住的小型养老公寓没有集体活动，每天就是吃饭、看电视、散步、睡觉。与此同时，他们不能融入海南当地人的生活，虽然当地人很和善，但是由于语言障碍，生活习惯不同，没法深入交流。这些因素导致候鸟老人的养老幸福感下降。这些主要问题如得不到很好解决，将成为候鸟老人异地养老过程中的主要障碍和困难。

韦晓丹、陆杰华基于 2015 年海南省候鸟人群抽样调查数据，从人口学因素、患病历史、环境变化、移民压力、社会支持五个维度入手，利用描述性分析和二元 Logistic 回归分析方法进行研究，揭示了影响海南省季节性候鸟老人自评健康水平的若干因素。他们提出，季节性候鸟老人的异地养老行为，于老年人本身产生了个体福利效应，带来了健康状况的改善和生活质量的提高。但移居过程本身也具有风险与挑战，异地养老的发展既受到老年人群体自身特点的影响，也受到各种宏观制度设置和公共服务发展的限制。[1] 因此，考虑到老年群体的社会适应能力较弱，必须正视这一群体的流动带来的社会融入问题。一方面，应该加强对候鸟迁移群体的精神健康服务，帮助疏导迁移带来的焦虑、沮丧等负面情绪，搭建沟通桥梁；另一方面，应该不断提升迁入地和迁出地的社会整体公共服务水平，满足老年群体不断增长的各项需求，积极应对人口老龄化。

二、简要述评

此前的研究已经在异地养老和候鸟式异地养老的概念界定，异地养老的不同类型和特点，异地养老的推动因素，当前存在的问题以及该养老方式的发展前景等方面取得了一定的成果。

---

[1] 韦晓丹，陆杰华. 季节性候鸟老人自评健康影响因素的实证分析：以海南省为例[J]. 北京社会科学，2017（5）：99-107.

但现有研究还存在以下不足：

第一，多学科视角的缺失。此前的研究多从管理学视角入手，缺乏从如社会学、心理学等多学科视角对异地养老的观察与研究。

第二，多维度视角的缺失。此前的研究主要围绕异地养老的背景、意愿、条件等问题展开分析与探究，缺乏从国家、市场和社会等视角对异地养老现象的审视。

第三，理论与实践更深层次融合研究的缺失。对候鸟式异地养老的研究才刚刚起步，研究成果多针对现象、问题等展开讨论，研究内容多为对该现象的思考、观察等，相关理论和有关异地养老实践更深层次融合分析的学术成果还存在一定程度的缺失。

基于上述研究的不足和缺失，本书将通过梳理田野调查的资料，结合结构功能主义理论，采用国家、市场、社会的三维分析框架，深入剖析在候鸟式异地养老这一养老方式的兴起和发展过程中，国家、市场、社会的功能呈现及其调适，进一步明晰国家、市场、社会之间的两两互动关系，并对候鸟式异地养老的未来发展方向提出思考与讨论，以期有助于候鸟式异地养老的可持续良性发展。

第三节　核心概念和理论基础

一、核心概念

（一）候鸟式异地养老

候鸟式异地养老，指老年人季节性前往气候和环境更舒适的地区养老；[1] 即老年人短期或长期选择更舒适的气候和环境，季节性前往异地休闲养老的一种新型养老模式。[2]

候鸟式异地养老主要有两种方式，一种是飞往北方度夏，一种是飞往南

---

[1] 李雨潼. "候鸟式"异地养老方式研究[J]. 社会科学战线，2018 (8)：276-280.
[2] 李雨潼，曾毅. "候鸟式"异地养老人口生活现状研究：以海南省调查为例[J]. 人口学刊，2018, 40 (1)：56-65.

方过冬。而南飞过冬的地点又有多种选择，主要是海南、广西、广东等地。本书中的候鸟式异地养老主要指每年冬季飞往海南过冬，次年3—4月气温回暖之后，再回到家乡度夏，如此周而复始。候鸟式异地养老所引起的老年人的流动，可以被视为一种以追求老年生活品质，期望达到"老有所乐"状态的人口流动。

候鸟式异地养老作为一种新颖的养老方式，有两个主要特征：一是候鸟式的迁移流动，二是身处异地长时间养老。首先，候鸟式异地养老，呈现出"候鸟式的迁移流动"的一大显著特征。冬季，老人们前往温暖湿润的南方过冬；夏季，老人们前往舒适凉爽的北方或者山区度夏。目前的调查资料显示，我国的北方老人一般在冬季前往南方过冬，夏季返回凉爽的北方老家。南方老人由于家乡的冬季较舒适，夏季并无酷暑，因此"候鸟式的迁移流动"的意愿并不强烈。类似重庆、武汉等城市的老年人，因冬季湿冷、阳光不充足，前往南方的意愿比较强烈；而夏季高温酷暑，老人们前往北方或者家乡附近凉爽地区避暑的意愿也很强烈。其次，既然老人们要像候鸟一样迁移流动，选择合适的地方规避严寒酷暑来养老养生，则必然会长时间身处异地。远离原来的居所，前往异地需要经历的长途跋涉，对老年人的身体构成一种挑战；异地居住所引起的自然环境与社会环境的突然改变，对老年人的适应能力也构成严峻的考验；在异地要度过漫长的冬季，其间来自家庭和原住地的社会支持大大减少，则又是一种考验。因此，这些都构成了候鸟式异地养老的另一大显著特征。

（二）候鸟老人

尝试候鸟式异地养老的老年人，被称为候鸟老人。这个群体具备以下几项特征：具备一定的经济能力，具有较强的适应能力，能够得到家庭和子女的大力支持。

首先，候鸟式异地养老，老人们随着气候变化飞去飞来，冬避严寒，夏避酷暑。在很多老年人眼里，这是一种值得羡慕的养老方式，但这种养老方式也需要老年人有一定的经济负担能力。候鸟式异地养老是一种市场化的养老方式，它的属性决定了异地养老将会产生成本，所产生的成本又主要由个人或家庭来承担，因此，这就决定了候鸟式异地养老群体必须具有一定的经济能力，即那些经济上相对宽裕的，能够负担"候鸟"期间衣食住行成本的老年人或者家庭才能选择候鸟式异地养老。其次，候鸟式异地养老群体必须具有较强的适应能力，包括老年人身体和心理对新环境的适应能力，即老年人的身体健康状况以及心理状态这两个方面。这两方面缺一不可，否则老年人无法较快适应异地的生活。再次，能够得到子女的代际支持，也是候鸟老人的重要群体特征之一。子女的代际支持，体现为经济支持和精神支持，两者也是相辅相成的。经济支持方面，在购房养老的候鸟老人中，有的房子就是子女购买后给老人养老的，老人仅需要负担自己的日常开销就可以安心养老。此外，家庭和儿女在精神上的支持也至关重要。有的老年人夫妻俩暂时只能先来一个人，这就会涉及夫妻双方暂时无法互相照顾、春节不能共同度过等问题，另一方的理解和支持就非常关键。候鸟老人们离家好几个月到南方养老，如果能够得到子女的理解和支持，那么，老人们不仅能时常得到子女的关心和问候，春节期间子女们还会不远万里来看望老人，给老人们带来无法替代的精神慰藉。

（三）国家

政治学意义上的国家主要表现为国家与社会之间的关系。古希腊的亚里士多德、契约论者洛克、人民主权论者卢梭等，都强调国家是人们维护共同公共利益而形成的共同体。保障公民权利、维护社会公共秩序，是国家存在的价值。马克思主义的国家理论强调国家不是从来就有的，而是社会发展需求的产物，是社会解决自我矛盾，防止自我毁灭的产物，但国家一经产生便不断异化为凌驾于社会之上的力量。[1] 在《大转型：我们时代的政治与经济起源》中，卡尔·波兰尼（Karl Polanyi）将国家视为市场与社会之上的第三方。他进一步指出，国家的职能是既要构建促进市场经济成长的环境，也要防止市场失灵问题侵害社会利益或者市场机制的原则过分损害社会的道德准则；同时，国家要为公民社会提供支持与帮助，但为了不毁灭社会，又

---

[1] 中共中央马克思列宁恩格斯斯大林著作编译局. 马克思恩格斯选集：第4卷[M]. 北京：人民出版社，1974：166.

要促进发展劳动力市场。[1]

本书中的国家,也包含政府这一层含义。研究内容主要从政府行为的视角探讨国家对候鸟式异地养老产生的影响,以及其与社会相互间的互动关系与逻辑。

(四) 市场

市场,一般被看作经济学的核心概念之一。

市场概念的界定,可以从以实践论为核心的历史唯物主义视角展开,也可以从以矛盾论为核心的辩证唯物主义哲学方法论基础视角展开。从辩证唯物主义的角度看,研究一切市场现象的两个基本要素,是生产者和消费者,两者相互矛盾又统一于市场这个整体,价格和资源配置结果由二者间的相互作用来决定。从历史唯物主义的角度看,市场产生于交换活动,同时,市场随着交换活动的扩大而不断扩大。拥有私有财产是交换活动的前提,所以在氏族社会末期便有了市场;发展到近代的工业社会,因为进行交换活动的生产者和消费者的人群迅速扩大,市场也得以发展壮大,逐渐替代国家,成为资源配置的主要力量。

本书主要从市场产品的供给和需求这两个角度,探讨在候鸟式异地养老形成过程中,房地产、旅游、老年公寓等市场的影响和作用,以及候鸟老人聚集之后,又会对市场产生怎样的影响。

(五) 社会

一般认为,社会学对于社会的概念,是指由人所形成的集合体或共同体。社会当中的人彼此相互依存,有一定联系。马克思主义把社会看作是社会关系的总和,是人们通过交往不断形成的;整个人类社会的发展过程就是生产力和生产关系,经济基础和上层建筑矛盾运动的过程。基于以上的分析基础,马克思构建了社会形态理论,按照所有制的不同形式,将人类社会划分为原始社会、奴隶社会、封建社会、资本主义社会、共产主义社会五大社

---

[1] 波兰尼. 大转型:我们时代的政治与经济起源[M]. 冯钢, 刘阳, 译. 杭州:浙江人民出版社, 2007:163.

会形态，而社会主义社会则是共产主义社会的初级阶段。马克思还从社会与国家关系的角度提出了与政治社会或者政治国家相对应的"市民社会"概念。

本书中的社会视角，主要涉及社群、社会组织中的社团、社区这三个方面的概念，研究这三个方面在候鸟式异地养老形成和发展过程中的功能及作用。

二、理论基础

结构功能主义理论，是指侧重对社会系统的制度性结构进行功能分析的社会学理论。结构功能主义理论由社会有机体论和早期功能主义发展而来，力图用功能分析方法认识和说明整个社会体系和社会制度之间的关系。

功能主义的基本原则是从生物学占据统治地位的19世纪发展起来的。社会与生物有机体在许多方面是相似的，这是奥古斯特·孔德（Auguste Comte）和赫伯特·斯宾塞（Herbert Spencer）提出的功能主义的最基本原则。这一观念中包含了三个要点：（1）社会与生物有机体一样，都具有结构。例如，与生物有机体类似，一个社会由群体、阶级和社会设置构成。（2）一个社会要想得以延续，就必须满足自身的基本需要。例如，一个社会必须要有从周围的环境中获得食物和自然资源的能力，并且要能够将它们分配给社会成员。（3）与构成生物有机体的各个部分相似，社会系统中的各个部分也需要协调地发挥作用以维持社会的良性运行。

孔德认为，社会与生物有机体有极大的相似性，它是一种有规律的结构，是一个由各种要素组成的整体。[1] 这种整体结构同它的部分之间具有一种"自发的和谐"，而这种"自发的和谐"的根基在于人性。根据孔德的观点，可推导出，在一些观念事实上，已经引出了一个结构解释视角——尝试用整体与部分的关系，从人性、博爱与秩序的视角联系串接社会结构的概念。

斯宾塞和他的追随者们坚持认为，任何系统都会自然地趋向均衡或稳

---

[1] 科塞. 社会思想名家[M]. 石人，译. 上海：上海人民出版社，2007：9.

定,同时,社会中的各部分对社会的稳定都发挥了一定的功能。[1] 斯宾塞提出了宏观结构的总体规模、复杂性和差异性的问题,并在区分结构与功能的基础上,引入功能需求的概念,试图用需求来解释各种社会组织的存在,即以功能体现社会结构的现实。因此,从功能主义的视角来看,社会是由在功能上满足整体需要从而维持社会稳定的各部分所构成的一个复杂的系统。

后来的一些学者吸收了"社会与生物有机体相似"这一功能主义的基本思想,并且对其进行了提炼和补充。被视为当代功能主义奠基人的是涂尔干(Émile Durkheim),他把社会看作是一个由道德价值观上的共识来规范的一种特殊的有机体。涂尔干将斯宾塞的社会结构观念发挥得更加彻底,这主要表现在他的三个基本假设上:(1)社会是一个实体,是不可化约的;(2)社会的各个部分可以满足社会实体的基本需求;(3)功能需求是社会需求。同时,他还强调社会整体的优先位置——结构的自主存在问题。涂尔干把社会结构看作社会关系的组合形式,而且他认为,对社会结构的分析是理解一切社会现象的出发点。[2]

这些早期的观点,虽然没有明确针对社会结构进行系统性研究,但它们已经或多或少地让我们触及了结构概念的轮廓:将社会或社会结构看成是多元要素的组合整体,这种组合很类似于化学分子晶体的架构,其内部随时需要相互间进行协调或者调适;当某些关系发生变化时,其他成分将做出相应调整,并有相应的整合机制维系社会秩序,以促进整体恢复平衡。这些观念已经具备最简单的结构分析意识,它明显提示了一种"形构"的趋向。

塔尔科特·帕森斯(Talcott Parsons)是将功能主义发展为社会学分析中一个全面而系统的理论的领袖人物。帕森斯阐释结构功能理论的著作出现在20世纪50年代早期,其中最著名的是《社会系统》(*The Social System*)一书。在帕森斯的这些著作中,社会的各种结构及其相互关系是他重点关注的对象,研究这些结构如何相互支撑,以及如何趋向于动态平衡。研究过程中,帕森斯强调如何维持各种社会要素之间的秩序,并提出变迁被视为一个有序调整的过程。帕森斯认为,各种社会结构彼此履行各种积极功能。[3]

---

[1] 科塞. 社会思想名家[M]. 石人,译. 上海:上海人民出版社,2007:87-88.
[2] 科塞. 社会思想名家[M]. 石人,译. 上海:上海人民出版社,2007:126-127.
[3] 瑞泽尔. 古典社会学理论[M]. 6版. 王建民,译. 北京:世界图书出版公司,2014:53-54.

帕森斯认为，一个社会只有满足了四个基本需求，才能发挥其功能，也就是说才能维持其秩序和稳定。[1]（1）适应：社会系统对环境的适应功能。社会系统具有通过操纵某些手段来控制环境状态的能力。环境亦即情境，包括人、群体、文化和展开这些生活的各个方面。社会系统从外部环境中获取足够的资源，并在系统中加以分配，以使之适应环境。（2）目标达成：最大限度地利用资源去实现目标。（3）整合：每个个体都必须实现他自身各部分之间的内部协调，并发展出对付各部分越轨行为的方法。也就是社会整合，把各个部分联系在一起，协调一致。（4）潜在模式的维系：顾名思义就是维持现有的模式，当一个系统需要按现有的模式发展下去时，需要的一种力量或媒介就是此系统内的文化，通过文化组织内的文化来规范从而按现有的模式继续发展下去。帕森斯尤其强调社会整合功能的满足，认为这需要社会成员接受和遵守社会的共享价值观。他认为是这些共享价值观将社会"粘"在了一起，如果大多数人拒绝接受这些价值观，社会平衡将被打破，社会稳定将会崩溃。帕森斯认为，秩序、行动和共同价值体系在社会结构中的作用非常重要。他始终认为，研究社会结构就是研究秩序，这两方面的问题是相对一致的，并且势必涉及秩序中的人的行为。而研究社会秩序和人的行为，又无法脱离行动者的思想情感的规范问题，"价值是构成社会秩序的条件"。帕森斯认为，社会通过互动协调稳定的本质是秩序问题，他明确提出，结构的本质是秩序，并认为行动者和情景的互动组成了结构。

罗伯特·默顿（Robert Merton）将帕森斯的功能主义理论进行了改进，使其更有利于经验研究，他的理论是从分析社会结构中的一个特定单位入手的。而早期的理论家通常用一个社会组成部分对维持整体的作用来解释其存在，他们认为社会结构中的一个单位只要存在，就一定对维护整体发挥功能，这样就很难解释为什么社会中还会有一些对社会造成损害的单位。然而默顿指出社会系统中并非所有组成部分都发挥着正功能，当社会结构中的某一单位阻止了整个社会或其组成部分的需求满足时，它则是反功能（dysfunctional）的。[2]

借鉴古典社会学理论——结构功能主义的基本观点，针对候鸟式异地养

---

[1] 科塞. 社会思想名家[M]. 石人, 译. 上海：上海人民出版社, 2007：511-512.
[2] 科塞. 社会思想名家[M]. 石人, 译. 上海：上海人民出版社, 2007：508-509.

老这种养老方式展开分析，可以发现，不同社会学家的观点，例如孔德的"社会系统中的各个部分也需要协调地发挥作用以维持社会的良性运行"，斯宾塞的"社会是由在功能上满足整体需要从而维持社会稳定的各部分所构成的一个复杂的系统"，帕森斯的"社会整合，把各个部分联系在一起，协调一致"等理论观点，也适用于分析在候鸟式异地养老兴起和发展过程中，国家、市场和社会这三大主体发挥作用的逻辑关系和作用机理。因此，本书通过借鉴古典社会学理论——结构功能主义的基本观点，构建国家、市场和社会的三维理论框架，聚焦国家、市场和社会三大主体在候鸟式异地养老兴起和发展过程中的功能呈现及功能调适，针对候鸟式异地养老这一新型养老方式展开分析。结合与借鉴古典社会学理论，既在一定程度上丰富了结构功能主义理论的本土化内涵，又累积了候鸟式异地养老研究的理论基础。

第四节　研究内容、研究方法及创新之处

一、研究内容

本书以我国经济发展和社会转型背景下养老方式的变迁为切入点，以异地养老方式中的候鸟式异地养老为主要研究对象，借鉴结构功能主义理论，从国家、市场、社会这三个视角审视其在候鸟式异地养老形成和发展过程中的功能呈现，并探索分析各行为主体在对候鸟式异地养老方式产生影响过程中的功能调适及相互间的互动关系。

文章整体内容共分为七部分，具体章节内容安排如下：

绪论。首先介绍了选题的缘起及研究意义，之后系统梳理了异地养老、候鸟式异地养老等的现有相关研究，并做简要述评；接下来阐述本书的理论基础——结构功能主义理论，并介绍候鸟老人、候鸟式异地养老、国家、市场和社会等核心概念；之后介绍了本书的研究内容，以及田野点的选取，田野调查的过程及研究方法和创新之处等。

第一章，候鸟式异地养老的兴起与发展。首先从社会变迁的视角，阐述

养老方式变迁中候鸟老人的出现，从人口迁移视角分析候鸟老人如何做出迁移决定，以及梳理候鸟老人的群体特征；接下来阐述候鸟式异地养老的特征，以及其产生的推动因素和拉动因素；最后介绍候鸟式异地养老的三个发展阶段。

第二章，社会与候鸟式异地养老：适应与融入。主要探讨社会在候鸟式异地养老发展过程中的功能呈现，从社群、社团和社区等三个方面展开。首先从血缘、地缘和业缘，社会网络的建构，社会资本的缺失与补偿等方面介绍社群的互动；其次从整合和拓展的角度介绍社团的实践；最后从物质、精神两个层面介绍社区的支持功能。

第三章，市场与候鸟式异地养老：吸引与发展。主要从与候鸟式异地养老密切相关的旅游市场、房地产市场和老年公寓市场等三个方面探讨市场在候鸟式异地养老发展过程中的功能呈现。先分析市场如何吸引候鸟老人，再分析候鸟老人聚集之后如何影响市场，并对受其影响产生的"半年经济"现象展开分析。

第四章，国家与候鸟式异地养老：扶持与调控。主要探讨国家在候鸟式异地养老发展过程中的功能呈现。初期，厚植候鸟老人落地的土壤；候鸟老人大量到来之后，针对出现的公共服务缺失与滞后和城市病凸显等问题，分析政府主导的化解策略，发挥其扶持与调控的功能。

第五章，候鸟式异地养老中国家、市场和社会的功能调适。主要讨论在候鸟式异地养老产生、发展的过程中，国家、市场和社会在不同阶段的功能强弱和调适问题。着重分析国家和市场之间的市场先行与国家调控；国家和社会之间的政府扶持与社会补缺；市场和社会之间的冲突与协作。

第六章，研究结论与相关讨论。总结了本书得出的主要结论与观点，反思不足之处，并对后续需要研究的问题提出思考。

本书借鉴结构功能主义理论，针对社会变迁中候鸟式异地养老这一新型养老方式，构建国家、市场和社会三大主体在候鸟式异地养老产生、发展过程中的功能呈现及调适的理论分析框架。

具体分析框架结构如图1所示。

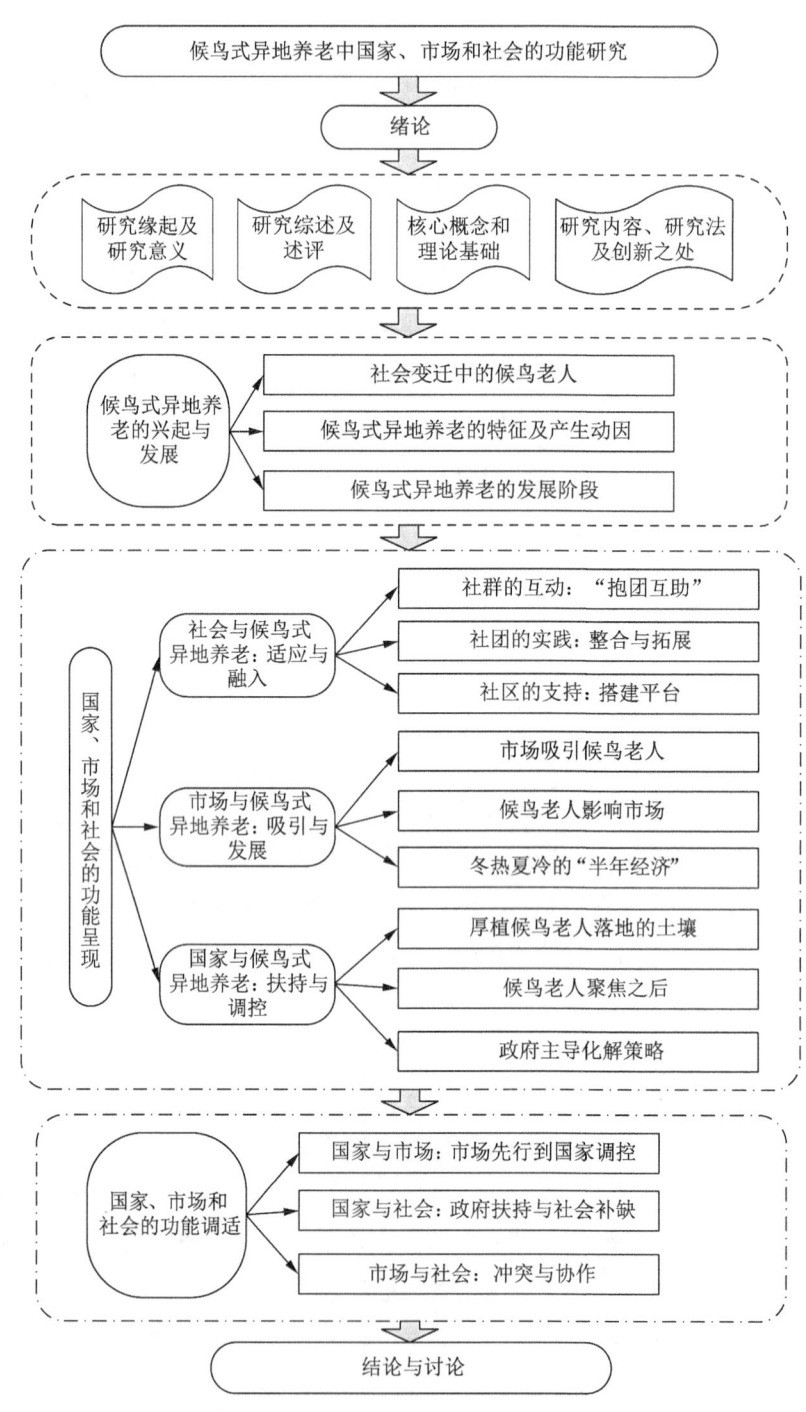

图 1 研究框架图

二、研究方法

本书采用的主要研究方法有文献法,实地研究中的参与式观察和访谈法。

(一) 文献法

文献研究(document study),是一种通过收集和分析现存的,以文字、数字、符号、画面等信息形式出现的文献资料,来探讨和分析各种社会行为、社会关系及其他社会现象的研究方式。[1]

文献是支撑整个研究工作的重要组成部分。有关专家和学者的研究文献、多方的不同观点、报纸杂志的有关报道、国家的异地养老政策、移民活动变迁等文献是理解候鸟式异地养老中国家、市场和社会的功能及其调适的重要背景资料。对以上文献的收集、整理、分析、思考,为本书的最终完成提供了有益的借鉴与参考。

(二) 参与式观察

参与式观察(participant observation),就是研究者深入研究对象的生活背景中,在实际参与研究对象日常社会生活的过程中所进行的观察,它是一种非结构性的观察。[2] 与其他研究方法相比,采用参与式观察的研究者将自己的看法和观点强加于人的可能性较小,有利于获得社会现实的真实图像。当观察者深入实地,完全参与到被观察者的实际生活当中,他往往能够直接、真切地感受到被观察者的真实情感和行为动机,对研究者设身处地地理解被观察者较为有利。

参与式观察是了解候鸟老人、候鸟式异地养老的重要途径。通过前往候鸟老人主要聚居区域,参与并观察当地候鸟老人的日常生活,了解由血缘、地缘与业缘等结成的社群之间如何互动;体验基于地缘的同乡会活动从发起到结束的全过程;认识异地养老协会等社团如何开展各项活动;分析社团的

---

[1] 风笑天. 社会研究方法[M]. 4 版. 北京:中国人民大学出版社,2013:207.
[2] 风笑天. 社会研究方法[M]. 4 版. 北京:中国人民大学出版社,2013:238.

功能通过哪些渠道发挥作用；探究社区如何从精神和物质两个层面搭建平台，帮助候鸟老人尽快适应异地的生活等。

（三）访谈法

在实地研究中，访谈是和观察同样重要的资料收集法。访谈主要分为结构访谈和无结构访谈两种，前者需要有预先设计好的访谈提纲或问卷，后者也称为深度访谈或自由访谈，主要依靠围绕某一主题进行随意、自由的交谈，甚至是闲聊。无结构访谈适合被运用于实地研究。它的主要作用在于通过深入细致的访谈，获得丰富生动的定性资料，并通过研究者主观的、洞察性的分析，从中归纳和概括出某种结论。[1] 本书主要采用无结构访谈法，以深度访谈的形式，通过自由交谈了解被访谈者的内心世界，获得第一手资料，从谈话资料中归纳、提炼出某种观点或结论。

深度访谈最重要的目的在于深入事物的内部，探究事物的意义。要了解候鸟式异地养老中国家、市场和社会的功能及其调适，就必须从各个渠道了解不同人的真实想法。本书的访谈对象既包括候鸟老人及其子女、朋友，也包括社区工作人员，餐饮、房地产、养老机构等市场从业人员等。围绕候鸟式异地养老，通过针对各类群体的深度访谈，梳理出候鸟式异地养老中国家、市场和社会的功能及其相互间调适的逻辑关系。在整个田野调查过程中，作为一名合格的观察者，一方面需要不断地培养与研究对象的亲近感，另一方面又需要保持自身的客观判断力，从而获得对所研究问题的客观全面的理解。

三、田野点的选取

（一）海南省的基本情况

近年来，国内开展候鸟式异地养老的地点主要位于我国低纬度、冬季气候温暖湿润的地区，如广西的北海、南宁，广东的广州，海南的海口、三亚、澄迈等地。

---

[1] 风笑天. 社会研究方法[M]. 4版. 北京：中国人民大学出版社，2013：245.

由于海南省全岛环境优美、气候宜人、空气清新，旅游景点丰富，盛产瓜果蔬菜，配套设施较为完备，物价水平适中，目前已经成为候鸟老人"南飞"的首选目的地。

海南省，简称琼，别称琼州，位于中国南端。明代《正德琼台志》记载，海南岛在唐虞三代为"南服荒徼"（徼：边界），在秦代为"越郡外境"，在当时为祖国辖区荒远的边界，是四大流放地之一。海南省是中国国土面积（陆地面积加海洋面积）第一大省，海南经济特区是中国最大的省级经济特区和唯一的省级经济特区，海南岛是仅次于台湾岛的中国第二大岛。1988年4月，海南建省，成立海南经济特区。海南省行政区域包括海南岛和西沙群岛、南沙群岛、中沙群岛的岛礁及其海域。截至目前，海南全省有4个地级市，5个县级市，4个县以及6个民族自治县。

海南岛地处热带北缘，属热带季风气候，素来有"天然大温室"的美称，这里长夏无冬，年平均气温22—27 ℃，最冷的一月份温度仍达17—24 ℃，年光照为1 750—2 650小时。海南岛入春早，升温快，冬季温暖、湿润。2014年，全省城镇环境空气质量优良天数比例为98.9%。全省93.1%的监测河段、83.3%的监测湖库水质达到或优于适用于集中式生活饮用水源地的国家地表水Ⅲ类标准，绝大部分近岸海域处于清洁状态。

（二）世界长寿之乡——澄迈县

由于海南岛西部配套设施开发较为滞后，加上区位优势不明显等原因，目前，海南全省候鸟老人聚集的地点主要位于南部、东部和北部。南部主要聚集地是三亚等地区；东部主要聚集地是万宁、文昌，特别是文昌东郊椰林一带环境优美的区域；北部主要聚集地是海口、澄迈。

候鸟老人选择这些区域的主要原因是：（1）这些地区大都临海，有优美的海岸线，椰林密布，空气质量好。这些条件既能满足久居内陆地区的候鸟老人对居住环境的要求，又便于他们欣赏美丽的海岛风光。（2）这些地区的超市、农贸市场、医院、商场等配套设施比较完备。候鸟老人一般11月左右飞往海南，次年3—4月间飞回老家，居住时间长达5个月左右。这些配套设施能够满足老人们的基本生活需求。（3）海南岛的大部分景点都分布在南部、东部和北部。候鸟老人们大都身体硬朗、生活自理，密集的景点方便他们在闲暇之余游山玩水。

在这些候鸟老人的主要聚集地之中，澄迈是笔者田野调查的主要地点。

1. 琼北乐土

澄迈县位于海南岛北部，北部濒临琼州海峡，隔海与广东雷州半岛相望，毗邻省会海口市，东接定安县，西靠临高县[1]、儋州市，南与屯昌县、琼中县接壤，总面积2 543.5平方公里。东西宽56.25公里，南北长70公里。自西汉元封元年（公元前110年）置县，至今已有2 100多年，史脉久远、人文炽盛，因古县治老城有"澄江""迈岭"，故取山水名之首定县名为"澄迈"。

全县陆地面积2 072.97平方公里，海域面积470.53平方公里，总人口50.33万。澄迈县辖金江、瑞溪、永发等11个镇，196个村（居）委会，867个自然村。境内有3个国有农场、2个省直属农林场和1个省级开发区（海南老城经济开发区）。

澄迈县位于海南省西北部，毗邻省会海口市，区位优势明显。属热带季风气候，年平均气温23.8 ℃，气候温和，日照充足，资源丰富，水陆交通便利，自然风光和人文景观众多。除了盛产热带瓜果蔬菜以外，还有福山咖啡、福橙、瑞溪粽子、瑞溪牛肉干等特产美食，是镶嵌在琼北大地上的一颗明珠。

2. 世界长寿之乡

澄迈县物产丰富，气候宜人，人杰地灵，历史底蕴深厚，旅游资源丰富，开发前景广阔。它以天然的生态环境、优美的自然景观、温润的气候条件、特色的富硒美食、悠久的历史人文景观、古老的火山岩古村落群而受世人瞩目。

澄迈县先后获得"世界长寿之乡""中国绿色名县""中国最佳休闲旅游县""中国美丽乡村建设示范县""十大文化特色旅游名县"等六十多项国家级以上殊荣。最吸引候鸟老人前来居住的，便是这"世界长寿之乡"的美誉。2009年5月，澄迈被授予"中国长寿之乡"称号。2012年11月22日，澄迈县又被授予了"世界长寿之乡"的匾牌和证书。由此，澄迈县成为

---

[1] 临高县：临高县位于海南岛西北部，东邻澄迈县，西南与儋州市接壤，北濒琼州海峡。其地势平坦，土地肥沃，物产丰富，历来有"鱼米之乡"的美誉，具有优越的农业生产条件。海岸线长114.7公里，有11处港湾，附近有一座规划中的跨海大桥。

我国第一个经国际人口老龄化长寿化专家委员会确认的"世界长寿之乡"。

澄迈素有"青山绿水廿万顷,十里常逢百岁人"之美誉。第六次全国人口普查显示,澄迈县人均预期寿命高达79.79岁,比全省平均水平高4.77岁,比全国平均水平高6.59岁。截至2014年底,全县80岁以上老人有18 541人,占总人口的3.30%;百岁以上老人215人,占总人口的比例为38.39/10万,大大超出中国和联合国规定的"长寿之乡"的标准:"存活百岁老人占户籍人口比例达到7/10万和7.5/10万"。全县年龄最大的达到113周岁,80岁以上的夫妻有896对,90岁以上的夫妻有72对,100岁以上的夫妻有4对,百岁老人绝对数和占总人口的比例均居全国市县第一位。

(三) 澄迈金江S季春城

S季春城是本书访谈的候鸟老人主要居住地。

S季春城,全称"南亚S季春城",是由海南知名企业NY集团投资兴建的楼盘,项目开发理念集温泉、度假、休闲、养生于一体。项目位于澄迈政治、经济、文化中心——J镇,紧邻J镇交通主动脉J大道,交通便利。目前已经开发S季春城一期(DH轩、NS轩、XY轩),二期(QT轩),三期(WQ谷),五期(BL泉),六期(CS岛),七期(CL轩),第八期(FS轩)。小区配套有园林、泳池、羽毛球场、网球场、文化广场、篮球场、温泉、休憩花园、社区餐厅、服务中心等。为丰富业主的精神文化生活,项目增设了舞蹈教室、多媒体教室、图书报刊阅览室、健身房、棋牌室、书画社、门球场、桌球室等。

本书的田野调查点还涉及海南省东部的文昌市、南部的三亚市、西北部的临高县以及省会海口市等地。

文昌市是海南省省辖市,位于海南省东北部,区位优势明显,距省会海口市60公里,距美兰机场40公里。文昌东、南、北三面临海,拥有全省最长的海岸线,旅游资源丰富。文昌市的东郊椰林风景优美,配套设施较完善。附近的S海湾居住小区是目前文昌市较大的候鸟老人聚居区域,是本研究在文昌市的主要田野调查点。

三亚市位于海南岛的最南端,拥有全岛最美丽的海滨风光,是中国最南部的热带滨海旅游城市,全国空气质量排名第一,平均寿命80岁,是全国最长寿的地区之一。三亚市是目前海南冬季气温最高、候鸟老人最多的城市，拥有发展较早的、会员较多的异地养老社会组织，即三亚市异地养老老年人协会。2017年三亚市异地养老老年人协会在三亚已经拥有会员8 000多人，目前会员数量还在不断增加。

临高县位于海南岛西北部，东邻澄迈县，西南与儋州市接壤，北濒琼州海峡。因其地处海南省西北角，跟海南省其他地区相比，房价较低，逐渐受到在异地有购房需求的候鸟老人的关注和青睐。

海口，拥有"椰城"的别称，自然风光旖旎，气候舒适宜人，生态环境一流。海口市作为海南省省会城市，交通便利，生活配套设施完善，环境优美，是部分候鸟老人落地海南的第一站。

四、调查过程及调查对象简介

（一）田野调查过程

本书的研究区域是候鸟老人的主要聚集地——海南。通过前往候鸟老人在海南岛异地养老的主要居住点，对候鸟老人及相关人群进行深入的调查、访谈及参与式观察，获取第一手资料。

因为候鸟老人到海南异地养老的时间段主要是冬季，所以，田野调查时间主要集中在每年的1—3月，具体调查过程：（1）2017年1—2月，前往海南省澄迈县J镇、海南省东部的文昌市、海南省西北部的临高县及海南省省会海口市开展田野调查。（2）2018年1—2月，前往海南省澄迈县J镇、海南省南部的三亚市以及海南省省会海口市开展田野调查。（3）此后，通过电话、微信、QQ等通信工具与候鸟老人保持联系，持续跟踪了解候鸟老人的异地养老发展动向、养老方式的变化等。通过持续的田野调查，积累了大量的田野观察笔记、访谈材料及图片，为论文的完成提供了丰富的资料和素材。

（二）调查对象简介

在田野调查的过程中，充分利用冬季候鸟老人异地养老的时间段，通过偶遇和"滚雪球"等方式，针对共计53名候鸟式异地养老相关人员开展深度访谈,其中包括候鸟老人47名,准候鸟老人[1] 3名,社区物业经理1名,餐馆服务人员1名,养老院工作人员1名。被访谈候鸟老人的居住地点主要位于澄迈,居住和访谈地点也涉及海南省东部的文昌市、南部的三亚市以及西北部的临高县、省会海口市等。50名候鸟老人(包括准候鸟老人)的年龄分布方面,80岁以上的11人,70—79岁的14人,60—69岁的18人,59岁以下的7人。候鸟老人主要来自重庆、上海、北京、四川成都、四川德阳、四川涪陵、浙江杭州、甘肃兰州、湖北武汉、黑龙江哈尔滨等城市。访谈对象具体情况详见附录1。

五、创新之处

本书在我国经济发展和社会转型的背景下,聚焦养老方式的变迁,以异地养老方式中的候鸟式异地养老为主要研究对象,借鉴结构功能主义理论,从国家、市场、社会这三个视角对候鸟式异地养老的形成和发展进行研究,力图分析各行为主体在对候鸟式异地养老方式产生影响过程中的功能及其调适。

本书的创新之处主要体现在以下几个方面:

结合古典社会学理论——结构功能主义理论,借鉴其基本观点,构建国家、市场和社会的三维理论框架,聚焦国家、市场和社会三大主体在候鸟式异地养老兴起和发展过程中的功能呈现及功能调适,针对候鸟式异地养老这一新型养老方式展开分析,一定程度上丰富了结构功能主义理论的本土化内涵,积累了候鸟式异地养老研究的理论基础。

运用结构功能主义理论,分析在候鸟式异地养老的形成和发展过程中,国家、市场和社会的功能呈现,及不同发展阶段的功能调适问题。本书一方面侧重分析在候鸟式异地养老的形成和发展过程中,国家、市场和社会三方面各自功能的体现,即社会的适应与融入功能,市场的吸引与发展功能,以及国家的扶持与调控功能。另一方面也注重从结构功能主义理论视角,分析三者之间的功能调适问题以及两两之间的互动关系。

---

[1] 准候鸟老人:指还未退休,年龄在40—50岁,但在海南已经购买了商品房,已经通过休假等方式开始尝试候鸟式异地养老的群体。

注重结构分析视角的运用，指出候鸟式异地养老的产生与发展，不仅受候鸟老人自身因素的影响，同时更是国家、市场和社会三方面结构功能影响下的产物。本书结合社会变迁中候鸟式异地养老方式的产生，并以此为背景，进一步从社会的适应与融入、市场的吸引与发展、国家的扶持与调控等方面深入分析了各方面力量在不同发展阶段如何推动候鸟式异地养老方式的发展。国家和市场之间，国家和社会之间，市场和社会之间，这些推动力量在不断发生调适，以便更好地助推候鸟式异地养老的平稳发展。

第一章
候鸟式异地养老的兴起与发展

候鸟式异地养老既是一种养老方式，也是老年群体选择的一种新的、与其自身经济能力和当前社会条件相适应的生活方式。这种养老方式不仅是一种经济活动，同时也是一种社会活动，是老年群体对生活方式的选择。生活方式（ways of life）是一个复杂的概念，马克斯·韦伯（Max Weber）使用了"the style of life"这一术语，它被看成与地位（status）和声誉（honour）紧密联系的"生活方式"。而格奥尔格·齐美尔（Georg Simmel）将生活方式解释为"生活模式（the form of life）"，指与现代货币经济相联系的客观的生活方式，具有个性不明显、节奏快和精于算计等特征。布尔迪厄（Pierre Bourdieu）使用生活风格（lifestyle）一词，它与社会各阶层的"惯习"和"品位"相联系，并且对应于各阶层的经济条件和经济资本；因此，布尔迪厄认为，生活风格由结构性条件决定，又兼具表现性和选择性。

随着社会现代化进程的加快，人们的生活方式也在潜移默化地发生转型。候鸟式异地养老及候鸟老人群体的显著特征背后，体现的正是社会的发展和变迁，它通过老年群体在养老方式选择中的思想、观念和行动实践，反映出当前社会在养老意识、养老观念、养老方式的内在逻辑等方面的丰富内涵；是渗透于时代背景下，人们对"老"、"老年人"、"养老方式"和"生活方式"的全新认识及其物质化的解读与表达。

可见，候鸟老人这个群体，以及候鸟式异地养老这种养老方式，都是在经济发展和社会变迁中逐渐兴起和发展起来的。从人口迁移视角来解读候鸟老人的异地养老行为，老人们从有迁移意愿到采取实际迁移行动是一个复杂的过程，会受到多方面因素的影响。由于要采用异地的方式养老，因此候鸟老人群体本身具有这样一些基本特征：具备有一定经济能力，身体和心理适应能力较强，能够得到子女的代际支持等。对候鸟式异地养老这种养老方式展开分析，也不难发现，这种养老方式同时具有候鸟式的迁移流动、身处异地长时间养老这两方面的显著特征。结合人口迁移规律研究中的推拉理论，还可进一步分析候鸟式异地养老方式形成的推动因素和拉动因素。根据候鸟式异地养老的兴起与发展的历程以及不同时期呈现出的显著特点，本书梳理出候鸟式异地养老发展的三个阶段，即发展初期（2010年以前）、快速发展期（2010—2015年）、平稳发展期（2016年以后）。在候鸟式异地养老所处的不同阶段，国家、市场和社会的功能也呈现出不同状态。

第一节　社会变迁中的候鸟老人

候鸟老人冬季异地养老的首选地海南，自古就是一个岛屿移民社会。海南各民族居民，在各个历史时期从各地区移民而来，生生不息。海南人与内地人有共同的祖先、共同的文化，与内地有着密切的血缘关系和文化传承关系。同时，各个移民族群深深扎根于海南这片沃土，原有的民族特征不断被同化和融合，形成了海南独具特色的生活方式和文化习俗。[1]

最先移民海南岛的，是黎族，他们划着独木舟，从陆地渡海、南下移居而来。因此，黎族也被认为是海南岛上的原住民。《汉书》记载，中国历史上第一次有组织地向海南岛移民，发生在汉代。汉初建置二郡，是中国古代第一次在海南岛建立封建政权，也是海南历史上第一次有组织地移民。此后，唐、宋、元、明、清等历朝历代，海南岛均发生过大规模的移民现象。

在海南移民史上，移民主要从陆地流入本岛。清康熙年间，人口繁衍加速，海南岛东北已出现人满为患、无地耕种的现象。除了一部分人口向岛内偏远州县迁徙外，相当数量的人口开始向海外发展，揭开了海南移民史上的又一篇章。据研究，明代时海南就有移民外迁，清朝更盛。他们移居最多的是东南亚各国，诸如马来西亚、新加坡、泰国、越南等。海南也因之成为中国最著名的侨乡之一。至此可见，海南自古至今都是移民岛，历史上经历了多次移民热潮。1949 年以后，海南又经历多次与经济开发行为相伴的移民潮。

回望历史，古往今来，人口的涌进与流出，迁徙与流动，就像大海的潮起潮落，不可捉摸却又遵循着自身的规律，这便是剥离了种种表象之后的有关人类择地而居的生存规律。这规律可以上溯到千万年前，也可以表现在当代。步入当代，人类的迁徙形式更加千变万化，人口的流动内涵更为丰富多元，它带来社会的冲突与融合、时代的进步和变迁，是人类社会的进化和演变。当前，我国人口老龄化正处于纵深发展的状态，就让我们站在这个基点上，去追寻与演绎海南岛上人口迁移流动的规律。

---

[1] 符和积，朱寒松，范晓军. 中国地域文化通览：海南卷[M]. 北京：中华书局，2013：278.

一、养老方式变迁中候鸟老人的出现

我们身处的社会正在经历着急剧的变迁,这种变迁影响深远,工业化、信息化、城镇化等社会变革,潜移默化地影响着我们的生活方式。

从表1-1可以看出,传统社会是小型的、乡村式的,家庭规模大,人们的预期寿命短,健康保健和康复护理主要由家庭承担,收入低,物质财富少,社会对老人更加尊敬,人们对差异的容忍度低,倾向于以绝对的标准看待现实、生命、生活,价值观和道德观也比较单一。

表1-1 传统社会和现代社会特征的比较

	特征	传统社会	现代社会
总体特征	社会变迁	慢	快
	群体规模	小	大
	定居地点	乡村	城市
	家庭规模	大	小
	预期寿命	短	长
	健康保健	家庭	医院
物质关系	工业化	无	有
	技术	简单	复杂
	劳动分工	简单	复杂
	收入	低	高
	物质财富	少	多
社会关系	家庭	扩大的	核心的
	对老年人的尊敬	多	少
	地位	先天获得	后天取得
	性别平等	少	多
规范	现实、生命和道德观	绝对	相对
	社会控制	非正式	正式
	对于差异的容忍	少	多

资料来源:汉斯林. 社会学入门:一种现实分析方法[M]. 7版. 林聚仁,等译. 北京:北京大学出版社,2007:637.

与传统社会不同，现代社会是大型的、城市化的、快速变迁的，家庭规模核心化，人们的预期寿命延长，健康保健和康复护理开始更高程度地依靠医院和社会，收入增加，物质财富增多，社会控制更加正式，人们对差异的容忍度则有所提高，倾向于以相对的标准看待现实、生命、生活，价值观和道德观也变得越来越多元化。

根据表1-1中传统社会和现代社会特征的比较，结合影响养老方式的诸多因素，不难看出传统社会和现代社会的总体特征、物质关系、社会关系和规范等因素的变化会直接或间接地对养老方式产生影响，其中家庭规模、预期寿命、健康保健、收入和物质财富等因素的变化将会直接影响养老方式变动的趋势和方向。

在以上提及的影响当前养老方式的因素中，第一个重要的影响因素是家庭。

家庭是社会生活的基本单位，家庭变迁受到社会发展变迁的制约，家庭变迁反过来也会对社会发展产生影响。[1] 学者们普遍认为，现代社会的特征对家庭的影响是普遍的，它改变的不仅仅是人类赖以生存的物质条件，还有人们的思想和生活方式。在不同的社会形态下，家庭的结构、规模、功能与养老方式之间呈现出不同的形式和变化，这种变化又反映着不同的经济、政治和文化背景。

持续两千余年的中国封建社会，其稳定性、封闭性等特征十分鲜明。封建制度虽然已经成为历史，但它的一些结构性特征仍然积淀在中国文化中，从深层次上潜移默化地影响着中国人的行为。因此，中国的现代社会是在传统的牵绊和现代的需求中逐渐向前发展的。这种影响和规定同样作用于本书所讨论的养老方式及其发展、变迁。

中国的传统社会，家庭规模大，预期寿命短，健康保健主要依靠家庭，收入低，物质财富少，对老人较为尊敬。在这样的基础上，家庭养老成为代际之间的一种反馈，父母抚养子女，子女长大成人之后回报父母。可以说，中国传统的赡养父母，是社会经济环境、大家庭规模和儒家孝道文化共同作用下的产物，有着深刻的历史文化背景。

---

[1] 杨善华. 感知与洞察：实践中的现象学社会学[M]. 北京：社会科学文献出版社，2012：168.

步入现代社会,家庭规模变小,预期寿命延长,健康保健开始更多地依靠医院,收入由低变高,物质财富由少变多,家庭规模趋于核心化。在这样的基础上,受中国传统社会的影响,家庭养老的传统虽仍在坚持,但在延续中有着方方面面的改变。家庭核心化之后,大部分子女已经不与父母共同生活,但在经济上和劳务上仍尽赡养义务。2000年全国人口普查结果显示,总体上我国老年人最主要的生活来源还是家庭成员的供养,占老年人总数的49%左右;排在第二位的是老年人自己的收入,占33%左右;第三位为退休金,占18%左右。[1] 对于城市中的老年退休人员而言,随着自身经济能力的提高,对子女的经济依赖程度逐渐降低,家庭养老主要体现在感情上的交流和精神上的慰藉。

从结构功能主义的理论角度进行解释,赡养结构的转变也是家庭功能专业化的体现。帕森斯曾经通过研究普通美国家庭提出家庭功能的结构性转变。在他的"结构性分化"理论中,他认为随着社会经济的转变,社会专业机构,例如学校、医院、福利机构等,会逐渐取代家庭的传统功能。这个过程并不意味着家庭重要性的减弱,家庭为成员提供的物质及情感支持仍然非常重要。

影响养老方式变化的另一个重要因素是收入水平。以城镇职工的养老金变动情况为例,从2002—2016年这15年来,每年的人均养老金从2002年的7 473元,增加到2016年的33 657元,增长了近3.5倍,见表1-2。

表1-2 城镇职工2002—2016年人均基本养老保险变动趋势

年份	领取人数/万人	基本养老保险支出/亿元	人均养老保险/(元/年)
2002	3 349.2	2 502.8	7 473
2003	3 556.9	2 716.2	7 636
2004	3 775.0	3 031.2	8 030
2005	4 005.2	3 495.3	8 727
2006	4 238.6	4 287.3	10 115
2007	4 544.0	5 153.6	11 342

---

[1] 杜鹏. 回顾与展望:中国老人养老方式研究[M]. 北京:团结出版社,2016:7-8.

续表

年份	领取人数/万人	基本养老保险支出/亿元	人均养老保险/（元/年）
2008	4 868.0	6 507.6	13 368
2009	5 348.0	7 886.6	14 747
2010	5 811.6	9 409.9	16 192
2011	6 314.0	11 425.7	18 096
2012	6 010.9	14 008.5	20 270
2013	8 041.0	18 470.0	22 970
2014	8 593.0	23 326.0	27 145
2015	9 142.0	27 979.0	30 605
2016	10 103.0	34 004.0	33 657

资料来源：根据 2002—2016 年度《人力资源和社会保障事业发展统计公报》整理。

社会经济条件的改变和老年人收入水平的上升，使老年人对子女的经济依赖程度和对家庭的依附程度逐渐下降。随着养老保险制度的不断完善，养老保险覆盖人群不断扩大，养老金发放水平逐年提升。在这一过程中，有学者提出，养老金的存在会逐渐"挤出"子女的经济支持，或者降低子女为父母提供经济支持的可能性，甚至父母在经济上还会反过来支持子女。同时，经济上的日趋独立使得老年人在老年阶段更加崇尚对自我价值的追求，变得更加独立自主、"自由自在"。再加上社会保障制度、养老服务体系的逐步健全和完善，现代社会的养老方式开始趋向多样化发展，老人们不再像自己的长辈一样一辈子待在故乡，经济上依靠子女，足不出户，在一地终老；他们开始走出家门，候鸟式养老、旅居养老[1]、乡村养老[2]等多样化的异地养老方式逐渐步入老人们的老年生活。候鸟老人大量出现，有的迁入地已经被老人们亲切地称为自己的"第二故乡"。

从养老资源的来源方面划分，家庭养老仍为主体，社会养老和自我养老

---

[1] 旅居养老：指近年来随着养老观念和消费观念的转变，老年人退休后在身体健康的前提下，到各个旅游景点一边旅游一边养老。可以自行安排行程，也可参加旅游养老项目，到该项目所建的各个旅游养老基地进行旅游养老。

[2] 乡村养老：指近年来随着老年人收入水平的提高和养老观念的转变，老年人退休后选择合适的乡村，通过购房或租房长期居住，回归田园生活的养老方式。

为补充。虽然当前中国已经处于现代社会,家庭规模已经趋于核心化,但家庭养老的传统仍在中国传统社会中变迁,处于养老方式的主体地位。社会养老和自我养老处于补充地位,尤其是社会养老,已经成为家庭养老的有益补充。

从养老地点方面划分,居家养老为基础,社区养老为依托,机构养老为补充。居家养老依靠其优势,是众多老人首选的养老方式。社区养老重在发挥其依托作用,成为居家养老和机构养老的缓冲区。机构养老则是无人照顾的高龄空巢老人和独居老人的选择,是居家养老和社区养老的重要补充。

异地养老,其对应的养老方式为原地养老。这里的"原地",指的是老年人退休前一直工作和生活的地方,与"异地"相对应。原地养老依然是大部分老年人的首要选择,但随着传统社会向现代社会的变迁,老年人收入水平提升,养老观念变化,社会保障体系逐步完善,异地养老成为近年来一部分老人乐于尝试和实践的一种养老方式。也正是在这样的社会背景下,大量的候鸟老人开始出现,在不同的季节寻找着适合养老的新环境,为提升自己的老年生活质量而做着季节性的迁徙,对新的养老方式做出尝试和实践。从异地养老的视角出发,老人是在身体健康、生活自理的状态下,选择一个新的环境养老。在新环境下,从养老资源的来源方面划分,仍然是家庭养老为主体,社会养老和自我养老为补充;从养老地点方面划分,仍然以居家养老为基础,社区养老为依托,机构养老为补充。

综上所述,随着我国老龄化的纵深发展,人均寿命的延长,家庭核心化,社会经济条件的改变和老年人收入水平的上升,以及社会保障体系和养老服务体系的逐步完善,养老方式开始趋向多样化,异地养老方式逐渐步入老人们的老年生活。在这一背景下,一部分候鸟老人,抱着提升老年生活质量的期待,开始尝试和实践候鸟式异地养老。

二、人口迁移视角中的候鸟老人

人口迁移(migration)是指人口居住地(空间位置)永久性(半年或一年以上)的改变,包括国际人口迁移和国内人口迁移,迁移者是指参与人口迁移的人。[1] 由于长期以来实行的户籍制度，我国传统意义上的人口迁移是指户籍登记地的永久性改变。而大量非户籍登记地或居住地永久性改变的状况被称为人口流动。

国内的候鸟老人每年冬季来临之前迁往海南，次年春季回暖之后返回家乡的行为，不涉及户籍登记地的永久性改变，应该定性为人口流动。但因这一类人群的流动行为周期性发生，而且在海南居住时间接近半年甚至超过半年，符合人口迁移的概念，可以将其视为我国近年来随着社会的变迁与发展而形成的一种特殊类型的人口迁移。

从人口社会学中人口迁移的视角，我们不禁会关注：候鸟老人为何要迁移？他们迁移的动机何在？候鸟老人如何选择迁移目的地和迁移时机？他们的选择是否具有理性？社会的变迁、经济的发展、家庭与个人等各方面因素如何影响候鸟老人迁移的过程？候鸟老人迁移到新的居住地之后，如何适应新的环境？

人口社会学对于迁移者的选择和人口迁移过程有如下分析和解释。

（一）候鸟老人的迁移选择

迁移者的选择是有关人口迁移的微观理论，该理论认为，迁移具有选择性（migration selectivity），只有某些特定的人能够成为迁移者。

1966年，埃弗雷特·李（Everett S. Lee）提出，迁移者并不是原居住地人口的一个随机样本，它与迁移者的年龄、性别、受教育程度和职业相关，是一个具有选择性的样本。那些具有较高素质，如受教育程度较高、身体状况较好并富有进取精神的人对迁入地的正向因素能做出积极反应，比迁出地的其他人口更倾向于迁移，且倾向于进行长距离的迁移。

对于迁移者的选择性，从以下三个方面进行了解释。

1. 生命周期

处于生命周期不同阶段的人，其迁移倾向也存在差异。美国的一项研究表明，迁移者的年龄高峰是23岁左右。究其原因，这一年龄段的人口一般尚未结婚，为了现在和未来的事业或学业，可能且可以迁移到各个地方。

---

[1] 佟新. 人口社会学[M]. 4版. 北京：北京大学出版社，2010：103.

此外，退休后的人口也会进入另一个迁移高峰阶段，原因是没有了事业的牵绊之后，前面提到的四个主要动因，投靠子女、支援子女、落叶归根和追求生活品质，都会促使退休后的人口进行迁移，到异地养老。候鸟式异地养老的主要群体，正是这些退休后追求生活品质的银发老人。例如澄迈 S 季春城小区，除了春节 7 天长假期间会有部分前来休假和看望老人的年轻人外，春节前和春节后小区里基本上都是退休老人，以及部分低龄退休老人带着的还未上学的孙辈。

2. 职业生涯

职业也会对人们迁移的行为产生影响，因为迁移是职业人口提升事业发展空间的理性策略。同时，研究表明，有关迁移的职业生涯策略与人们的受教育程度紧密相关，人们受教育程度越高，就越渴望获得事业的提升与发展，因此就更有可能通过迁移寻找事业发展机会。

候鸟式异地养老的主要群体迁移的主要原因不是需要获得事业的提升与发展，但迁移之后，部分低龄候鸟老人因身体健康，且有一技之长，在迁入地重新找到了能够发挥余热的就业岗位。由于我国还缺乏专门面向退休老年人的再就业平台以及相关制度和保障措施，因此，早期来到海南的候鸟老人，一般通过朋友介绍，或者通过一些网络招聘来寻找适合自己的岗位，对口的岗位一般工作强度较低，工资待遇适中，技术型岗位偏多。

与此同时，迁入地的政府部门也逐渐开始重视"候鸟人才开发"，让"候鸟人力资源"得到充分再利用。从 2016 年 11 月 22 日开始，海南"候鸟"人才服务网开始上线试运行，成为海南"候鸟"人才供给和需求之间对接的一个服务平台。海南省人力资源开发局（海南省就业局）定期发布"候鸟"人才的供给和需求信息，为"候鸟"人才发挥余热、找到合适的岗位做好服务工作。

3. 迁移的成本和收益

迁移是有成本的，包括货币成本和非货币成本。

（1）货币成本

货币成本主要包括交通、住宿、日用品等方面因迁移而增加的支出；非货币成本主要包括因迁移带来的精神压力、心理成本、身体上的不适应等。迁移者同时也会产生迁移的预期收益，期望因迁移可以得到更多收入，当迁移的预期收益大于迁移成本时，人们倾向于进行迁移。按照这一理论，年轻人和较高素质的人迁移成本较低，预期收益较高。

候鸟老人因异地养老产生的迁移，时间长短各异。时间较短的主要是春节前后2—3个月，时间较长的从当年的10月底到次年的4月左右，持续半年以上。候鸟老人迁移的货币成本主要有来回的交通费用，自购住房所产生的一次性购房款、装修款、家电家具购置费用及之后的物业管理费、水电费等，或租房所产生的房租、水电费，或居住老年公寓所产生的费用，此外还有食品、衣物等的日常消费，出门游玩的开销，等等。概括起来，主要是衣、食、住、行这四个方面。因为衣和食这两个方面的费用在老年人不发生迁移行为时也同样会产生，那么候鸟老人因异地养老产生的迁移货币成本主要来自住和行这两个方面。

候鸟老人的迁徙费用中，路费可以说是最重要的开销之一。2010年10—11月期间，沈阳飞往三亚的飞机票多为5—6折，如果两人同行，路费至少3 000元。为了节省路费，一些老年人还会选择乘坐火车，全程下来两个人大约1 600元。

（2）非货币成本

候鸟老人迁移的非货币成本主要包括初来乍到、人生地不熟所带来的陌生感，与邻居是否能和谐相处的不确定性，远离子女和朋友、脱离原有的社会网络所产生的陌生感和孤独感等，主要体现为心理层面产生的成本。

有学者在研究流动民工群体后提出，流动民工在社会位置的变动中，对血缘、地缘关系的依赖，可以降低交易费用，节约成本，相对于他们可以利用的社会资源来说，是一种非常理性的行为选择。[1] 对于具有同样流动特征的候鸟老人来说，也是如此。候鸟老人选择在迁移过程中尽可能依赖血缘、地缘关系，可以降低交易费用以及非货币成本。

候鸟老人迁移的收益主要来自身体上的舒适感，精神上的充实感、愉悦感，以及部分低龄和健康老人发挥余热所带来的自我价值实现的满足感等方面。这几个方面可以在总体上体现为候鸟老人老年生活品质的提升。

① 疾病症状减轻所带来的身体上的舒适感。由于海南全岛风景优美，

---

[1] 李培林. 流动民工的社会网络和社会地位[J]. 社会学研究, 1996（04）: 42-52.

气候适宜,空气清新,大部分患有鼻炎、支气管炎、高血压、关节炎等疾病的候鸟老人在此过冬时均会感觉疾病症状有所减轻,也能够感受到身体变得舒适,此为候鸟老人最大的一项预期收益。老年群体年老体衰,往年冬季在家乡度过,往往不堪病痛的折磨。现在前往海南过冬,能够在减少用药量甚至不吃药的情况下感受到身体的舒适,是大部分老人所梦寐以求的。

② 在异地重建社会网络,结交朋友、"抱团互助"所带来的精神上的充实感、愉悦感。候鸟老人初到异地,脱离了家乡的社会网络,会感觉人生地不熟,再加上远离儿女,会有一种陌生感和孤独感。因此,迁移到异地的初期,候鸟老人会大量依赖以血缘、地缘为基础的社会网络。随着时间的推移,境况相似、兴趣爱好相近的候鸟老人会逐渐熟悉起来,结交朋友,"抱团互助"养老。于是,以血缘、地缘为基础的社会网络会逐步转变为以"趣缘"(指老人间志趣相投,俗称"能玩到一起")为主的社会网络。重建社会网络、"抱团互助"过程中,有的候鸟老人的一技之长得以发挥,自身的价值感得以提升,会感觉更充实、更愉悦。候鸟老人间的互助,不仅使候鸟老人在异地的老年生活更加丰富充实,也让远在家乡的儿女和亲友更加放心。

③ "候鸟"人才发挥余热所带来的自我价值实现的满足感。本书的实地调查显示,候鸟老人中不乏优秀人才,其中的身体健康者,也愿意发挥余热。"候鸟"人力资源得到再利用分两种情况:第一种,自己联系新的就业岗位,通过网络、熟人朋友介绍等联系方式达成双方意向。有这种情况的候鸟老人一般为低龄老人,有一技之长,身体健康,适应性强;通过新的就业岗位能够获得一份收入,进一步提升老年生活质量;工作时间视自己的健康状况和意愿随时进行调整。第二种,由当地政府部门统一安排岗位。有的岗位是临时的、短期的,例如咨询、义诊等;有的工作没有酬劳,或者老人主动放弃获取酬劳,义务为大家服务。有这种情况的候鸟老人既有低龄老人,也有高龄老人,他们身体状况较好,愿意为大家服务,使"老有所为"得以充分体现。

(二) 候鸟老人的迁移过程

人们从有迁移意愿到采取实际迁移行动是一个复杂的过程,具有迁移意愿的人口中只有20%的人会采取迁移行动。[1]

人口迁移过程的发生有其特定的文化环境和经济条件，人们关于迁移时间、迁移地点的决定受到特定文化环境因素和经济因素的影响。1981年，迪琼和法克德（DeJong and Fawcett）提出了迁移决策概念模型（a conceptual model of migration decision making）。他们认为，人口迁移过程有三个阶段：第一阶段是总体迁移偏好，第二阶段是迁移到特定地区的动机，第三阶段是迁移的实际决定。[2]

1. 总体迁移偏好

任何个人和家庭的迁移行为都有其发生的特定文化环境和社会背景，有关迁移的时间和地点的决策可以被视为家庭改善生活质量的一种策略。该理论模型的传统观点认为，这种家庭策略一般多出现在有年轻人的家庭，换言之，那些没有年轻人的家庭较少选择迁移。但是，我国历年来的老年人口迁移规律说明，没有年轻人的家庭出于种种原因，也会发生迁移。例如，"老漂族"[3]出于支持子女或者投靠子女，会来到子女工作的大城市生活；有的老年人年轻时在城市工作，退休后选择叶落归根，回到故乡；随着经济发展和社会转型，老年人为改善生活质量、提高生活品质，也会选择迁移，候鸟老人就属于这一种类型。

社会惯习和文化规范是影响迁移的重要因素，它们会将人们对于迁移的看法、观念和态度灌输到有迁移意愿的群体中，影响人们最终的迁移决定。例如，在一个强调社区重要性的社会中，迁移是不被鼓励的；同时，政治的动荡和经济的不稳定，既有可能促成迁移行为，也有可能阻碍迁移行为，总之，会引起人们对迁移行为重新进行思考。此外，自然环境因素也不可忽略。

迁移者的个性是影响迁移过程的重要因素，适应性强、喜欢冒险的人迁移偏好较为明显。本书在对异地养老的候鸟老人进行调查及访谈时发现，候鸟老人的不同个性会影响其迁移行为的最终实现。性格开朗乐观、适应性

---

[1] ROSSI P H. Why families move[M]. New York: Free Press, 1956: 65.
[2] 佟新. 人口社会学[M]. 4版. 北京：北京大学出版社, 2010: 110.
[3] 老漂族：指为支持子女工作和生活，照顾第三代而离乡背井，来到子女工作的大城市的老年人。

强、喜欢结交朋友、乐于助人的老人，能更快地适应异地的养老生活，更快地熟悉陌生的环境和重建社会网络，在异地生活期间的幸福感更高、满足感更强。而与此相反，一部分性格比较封闭内向、适应性较弱的老人，因为到异地后结交不到志趣相投的朋友，又远离儿女和亲朋，孤独感和陌生感一直难以消除，觉得异地养老"没什么意思"，结果提前打道回府，返回家乡，在较短时间内结束了异地养老生活。

机会结构，也可理解为能够更好地发展事业、获得更高的地位和收入、提升生活品质的各类机会，这些可能的机会都会成为影响迁移的因素。对于候鸟老人来说，迁移到海南的机会结构主要体现在提升老年阶段的生活品质上。通过迁移，能够享受到更好的环境和自然资源；冬季温度和湿度适宜，身体感觉更舒适；随时能购买到新鲜的瓜果蔬菜；能结交到志同道合的朋友，结伴四处游玩，生活上"抱团互助"。有的老人作为"候鸟"人才，还能在退休后找到一份工作，更好地实现自我价值；或者通过加入社会组织，担任志愿者，更好地发挥余热，做到"老有所为"。

2. 迁移到特定地区的动机

迁移到特定地区的动机，实质上体现为迁移的各种好处，以及通过迁移达到目的的愿望。迁移者希望通过迁移，能够获得经济收入增加、教育机会和婚姻机会的提升、地位提高、生活环境的改善等好处，达到生活得更好、生活品质更高的目的。本书研究的异地候鸟老人，其迁移到海南过冬的动机，同样如此。

访谈对象12，YZS，女，76岁，来自重庆。退休以前是重庆市树人小学的音乐教师，患有气管炎等多种慢性疾病，每年冬季病情加重，必须到医院挂水加以缓解。2012年左右到海南过冬养老以后，病情自行缓解，能够带领社区老人跳广场舞，并担任编舞、领舞。身体感觉舒适的同时，心情也十分舒畅。访谈时曾经欣喜地对我说道："来海南感觉很舒服！本来觉得自己活到80岁就不错了，现在感觉自己能够活到90岁！"

3. 迁移的实际决定

迁移者通过对迁移收益和迁移成本的衡量，最后做出迁移的实际决定。当迁移者判断迁移收益将超过迁移成本时，人们就会决定迁移。本书研究的异地候鸟老人，在迁移前也会做出判断，通过衡量迁移收益和迁移成本来决定是否迁移。当迁移成本大于迁移收益时，老人们会拒绝迁移；当迁移成本小于迁移收益时，老人们会决定迁移。因此，也可以说，凡是决定迁移到海南过冬的候鸟老人，他们的迁移收益都是大于迁移成本的。

迁移决策概念模型（图 1-1）认为，受到图中所示的四个方面因素的影响，当人们产生迁移到特定地区的动机，决定迁移之后，还需要做一系列的调适，这些调适包括职业的变化、居住环境的改变、身体对新环境的适应、生活方式和朋友交往的改变等。对于异地养老的候鸟老人来说，首先需要调适的是居住环境的改变、身体对新环境的适应和生活方式的变化，其次需要调适的是重建社会网络、朋友的日常交往、文化适应、社区融入等方面。

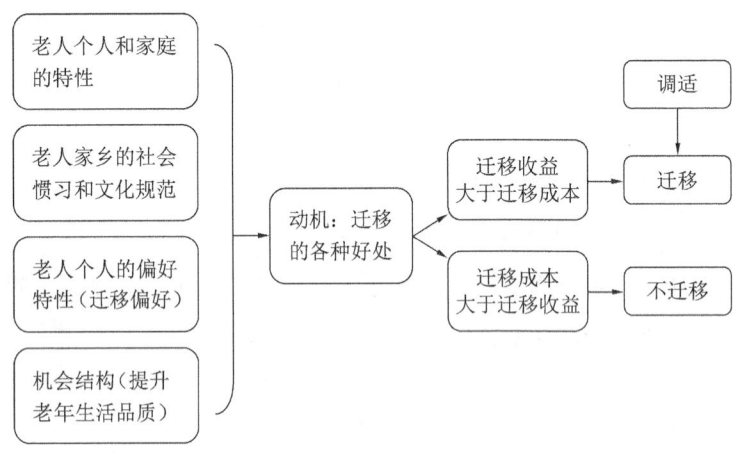

图 1-1　候鸟老人迁移决策概念模型

值得一提的是，我们所处的现代社会具有经济快速发展、观念更新、交通便捷、通信工具普及等时代特征。在这些现代社会特征的影响下，人口迁移的机会更加多元。交通的便捷和通信工具的普及，使信息得以快速传递，人们可以了解更多与迁移相关的有效信息，减少盲目的迁移活动，迁移期望和实现迁移可能性之间的差距逐渐缩小。[1] 此外，返迁变得更加容易。当人们对迁入地的生活、工作、学习不满意时，也可以比较容易地回到原居住

---

[1] DE JONG G F, FAWCETT J T. Motivations for migration: an assessment on a value-expectancy research model[M]. New York: Pergamum Press, 1981: 73.

地。本书研究的候鸟老人，迁移前会通过网络、亲友等多种渠道了解有关迁移的方方面面的信息；迁移时可以选择飞机、高铁、自驾车等多种便捷的交通工具；迁移后可以通过智能手机和家人、朋友保持密切联系，一旦有突发情况或者对异地生活不满意，可以及时回到原居住地。

三、候鸟老人的群体特征

尝试候鸟式异地养老的老人们，是一个特征明显的群体。"在家千日好，出门一日难。"特别是在当"候鸟"的初期，需要做好"独在异乡为异客"的各方面准备。候鸟老人们尝试成为这样一个群体：具备一定的经济能力，具有较强的适应能力，能够得到家庭和子女的大力支持。

（一）具备一定经济能力

候鸟式异地养老，老人们随着气候变化飞去飞来，冬避严寒，夏避酷暑。在很多老人眼里，这是一种值得羡慕的养老方式，但这种养老方式也需要有一定的经济负担能力。候鸟式异地养老是一种市场化的养老方式，此属性决定了异地养老将会产生成本，而且所产生的成本主要由个人或家庭来承担。这也就决定了候鸟式异地养老需要有良好的经济基础，那些经济上相对宽裕的，能够负担"候鸟"期间衣食住行成本的老年人或者家庭才是候鸟式异地养老的潜在群体。

2015年春，海南省卫计委（2018年起改称卫健委）与北京大学社会学系联合抽取了三亚、海口、文昌等五个市的1 200名候鸟老人进行调查。调查结果显示，这1 200名候鸟老年人群的平均个人月收入为3 894.94元，远高于2015年全国居民人均1 830.5元的每月可支配收入，也明显高于当年全国城镇居民人均2 599.6元的每月可支配收入。[1]

候鸟式异地养老，老人冬季南飞，待到来年春暖花开，再返回家乡。飞来飞去，花费几何？

衣食住行，花费最大的首先是"住"这一方面。住家庭旅馆（床位不

---

[1] 韦晓丹，陆杰华. 季节性候鸟老人自评健康影响因素的实证分析：以海南省为例[J]. 北京社会科学，2017（5）：99-107.

多，设施较为简陋，类似招待所）这一类的老年公寓价格较低，条件比较简陋，包吃住每月 1 000 多元到 2 000 多元不等；酒店式老年公寓条件好一些，每月 2 000 多元到 4 000 多元不等；租房的价格，根据所在区域、靠海远近、交通便利程度、房间的大小和配套设施的完备程度等因素，1 000 元到 4 000 多元不等。对于购房养老的老人来说，如果从机会成本的角度进行计算，候鸟式养老期间每月住在自己购买的住房中，也会产生至少 1 000 元的机会成本。

"行"的方面，首先是往返海南的交通费用，火车、飞机或者自驾，每人每次几百到 1 000 多元不等；其次是在海南过冬的 3—5 个月期间满足日常外出购物、出行的交通费用，每人每天几元到十几元不等。如果候鸟老人还有岛内或岛外的旅游计划，则人均增加几千元的旅游费用。

再加上每月吃、穿、用的费用，总体计算的结果，不论是住老年公寓、租房养老还是自己购房当"候鸟"，老年人人均每月会产生 1 000—2 000 元的费用，购房养老的老人还需要负担数十万的购房款。因此，根据在海南的实地调查结果，候鸟式异地养老的老年人目前主要是城市退休群体，来自机关、企事业单位的退休人员居多，每月有稳定的养老金收入，养老金水平高的能达到 8 000—9 000 元，低的也有 2 000—3 000 元，自己有一定的积蓄，有经济独立的能力。

（二）身体和心理适应能力较强

候鸟式异地养老群体必须具有较强的适应能力，包括老年人身体和心理对新环境的适应能力，即老年人的身体健康状况和自理能力，以及心理状态这两个方面。两方面缺一不可，否则老年人无法较快适应异地的生活。

成为候鸟老人，首先要求身体基本健康，这样才能在初到异地、人生地不熟的情况下生活自理、站稳脚跟。在澄迈的 50 多位老年人的访谈资料显示，2017 年在澄迈 S 季春城小区养老的候鸟老人中，年纪最大的是访谈对象 9，LZW，男，84 岁，来自上海，患有糖尿病，每天注射胰岛素，和老伴同在澄迈养老，生活完全自理。来海南养老的大部分老年人虽患有哮喘、气管炎、糖尿病、高血压、冠心病等各种疾病，但大都生活能够自理。一旦身体出现严重问题需要就医甚至住院的时候，候鸟老人还是会选择返回家乡。例如,访谈对象42,LC,女,78岁,2017年除夕夜突发心脏病,考虑当地医疗水平有限、医疗保险异地报销不便和无人护理等因素,最后决定紧急买机票返回辽宁沈阳老家。

其次,还需要一个年轻、健康的心态。离开家乡熟悉的人和熟悉的环境,候鸟老人初到异地,处于"独在异乡为异客"的境地。这种状态下,年轻、健康的心态,开朗、乐于助人、喜好结交朋友的性格作为候鸟老人的个体社会资本,能够帮助候鸟老人尽快认识新朋友,重构在异地的社会网络,并且通过重构的社会网络获取更多的社会资源。这种社会资源具体体现为候鸟老人之间的"抱团互助",物质上不仅有"礼物的流动"、生病时的互相照料,精神上还体现为自我价值的实现、群体归属感、互相依靠的安全感和结伴生活的充实感。根据迁移者选择理论,候鸟老人为减少迁移的非货币成本,最初会尽量选择跟亲朋好友一起前往海南养老,在血缘关系的基础上构建异地的社会网络;随着养老时间的推移,以血缘关系为基础的社会网络会逐渐退居其次,进而被以地缘为基础、趣缘为主导的社会网络所代替(图1-2)。在以地缘为基础、趣缘为主导的社会网络中,老人们志趣相投、互帮互助,在异地养老的日子过得更加丰富充实。

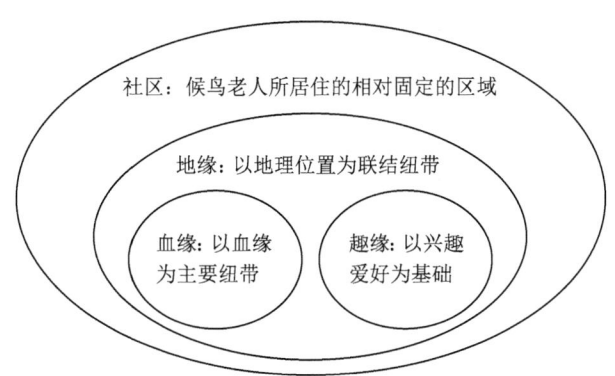

图1-2 候鸟老人的血缘、地缘、趣缘关系图

反之,有的老人做过当"候鸟"的尝试,具备经济能力、身体健康、生活自理,但在海南待了一段时间之后,觉得"不好玩",就打道回府了。这里的"不好玩",实际上体现出老人在新环境下,由于性格、心态等多方面原因,社会网络无法重构,不能结交到新朋友,日子过得"很无聊、没意

思"。当精神空虚时，海南的美景和环境也失去了意义，自然就只能打道回府了。

（三）子女的代际支持

能够得到子女的代际支持，也是候鸟老人的重要群体特征之一。子女的代际支持，体现为经济支持和精神支持，两者也是相辅相成的。

经济支持方面，在购房养老的候鸟老人中，有的房子就是子女购买后给老人养老的，老人仅需要负担自己的日常开销就可以安心养老。

访谈对象15，YYH，女，76岁，来自四川德阳。

> 我是四川德阳的，来这里养老有几年了。房子是我姑娘他们（指女儿女婿）在这里买的，她们朋友几个约了一起在这里买的，买在一起方便些、好耍些。每年我们老两口先来，一般前一年12月左右就来了，女儿女婿每年都带外孙来过春节。今年女婿有事没来，女儿和外孙昨天晚上来的。

此外，家庭和儿女在精神上的支持也至关重要。有的老人夫妻俩暂时只能先来一个人，这就会涉及夫妻双方暂时无法互相照顾、春节不能共同度过等问题，另一方的理解和支持就非常关键。候鸟老人们离家好几个月到南方养老，如果能够得到子女的理解和支持，那么，老人们不仅能时常得到子女的关心问候，春节期间子女们还会不远万里来海南看望老人，给老人们带来朋友之间无法替代的精神慰藉。

访谈对象13，YZJ，女，80岁，来自成都，老伴已去世，独自一人在海南养老。

> 我女儿研究生毕业以后就在德国成家定居了，她现在在德国工作。去年女儿女婿都来海南看我，玩了10天左右。今年女婿有事没来，女儿春节只有十几天假期，路上就要花好几天，飞机要转三次。先飞北京，然后飞成都，我儿子在成都，她先看一下哥哥一家，再从成都飞海南岛来陪我过春节。回去要好一点，海口直接飞北京，北京飞德国。但是她住在德国的一个港口城市，还要再转一次车，才能回家。女儿每年来都帮我把屋子打扫得干干净净，被子全部洗晒一遍。儿子去年给我买

了智能手机，我也学会微信了，每个星期六下午女儿都和我约好时间准时微信视频，等于每星期都可以见一次面，挺好的！

基于以上分析，可以概括出候鸟老人的群体符号：年龄区间为50多岁到80多岁；有一定的经济能力；身体基本健康，生活能够自理；心态年轻、喜好结交朋友、乐于助人、适应能力强，能够得到家庭和子女的支持与理解。当然，还有一个必备条件，就是老人们主观上要愿意尝试这种新颖的养老方式。

第二节 候鸟式异地养老的特征及产生动因

一、候鸟式异地养老的特征

在候鸟式异地养老的形成过程中，"候鸟"和"异地"是这种养老方式的两个关键信息，因此，这种养老方式具备两个显著的特征。

（一）候鸟式迁移流动

候鸟是那些有迁徙行为的鸟类，它们每年春秋两季沿着固定的路线往返于繁殖地和避寒地之间。在不同的地域，根据候鸟出现的时间，可以将候鸟主要分为夏候鸟、冬候鸟两种。大多数候鸟有南北迁徙的习性，飞行距离有近有远，最远的能跨洋过海。

候鸟式异地养老，呈现出"候鸟式的迁移流动"。冬季，老人们前往温暖湿润的南方过冬；夏季，老人们前往舒适凉爽的北方或者山区度夏。目前调查资料显示，我国的北方老人一般在冬季前往南方过冬，夏季返回凉爽的北方老家。南方老人由于家乡的冬季较舒适，夏季并无酷暑，因此"候鸟式的迁移流动"的意愿并不强烈。重庆、武汉等城市的老年人，因冬季湿冷、阳光不充足，前往南方的意愿强烈；而夏季高温酷暑，老人们前往北方或者家乡附近凉爽地区避暑的意愿也很强烈。

访谈对象1，CB，男，73岁，来自重庆。

重庆冬天阴冷阴冷的，天气有点潮湿，大太阳天少得很！晒个铺盖什么的都很不方便。像我们这样的，身体不好，有气管炎，一到冬天就发作，不舒服得很！现在来了海南岛以后，基本上就不发作了。我们小区好多人都和我一个情况，在老家一到冬天，病情很严重，还要住院挂水，来了以后每年跳广场舞、出去玩，都没有问题。今年我们到贵州湄潭又买了一套避暑房，主要是那边环境好，人不多，夏天又不热，我们老人到那里避暑很舒服。别人还往北方去避暑，我们不需要去北方，离家也近，交通方便，坐车一个多小时就到了。

可见，候鸟式异地养老对气候等自然环境有特别的要求，冬无严寒、夏无酷暑、风景秀丽的阳光地带更可能成为异地养老的理想之地。大部分候鸟老人由于种种原因并不打算在异地常住，而是采取候鸟式的迁徙方式，每年根据季节在不同地区间迁移流动。因此，候鸟式迁移流动成为此种养老方式的显著特征之一。

（二）身处异地长时间养老

既然老人们要像候鸟一样迁移流动，选择合适的地方规避严寒酷暑来养老养生，则养老的时候身处异地就在所难免。远离原来的居所，前往异地需要经历的长途跋涉，对老年人的身体构成一种挑战；异地而居引起的自然环境与社会环境的突然改变，对老年人的适应能力也构成严峻的考验；在异地要度过漫长的冬季，再加上来自家庭和原住地的社会支持大大减少，则又是一大考验。因此，这既是候鸟式异地养老的另一个显著特征，也是许多老年人在计划候鸟式异地养老时顾虑重重的首要原因。

1. 如何选择迁入地？

既然有好几个月都要身处异地，候鸟老人们在迁徙之初会谨慎选择、综合评价迁入地方方面面的条件，例如当地的医疗水平、服务设施、交通条件、文化娱乐等因素，也会充分考虑自己的身体情况和经济条件等问题，例如自己的身体能否适应当地的环境和气候，经济上如何满足迁入异地之后在衣食住行方面的花费，等等。

澄迈县KLM养老协会创始人ZDM在选择养老地点期间，前往海南各地进行了6个月的实地考察，比较了海南各地区的诸多小区、楼盘之后，选择了澄迈县的 S 季春城小区，理由如下：毗邻省会海口，离机场近，离火车站近，离澄迈县城近，离县医院也近，小区有泳池，有超市，水土富含硒，空气质量达到国家一级标准，世界长寿之乡，与海边住房相比不潮湿，气候比三亚更适宜养老等。

访谈对象 34，PQ，女，62 岁，来自四川涪陵。

> 买澄迈的房子之前，我们看了不少地方。反正有中介的免费看房车，就当是旅游了。三亚、文昌、五指山、东方、乐东、临高，基本上海南环岛跑了一圈，看房子选房子，眼睛都看花了！最后还是选了澄迈。话说回来，澄迈这个地方虽然投资的性价比不高，但还是很适合居住和养老的。澄迈离海口近，离机场也近，开车一个多小时就到了；过一段时间老城那边的环岛高铁站也开通了；又有中医院，又有西医院，农贸市场不远，东西又多，大超市好几个，小超市也方便买东西；餐馆、电影院、大商场都有，公交车也多。住在其他地方的人看电影都要坐车到我们这里来。你买菜呀、逛超市呀、看病呀、下馆子呀（方言：指到餐馆吃饭）、看电影呀、去海口呀，都方便！听说这里水土还是富硒的，空气质量好，说是世界级、国家级的长寿之乡都有它，所以这里养老还是很不错的！

可见，对异地养老迁入地点的选择，老人们都会进行多方比较，深思熟虑，谨慎做出决定。

2. "候鸟"如何筑巢？

候鸟式异地养老，有着"身处异地"这一显著特征，这种异地养老方式，有别于传统的在原住地的居家养老方式，养老者将会身处异地好几个月，需要提前对如何解决衣食住行等各方面的问题加以考虑。在日常生活的衣食住行中，"住"是候鸟老人最迫切需要解决的一件事，也是花费最多的一件事。

目前候鸟老人常见的"筑巢"方式有三种：入住老年公寓、租房居住、购房居住。由于宾馆、饭店、度假村等收费标准较高，老年人一般更有可能选择收费相对较低的老年公寓、养老院或者租房养老。到后期对这一养老方式有了充分的体验之后，也可能发展到在异地购房养老。在和候鸟老人的访谈过程中笔者发现，大部分老人都有一个"坎坷"的"筑巢"经历，特别是起步较早的一批候鸟老人，他们在异地养老初期一般选择投亲靠友或者居住老年公寓，然后过渡到租房养老，到后来越来越离不开这种养老方式，决定购房养老。根据实地调查，目前的候鸟群体中，有一部分老人已在当地购买商品房，住房面积多在50—80平方米，房产价格主要在20万—40万元之间。候鸟老人购房款来源主要有两部分：一部分是老人用自己的积蓄购买，另一部分则是由其子女购买。

访谈对象1，CB，男，73岁，来自重庆。他们夫妇俩从2009年开始当"候鸟"，亲身经历了一次漫长的"筑巢"过程。

> 我以前八几年（指20世纪80年代）去过海南，厂里派我们去建厂开发市场，待过两年。2005年春节我们夫妻俩和女儿女婿外孙女一家三口一起游海南，耍了5天，基本上环岛一周，海口进出，沿着东线一直到三亚，再返回海口，该看的景点都看了，印象很不错。我姐夫的弟弟在海口市龙华区有一套房子，2009年主人说不去过冬，我们就打算去住一阵。没想到住过去才几天，刚打扫完卫生，整理好东西，主人又说要来，没办法！这个时候Y孃孃（指访谈对象12，YZS）约我们去文昌东郊椰林住农家乐（家庭旅馆类型的老年公寓），三个月以上包吃包住900块钱一个人，不贵，环境也很好，这样我们就拿着行李过去住了。

> 我有气管炎，严重的时候哮喘发作，在重庆的时候，冬天很不舒服，在海南待上几个月都没问题，不咳不喘，身体舒服人就过得轻松高兴，后来就决定第二年再去，很早就预订了农家乐。订晚了就订不到了，现在来海南过冬的人越来越多了，要订就得早订。农家乐价格便宜但条件毕竟比较简单，最大的问题是每天吃农家乐烧的菜吃腻了，而且后来发现他们为了降低成本，烧菜的油用的是棕榈油，长期吃对身体健康不好，自己想烧又没条件，后来想条件好一点，就到文昌S海湾[1]租房，46平方米左右，厨房卫生间都有，冰箱彩电洗衣机配套齐全，到

---

[1] 文昌S海湾：由ZN集团在文昌开发的海景公寓楼盘，位于文昌GL湾的核心位置，占地约600亩，总建筑面积约56万平方米。

海边走路10分钟就到了,看海散步都方便。每个月比农家乐贵一点,1 200元一个月,吃饭和水电费自理。想来想去租房还是不行,东西少了过日子不方便,东西买多了,每年走的时候带又带不走,又没地方放,后来下决心2010年12月在澄迈S季春城买了一套房。这样一直到2013年房子装修好入住之前,主要都是在文昌租房过冬。

访谈对象1的经历是比较典型的渐进式"筑巢"过程。最开始住在亲友家,时间上必须和亲友错开,多有不便;入住私人旅馆,虽然价格不贵,包吃三餐,但包餐的饮食又存在健康隐患和口味问题;租住私人住房,吃的问题解决了,但物品存放又成为一个大难题;最后选择购买商品房异地养老(图1-3)。

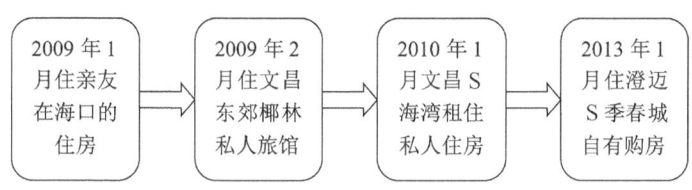

图1-3 访谈对象1夫妇俩"筑巢"过程图

访谈对象24,LGR,女,79岁,是一名清华大学退休教师,他们夫妇俩也同样有一个"坎坷"的筑巢经历。

我们一开始是清华的一帮老教授退休以后想在三亚成立一个"老教授协会",租了一个楼。当地说我们这个是违章建筑,要拆我们的楼,但是看我们是用来养老的,就没拆。算起来是七八年以前的事了,当时给我们住的房子房租很便宜,一个月才1 000块钱,这个当时在三亚已经算很便宜的了,我们就跑去住了。后来房租涨价,涨到1 400块钱,这个价格也还行,也能接受。但是我弟弟的房子在海口,我们老两口每年就先到海口,住我弟弟家,弟弟他们一说要来,我们就奔三亚,弟弟他们过完年回北京了,我们再到海口住,就是这样跟他们错开。你说住三亚吧,也不方便。就那么一条被子,温度低一点吧,还凑合盖盖,温度一高,热得要命!那里有食堂,天天吃食堂也受不了!三亚温度高,荤菜放不住,想做饭呢没冰箱。也有冰箱出租,但是10月份已经被抢完了(指全部租出去了),我们去的时候根本就租不到。你要吃荤菜,每天都得买一次。哎呀，不方便！

我们在三亚的时候，每天的任务就是，吃完早饭，就到三亚湾一坐一上午，天天坐在那儿，听那海水的声音，听得都不想听了，听厌了！你想一个月天天听海，都听不出味道来了，不想听了！然后到中午了，有时候就跑到附近一个超市买盒饭，吃完就溜达回家，路上买点菜，只敢买一顿的菜，多了也不敢买，就这样一天差不多就过了。住我弟弟家，本来说起来也没关系，但总归是别人的房子，这里怕磕了，那里怕碰了，别人的房子总归要小心一点。要是自己的房子爱怎么碰怎么碰，不用那么小心！

想来想去，还是买房子吧。在海口看来看去，没有合适的。儿子们又不感兴趣，不会来，小孩也知道我们俩自由惯了，不到万不得已需要他们照顾的时候，我们也不在乎他们来不来。就我们老两口，我们就想买五六十平方米的。在海口看了一个房子，13层，80多平方米，看上去还可以，阳台上能看到海。但是儿子们又不会来，我们就觉得太大了。后来去WL园[1]玩，出来以后坐公交准备回我弟弟家，在那儿等公交，看到一家卖房的，说来来来，进来看看。进去一看，说是哪里的房子呀？澄迈。澄迈在哪儿啊？售楼的小伙子就介绍在哪儿，那地方挺好，什么长寿之乡，很适合养老养生。怎么去呀？说有看房车，就在WL园旁边上车，你来就行了。结果我们就来了，来的时候我们这个楼还没有封顶，二期刚开始建，还在往地上打钻呢。

从以上访谈记录中可以看出，清华大学退休老夫妇俩决定在澄迈S季春城"筑巢"之前，也经历了在三亚的"老教授协会"和海口弟弟家来回徘徊的过程。这个过程的"游移不定"和生活的不便促使两人产生了购买住房的想法，而最终选择理想住房——澄迈S季春城（图1-4），既有偶然，也是必然。偶然，是因为在去公园游玩的途中偶然遇到这个售房部，促成了最后的选择；必然，是因为这个楼盘的价格适中、面积不大、环境优良、长寿之乡等许多符号极其容易吸引类似的候鸟群体。

---

[1] WL园：位于海南省海口市龙华区东部，BH大道的中段，总面积1 070亩，7万多平方米，市民可以免费入园游玩参观。WL园独具热带海滨特色和生态风景园林特色，以海南热带观赏植物为主，还种植国内外热带、亚热带观赏植物，充分体现热带风光。

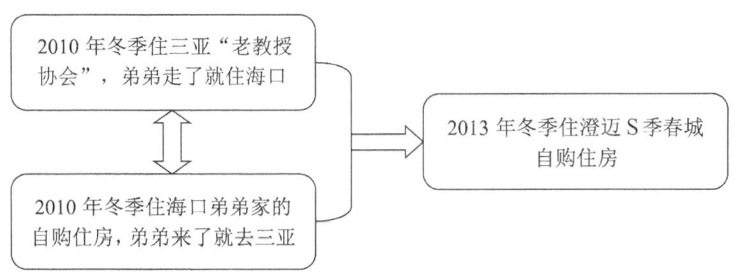

图 1-4　访谈对象 24 夫妇俩"筑巢"过程图

此外，目前海南已经开发了一些配套设施比较完备的养老社区可供候鸟老人选择，用于"筑巢"。例如，天津和海南民政部门联合建立的位于琼海市的 TLQ 养老中心。该养老中心规模较大，配套设施较好。运营方式分三类：（1）购房成为业主，享受社区服务。（2）加入会员，缴纳会费 9 万元（此为 2016 年标准），会员终身享有 3—12 月免费入住，1 月、2 月每月缴纳 1 200 元房费入住的权利。（3）散客入住，按天收费，根据房型收费不同。天津老人可向天津市老年协会申请，每位老人居住的费用可以享受优惠。例如，入住 36 平方米的双人标间，配有厨房、电视、书架、沙发等，收费标准一般是每天吃住 130 元。另外，该养老中心的社区内还设有老年大学、温泉池、三甲医院等，可以极大丰富老人们的生活。社区周边有菜市场、银行、超市等，配套比较完备。因这类养老社区入住成本较高，老人们对此类养老社区还持观望态度，因此采用这种养老方式的老年人在目前的访谈对象中还不多见，暂不作为本书的研究内容。

二、候鸟式异地养老产生的动因

根据人口迁移规律研究中的推拉理论，人口迁移流动存在两种动因：一是居住地（迁出地）存在着推动人口迁移的力量；二是迁入地存在着吸引人口迁入的力量。这两种力量，无论是推力和拉力的共同作用，或是推力、拉力的单方面作用，最终都将导致人口迁移的产生。

从推动人口迁移的力量来看，主要有生存环境和人为因素两个方面。

首先，生存环境的变化是推动人口迁移的基本力量。恶劣的自然环境、资源枯竭、严重的自然灾害等都会直接促成人口迁移。其次，人为因素是推动人口迁移的另一基本力量，如政治动荡、种族冲突以及人口过剩导致的收入水平下降都可能成为推动人口迁移的力量。

1966年，埃弗雷特·李（Everett S. Lee）提出中间障碍（intervening obstacles）的概念，补充了推拉理论。他认为，人口迁移包括三方面因素：迁入地[1]、迁出地[2]和二者间的中间障碍。这些中间障碍可归纳为四类因素：一是与迁移者的迁出地有关的因素，二是与迁移者的迁入地有关的因素，三是介于迁出地和迁入地之间的障碍性因素，四是迁移者的个人因素。每种因素都可按照对迁移是否有利，分为正、负和中性三类。对迁移有利的因素为正因素，对迁移不利的因素为负因素，那些吸引和排斥人们居住在某一地区的平衡力量为中性因素。需要说明的是，正、负因素是相对而言的。同一种因素对不同的人群来说，正、负效果可能正好相反。例如，一个地区的高收入水平和较好的生活条件，对于教育水平较高的人来说可能是正因素，但对于教育水平较低的人来说可能就是负因素。

此外，人口迁移的推拉力量与信息获取相关，人们在社会结构中所处的位置决定了人们获取信息的能力。移民在决定是否迁移之前，会不断衡量各种推拉力量的大小与强弱。这种对推拉力量的衡量又会转化为对迁移收益与迁移成本的比较，当迁移收益大于迁移成本时，人们就会决定进行迁移。[3]

（一）候鸟式异地养老产生的推动因素

"候鸟"南"飞"的推力何在？

结合推拉理论和田野调查获得的资料，不难看出，收入水平的增长、消费观念的转变、养老观念的转变、养生和身体的保养康复等需要、迁出地的环境因素以及子女的赞同与支持等几方面的因素，不断推动着老人们加入候鸟式养老群体的迁移、流动中。

1. 收入水平的增长

以退休的城镇职工为例，参加社会养老保险，退休后每月可以领取的养老金是一笔长期稳定的"持久收入"。持久收入，是指消费者可以预料到的

---

[1] 原表述为目的地，为前后概念表述的统一，此处表述为迁入地。
[2] 原表述为原居住地，为前后概念表述的统一，此处表述为迁出地。
[3] 佟新. 人口社会学[M]. 4版. 北京：北京大学出版社，2010：110.

长期性收入。在经济学的长期消费函数理论假定中,美国经济学家米尔顿·弗里德曼(Milton Friedma)提出"持久收入假定",即当消费者可支配收入增加时,如果消费者预料到这种收入的增加是长期性、可持续且稳定的,就会促使他们更多地去消费。

从图 1-5 中,能够清晰看到我国城镇职工人均基本养老保险每年的变动和增长趋势。

不仅社会养老保险逐年增长,我国老年人口的整体收入水平也在不断提升。2016 年 10 月 9 日,全国老龄委员会办公室(简称:全国老龄办)发布了"第四次中国城乡老年人生活状况抽样调查"[1] 结果。

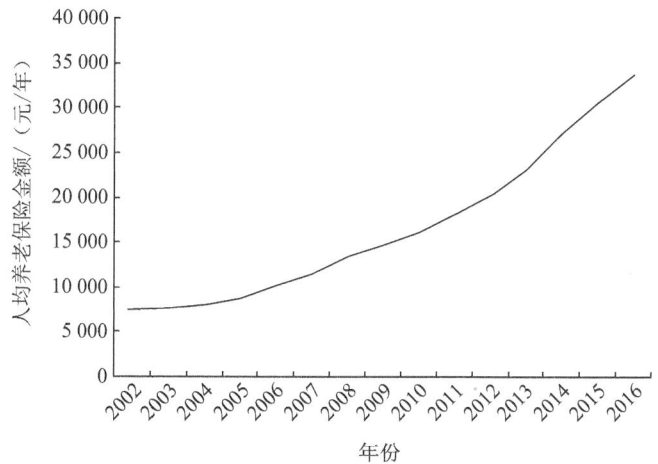

图 1-5 城镇职工 2002—2016 年人均基本养老保险变动趋势

调查结果显示,我国老年人经济状况得到显著改善:(1)农村老年人保障性收入比例明显提升,整体收入增长速度快于城镇。从城乡差距来看,2000 年,城镇老年人年人均收入是农村老年人的 4.5 倍,随后逐渐缩小,到 2014 年,城镇老年人年人均收入是农村老年人的 3.1 倍。(2)城镇老年人收入来源显现结构性转变。2014 年,城镇老年人保障性收入比例为 79.4%,经营性收入、财产性收入、家庭转移性收入等非保障性收入的比例为 20.6%,

---

[1] 本次调查时间点为 2015 年 8 月 1 日 0 时。调查对象为居住在中华人民共和国内(港澳台地区除外)的 60 周岁以上中国公民。调查范围为全国 31 个省、自治区、直辖市(港澳台地区除外)和新疆生产建设兵团,样本涉及 466 个县(市、区)的 1 864 个乡镇(街道)7 456 个村(居)委会。调查样本规模为 22.368 万,抽样比约为 1.0‰。

与 2000 年相比，非保障性收入占比增加接近 10 个百分点。(3) 2014 年，农村老年人保障性收入比例为 36.0%，经营性收入、财产性收入、家庭转移性收入等非保障性收入的比例为 64.0%。与 2000 年相比，农村老年人保障性收入提高 21.7 个百分点。[1]

如果与更早期的数据相比较，这种收入水平方面的增长趋势和增长幅度都将体现得更加明显。从这个角度，也可以解释，为什么我们的祖辈"一地终老"的情况较多见；而到了我们的父辈，会出现候鸟式养老、旅游养老、乡村养老等多种多样的养老方式。老人们敢于消费的背后，是经济收入的增加和经济实力的增强。

2. 消费观念的转变

随着改革开放的深入，我国的经济结构和社会结构都发生了深刻变化，从原来以满足人自身生存需要为主要目标的生存型阶段转入以追求人自身发展为主要目标的发展型新阶段（表 1-3）。在此过程中，受到经济发展和社会变迁的影响，人们的消费结构也悄然转型。

表 1-3　生存型与发展型消费结构的特征

消费结构	特征
生存型阶段	经济发展水平不高，以温饱为特征的衣食住行等基本物质需求是消费需求的主体
发展型阶段	经济发展水平逐步提高，以人的全面发展为特征的消费需求呈现多样化趋势，基本物质需求比例明显降低

消费结构转型，消费水平必然会随之改变。

"第四次中国城乡老年人生活状况抽样调查"结果显示：(1) 城乡老年人消费结构转型升级已现端倪。2014 年，城乡老年人人均消费支出为 14 764 元。从支出结构来看，日常生活支出占 56.5%，非经常性支出占 17.3%，医疗费支出占 12.8%，家庭转移支出占 9.0%，文化活动支出占 3.2%，其他支出占 1.2%。(2) 旅游成为老年人休闲生活的新选择。2015 年，13.1% 的老年人明确表示未来一年计划外出旅游，9.1% 的老年人表示有可能在未

---

[1] 数据来源于全国老龄工作委员会办公室"第四次中国城乡老年人生活状况抽样调查"结果。

来一年外出旅游。[1]

老年人口消费水平的提高，促使他们的消费观念发生转变。

勤俭持家、厉行节约是中华民族的优良传统，尤其在20世纪四五十年代出生的人群身上，经历过缺衣少食的童年，这一传统体现得更加明显。"新三年，旧三年，缝缝补补再三年"就是中国传统消费观念的真实写照。但是，随着经济和社会的发展、时代的变迁、老人们经济能力的增强和年龄的增长，传统消费观念在悄悄发生着变化。老人们以前舍不得吃，现在也要尽量吃好吃营养，尽量不吃剩饭剩菜，讲究养生保健，讲究饮食合理搭配；以前舍不得穿，现在不仅要穿暖和穿舒服，还要穿得漂亮得体，讲究色彩搭配；以前舍不得出去玩，觉得出去玩太花钱，现在认为该玩就要玩，开开心心最重要，过好一天是一天！这种行为也是老人们补偿性消费动机的体现，即在子女成人独立、经济负担减轻之后，一些老年消费者试图进行补偿性消费，随时寻找机会满足过去因经济条件等限制未能实现的消费欲望。因此，他们在美容美发、穿着打扮、营养食品、健身娱乐、旅游观光等方面，会产生强烈的消费兴趣。

访谈对象1，CB，男，73岁，来自重庆，和老伴每月养老金合计5 000多元。2010年12月在海南澄迈S季春城购买商品房一套，用于候鸟式养老，面积50平方米，房价加装修共计26万元左右。每年10月底到海南，次年5月初返回重庆。2017年8月在重庆附近的贵州湄潭购买一套避暑房，45平方米左右，含装修13万元。当问及重庆市区已经有房，而且当"候鸟"以后在重庆待的时间已经只有5个月左右（每年5月初回重庆，10月中旬飞往海南），为何还要再买避暑房时，其回答可以充分体现出老年人消费观念的变化。

> 我们现在已经老了，喜欢清静的地方，环境好的地方。每年回重庆，都觉得人越来越多，车越来越多，太吵了！前两年回来还要和同学、战友聚会，现在聚会也少多了。湄潭这个地方不错，环境好，是一个茶乡，也是鱼米之乡，风景优美，人不多，满山遍野的茶树，到处都绿油油的，看了人就很舒服！夏天比重庆凉快多了，交通也方便，坐车

---

[1] 数据来源于全国老龄工作委员会办公室"第四次中国城乡老年人生活状况抽样调查"结果。

一个多小时就到了。房子也不贵，还带装修，才十几万。我们现在老了，想开了，觉得十几万块钱放在银行没有意思，换成房子，夏天去避暑，住着舒服最重要。虽然现在在重庆待不了多久，但是能住多久住多久，舒服一天算一天，值得！

3. 养老观念转变

伴随着经济结构、社会结构和消费结构的转型，人们的养老观念也在发生着转变。

在与老人的访谈中笔者了解到，候鸟老人到海南过冬还有一个原因，就是换一种活法。很多老人辛苦工作了一辈子，一直为子辈和家庭付出，忙忙碌碌，甚至都没有出过远门。等到退休以后，还要抽出时间和精力照顾孙辈。等到照顾孙辈的任务告一段落（有的老人也会在得到子女同意后，带着孙辈到海南过冬），经济上比较宽裕，也有了供自己支配的闲暇时间，老人们会产生不想再"亏待"自己的念头：是时候弥补年轻时的缺憾，适当提升自己的晚年生活质量和水平了。

这种养老观念的转变，实际上可以归结为养老观念在由生存型向发展型转变。详见表1-4。

表1-4 生存型和发展型养老观念的体现

养老观念	体现
生存型	节衣缩食，凡事以儿女、家庭为重；将自身的生活质量放在次要位置
发展型	注重养老和养生，注重健康饮食；发展自身的兴趣爱好；根据自身需要选择适合的旅游地点；会考虑多样化的养老方式，包括异地养老

在物质生活水平大幅度提高的同时，我国老年人精神文化生活与时俱进。"第四次中国城乡老年人生活状况抽样调查"结果显示：（1）老年人闲暇生活更加注重品质和时尚。2015年，88.9%的老年人经常看电视或听广播，20.9%的老年人经常读书或看报，20.7%的老年人经常种花养草或养宠物，13.4%的老年人经常参加棋牌活动。2015年，有5.0%的老年人经常上网，在城镇老年人中这一比例为9.1%。而在2000年，老年人学电脑的比例仅为0.3%。（2）城乡老年人幸福感显著提升。2015年，60.8%的老年人感到生活幸福，比2000年提升了12.0个百分点。分城乡来看：城镇老年人感

到幸福的比例高达68.1%，比2000年提升了1.9个百分点；农村老年人感到幸福的比例为53.1%，比2000年提升了9.6个百分点。[1]

从以上的调查结果可见，发展型的养老观念，不仅仅为儿女们考虑，也不仅仅停留在物质层面，而是要多考虑自身在老年阶段的各方面需求，在精神文化生活方面也要尽可能充实，充分发展自己的兴趣爱好、乐享晚年。调查结果中，城乡老年人幸福感的显著提升，也是发展型养老观念的充分体现。

4. 养生与康复的需要

2015年春天，海南省卫计委与北京大学社会学系在三亚、海口、文昌等五个市抽取1 200名候鸟老人进行联合调查，其中90.3%的候鸟老人认为，"过冬"是他们远赴海南的首要原因。户籍地冬季严寒，不少老人深受"冬季病"的困扰，海南温暖宜人的气候环境可以帮助他们减少病痛，保养身体，早日康复。[2]

访谈对象31，WZW，男，72岁，来自山东泰安。

> 我原来有慢性支气管炎，一到冬季就发作，病情还挺严重的。后来听人家说冬季到海南待着挺好，暖和，不干燥，病情也会减轻很多。后来，小孩也支持我们，我和老伴已经连续两年到海南来过冬了，确实感到身体舒服很多，病情减轻了不少。医院医生跟我们说的，我这个慢性支气管炎的发作和天气、季节有关。在海南过冬当然要比在我们老家好很多，温度啊、空气质量什么的都好。要是有什么糖尿病、高血压、冠心病的北方老人，也适合来海南过冬，也好控制病情。我们来了以后发现海南地区饮食低盐、清淡，再加上这里的蔬菜、水果品种丰富，海产品也多，医生说这些食品对软化血管、增强血管弹性都有好处，对控制轻度心脑血管疾病也是很好的。

5. 迁出地环境因素的影响

迁出地的环境因素，也是助推候鸟老人迁移南下的重要因素。

---

[1] 数据来源于全国老龄工作委员会办公室"第四次中国城乡老年人生活状况抽样调查"结果。
[2] 韦晓丹，陆杰华. 季节性候鸟老人自评健康影响因素的实证分析：以海南省为例[J]. 北京社会科学，2017（5）：99-107.

本次田野调查的澄迈 S 季春城第一期楼盘 DH 轩，冬季前来过冬的候鸟老人能够达到数百人。其中大部分候鸟老人均来自冬季阴冷、潮湿、严寒的东北、华北、西北和西南等地区，例如黑龙江省的哈尔滨、辽宁省的长春、北京、甘肃省的兰州、山东省的泰安、贵州省的贵阳、重庆和四川省的成都、德阳等地。海南省的三亚市，每年冬季更是聚集了大量来自东北的老年人和儿童，而且人数还在逐年增长。

候鸟老人们偏好的不仅是海南舒适的气候，还有它甘冽的水、温润洁净的空气和美丽的热带景观等，这些都是自己的迁出地所缺乏的，却是舒适的晚年生活所不可或缺的。

访谈对象 23，ZZK，男，80 岁，是一名清华大学退休教师。

> 北京的雾霾我们也习惯了，说严重也严重，但也分区。我们海淀区这边还好，圆明园、颐和园，再往北就是香山，没有工业的东西，空气一直都不错。但北京太冷，再加上北京的水水碱太严重了。加到加湿器里边，喷出来地上周围一圈白的。烧开的水，面上也漂了一层白的，水壶里边全是水垢。水烧开了沉淀了以后，才好加到加湿器里边。而且太干燥，皮肤痒得不得了，要擦油才行。海南水好，空气好，树多，绿色多，养眼！我不是心脏不好嘛，在海南这儿待着舒服。我们老两口吃完晚饭后，慢慢走，走一个多小时也不累。

6. 子女的赞同与支持

候鸟老人到海南过冬，短则 1—2 个月，长则 4—6 个月，在这期间要想过得心情舒畅，离不开子女对这一新兴养老方式的赞同与支持。

一些候鸟老人的子女非常支持老人冬季到海南过冬和养老，把这作为孝敬父母的一种新方式。一是让老人们躲避北方的严寒和雾霾天气，二是让老人们保养身体、放松心情，有利于身心健康。子女在经济上对老人提供支持的方式有：购买海南的商品房供父母居住养老；为父母承担往返海南的机票等交通费用；为父母承担在海南养老期间的生活费用等。子女在情感上支持老人的方式有：时常通过电话、微信等方式与父母交流，了解父母的生活状态；春节期间利用长假前往海南探望父母等。

（二）候鸟式异地养老产生的拉动因素

"候鸟"南"飞"的拉力何在？

结合推拉理论，通过分析田野调查获得的资料，笔者得出了这个问题的答案：迁入地优良的环境条件、各类市场的共同拉动、生活配套设施的逐渐完善、长寿符号的吸引以及交通的便捷等几方面的因素，不断地"拉动"着老年人南下，让老年人加入候鸟式异地养老的队伍中。

1. 迁入地优良的环境条件

海南省全岛空气清新、环境优美、气候宜人。

空气质量方面，海南省生态环境保护厅2018年6月4日发布的《2017年海南省环境状况公报》中的数据显示：2017年，海南全省优级天数比例为80.9%，良级天数比例为17.4%，轻度污染天数比例为1.6%，中度污染天数比例为0.1%，无重度污染天数；2017年，海南全省各项污染物指标均达标，且远优于国家二级标准。[1] 值得一提的是，海口、三亚作为海南的两个主要城市，也是常年"称霸"全国主要城市的空气质量榜。

环境方面，海南岛上四季常青，绿树成荫，森林覆盖率超过60.2%；岛上四季鲜花盛开，自然景观和人文景观众多，其阳光、海水、沙滩等深得国内外旅游者的喜爱。因此，大部分在海南候鸟式养老的老人，也会在自己身体状况良好的情况下，把环岛旅游当作养老生活的重要组成部分之一。

气候方面，海南全岛属热带岛屿季风性气候，四季如春，年均气温23.8℃，气温最低的月份为1—2月，平均气温18℃，气温最高的月份为6—7月，平均气温27.7℃以上，最高气温为38℃左右，全年日照量在300天以上。特别是11月到次年3月这一段时期，温湿度都比较宜人，是旅游、养老的最佳时机。

因为独特的自然环境，海南是当仁不让的蔬菜水果大省。即使北方已是白雪皑皑，海南岛依旧春光明媚，蔬菜、水果生产也是源源不断。这也为候鸟老人的养生与养老提供了良好的条件。

在访谈中，不少老人都会将海南优良的环境条件，与自己家乡冬季的环

---

[1] 资料来源于海南省生态环境保护厅"海南发布2017年环境状况公报全省环境空气质量持续优良"的公告。

境条件相比，对于自己目前的异地养老居住地点，老人们还是相当满意的。

访谈对象 13，YZJ，女，80 岁，来自重庆。

> 冬天还是海南岛好！太阳天多得很，管够，想怎么晒就怎么晒，不像重庆，一天到晚阴沉沉的，十天半个月也见不到太阳。重庆冬天雾还大，以前还不知道，现在报纸上说雾里面有害的东西多得很，对人身体也不好。海南岛这边空气好，都不用戴口罩，树也多花也多，到处都绿油油的，看着舒服得很。这里的水，烧开以后不起水垢，好喝！

2. 各类市场的共同拉动

海南的旅游、房地产、老年公寓等市场也对候鸟老人形成了强大的拉动作用。在访谈过程中，有不少候鸟老人都谈到了自己是如何被各类市场吸引过来的。

访谈对象 5，WJF，女，54 岁，私营企业职工，随时准备退休养老，已在澄迈购房。她就是在海南旅游的过程中，受到海南大环境的吸引，决定在澄迈购房养老的。

> 我当时买房看房是一个人过来的，先去的三亚，然后去的文昌，再来的澄迈。其实我本来没准备买房子。当时是 2009 年底，在单位聚餐，这个也说要到三亚买房子，那个也说要到三亚买房子，感觉大家都在准备买。所以年底我就计划了带女儿和我姐姐一起来海南旅游，顺便看一下房子。当时不想跟团，就自己订的旅馆。我听我们办公室的同事说，要先预订旅馆，要不然春节期间贵得很，还有可能订不到。我就通过她的同学，在三亚帮我预订的旅馆，提前了整整一个月。当时预订的价格是 380 元一晚，那个旅馆也不是特别高级，但是比普通的旅馆又要好一些。当时订了 7 天，结果我们三个人就过去自由行。要的时候，我就感觉在海南过冬天好舒服，毛衣都不用穿，空气又好，环境也好，要的地方又多！在这里过冬好安逸哟！
>
> 怪不得在单位聚餐的时候，大家都在说要来买房子。我在那个旅馆才住了两天，老板就想赶我走。因为旅馆房价已经涨了两三百元了，我占了他的房间，影响他赚钱。天天早上看见我，就问："你走不走啊？"我一打听，旅馆房价涨得凶，老板一年到头就指望这几天赚钱。我一

想，如果旅馆住一晚上要600—700元，又想多要几天的话，还不如买一套房划算。

当时我就决定，让女儿和姐姐继续在三亚旅游，我一个人打算去文昌看看房子。三亚我也看了房子，太贵了，普通的已经上万了，好一些的房子要2—3万了，当时以我的消费能力，还是感觉太贵了，所以考虑先到文昌看一下。我一个人坐车到文昌，找到一个卖房子的中介，是重庆人，带我去看了一些房子。文昌的房子户型我不喜欢，南北通透，一个大通间，面积不大，我看不上。后来又看了一个楼盘，面积又太大了，120多平方米。我有点想买，跟我哥哥商量，我一个人买太大了，我们两个一起买，大家一起住，娃儿来了、亲戚朋友来了也好住。我哥哥当时观念还跟不上，说："海南这么远，我才不会去住，要买你自己买，不要买太大，你自己买个小一点的房子。"

当时在文昌，我看的房子最小的也要八十几平方米。中介看我确实想买房子，说："这样吧，你确实想买的话，我带你去澄迈看一下。"后来就带我来澄迈，看了几个楼盘，最后看到我现在住的这个房子。我觉得这个房子户型很方正，结构很好，看了比较满意，就定了这一套。当时交了3万的定金，付尾款还没有现钱，回重庆还要卖一套房子才行。买完我就和女儿、姐姐回重庆，准备卖房子，交尾款。重庆这套房子也有80平方米左右，如果不急着卖，应该能卖到38万，接近40万，因为急用钱，结果卖了35万左右。卖完重庆的房子，我就把海南房子的尾款一次性付完了。别人还笑我太着急，说别人都是分三次付清，哪有一次性付完的！

访谈对象3，WSG，男，65岁；访谈对象4，ZJ，女，64岁，均为国企退休干部。受海南大环境的吸引，访谈对象3、4夫妻俩直接参加了一个看房团，通过5日看房游后，经过比较与深思熟虑，购买了澄迈S季春城的商品房养老。

我们是直接参加了一个看房团，看房5日游，1 580元，5天，相当于自己出个机票钱，吃住都包，主要是看房子。买了房子，或者签了合约，就把机票钱还给你；如果没买房，就出1 580元，等于就出个机票钱。我们当时觉得还是划得来，就当作出来玩一下，旅游一下，结果就到这里来走了一圈，没想到一下就看上这里的房子了，匆匆忙忙交了一万块钱定金。我们觉得澄迈这里，一个是离县城、离海口都近；另一个就是，这里是长寿之乡；再一个就是温泉入户。它的价格比文昌便宜一半，文昌当时已经要七千多一平方米，这里只要四千多一平方米，反正主要是养老，在这里养老也是一样的！

3. 生活配套设施的完善

目前走访的澄迈、海口、文昌、三亚等海南各地候鸟老人聚居点，其生活配套设施越来越完善，候鸟老人在当地的生活也越来越便利。

以澄迈 S 季春城为例（表1-5），周边有大型超市、便利店、社区食堂、餐馆、商场、影院、蔬菜水果市场、医院、带有农家乐特点的热带风情园等。小区有会所，可以打乒乓球、台球、麻将等，建有泳池，可以游泳；有一个小型操场，可以打篮球、跳广场舞等，业主的联欢会、运动会一般也会在操场举行。从小区驾车去机场约一小时，小区门口有好几条公交线路，去最近的火车站、汽车站以及海口市等周边区域都非常便捷。

表1-5 澄迈 S 季春城小区生活配套设施一览表

生活配套设施	位置及距离
大型超市	NY 广场负一楼；步行10分钟左右
小便利店	数量较多，分布在小区附近；步行10分钟左右
社区食堂	位于 CS 岛小区一层；步行15分钟左右
餐馆	NY 广场及小区周边；步行15—30分钟
会所	小区大门正后方（有游泳池、乒乓球桌、台球桌、麻将桌等）
小型运动场	小区内部（有多个篮球架，可作为广场舞场地）
大型商场	NY 广场；步行10分钟左右
影院	NY 广场3楼；步行10分钟左右
澄迈县中医院	位于 J 镇；1路公交车约20分钟
大型农贸市场	位于 J 镇；1路公交车约30分钟
公交站台	位于小区门口；步行5分钟左右
美兰机场	位于海口市；驾车或乘出租车1小时30分钟左右

续表

生活配套设施	位置及距离
老城高铁火车站	位于老城；公交车 1 小时 30 分钟左右
海口汽车站	位于海口市；公交车 1 小时 30 分钟左右

资料来源：根据田野调查收集的资料整理。

有的老人在上岛的初期，对候鸟式异地养老还心存疑虑。但是，候鸟老人聚居点越来越完善的生活配套设施，聚居点老人的现身说法，都会对他们产生较强的拉动力，最后做出异地养老的决定。

4. 长寿符号的吸引

每一位老人都有着能够健康长寿的愿望和梦想。拉动他们到海南的另一个重要因素，就是长寿符号的吸引。

根据中共海南省委、海南省人民政府2017年4月28日印发的《"健康海南2030"规划纲要》（琼发〔2017〕4号），2015年，海南平均预期寿命77.3岁，高于全国同期0.96岁；预计到2020年和2030年，海南人均预期寿命将达到78.5岁和82岁。

海南省是著名的健康岛、长寿岛。2014年9月25日，海南省民政厅、省老龄工作委员会举行新闻发布会，宣布国际人口老龄化长寿化专家委员会在韩国济州岛向海南颁发了"世界长寿岛"匾牌。发布会上，省民政厅负责人介绍世界长寿地区的评定标准，评价区域现存活百岁及以上老年人口占总人口的比例达到7.5/10万以上。这一标准中包含了9个基础指标，分别是：百岁及以上老年人在总人口中的占比；65岁及以上者中90岁及以上老年人占比；人口预期寿命；植被指数；空气质量指数；地表水质量指数；人口平均预期寿命；人口平均受教育年限；恩格尔系数。根据这一标准，全世界共有6个长寿岛，目前仅有海南和济州获得认证授牌。根据海南省当时的人口统计数据：截至2013年底，全省60岁以上老年人121.41万，占户籍总人口的13.36%；全省现存活百岁老人1944人，每10万人中有百岁老人21.46人，远远超过世界长寿地区7.5/10万的评定标准。

而主要的田野调查点——澄迈，于2012年11月22日被国际人口老龄化长寿化专家委员会授予"世界长寿之乡"称号和匾牌。[1] 国际人口老龄化长寿化专家委员会的调查结果显示，澄迈县百岁老人的身体健康状况总体良好，大多数百岁老人对目前的生活状况比较满意，近一半以上老人身体健康状况、精神状态都很好。其多项基础指标均大大超出中国和联合国对"长寿之乡"的相关规定。

因此，许多老年人在选择澄迈作为自己的冬季养老点的时候，也是抱着来看看有"世界长寿之乡"美誉的澄迈到底怎么样的想法。来了以后，当看到其他条件都不错时，就决定把这里当作自己今后每年冬季的养老养生之地。

访谈对象32，LSJ，女，68岁，来自山东泰安。

> 澄迈这个地方是一个休闲的地方，水、空气比较好！人家是"世界长寿之乡"，不是开玩笑的！澄迈这个地方呢，交通啊都方便！我也是比较了好多地方，去了很多地方，最后决定在这个地方养老。这个地方呢，对60岁之前的人来说可能还差点，因为他们要玩呀，对60岁以后的人来说就很合适。当地的饮食低盐、清淡，这里的蔬菜、水果一年四季品种都很丰富，又靠海边，海产品也多，对老年人养老养生特别适合！

5. 交通的便捷

我国经济与社会的发展，可以用日新月异来形容。老人们在海南候鸟式异地养老，家乡到海南之间的交通，以及海南的岛上交通都在变得越来越方便、快捷。

往返于家乡和海南之间，有飞机、高铁或者动车、汽车、轮船等多种交通工具可供候鸟老人选择。家乡离海南岛较远的老人，首选乘坐飞机往返。由于老年人出行均可以避开高峰时段，一般较容易买到折扣机票，可以大大降低出行成本。以重庆江北机场飞往海口美兰机场为例，2018年11月10日查询2018年11月19日周一的机票，可以预订到21:35—23:50海航HU7378（波音737）的经济舱4.1折的机票，价格为590元（不含保险费、燃油费等其他费用）。

---

[1] 资料来源于澄迈县人民政府网站。

由于全国省级高速公路网络便捷、通畅，部分低龄候鸟老人，也会选择从家乡自驾到海南。有了车，再加上早已开通、日趋成熟的海南环岛高速，老年人在海南过冬期间外出游玩也非常方便，邀上三五好友，驾车出行，一路上互相照应、陪伴，其乐无穷！

访谈对象7，XYP，女，61岁。

2014年冬天，我第一次来海南过冬，自己开车过来的。那个时候我因为拿驾照才一年，还不太敢开高速，就找了我的表弟一起陪我开过来。在澄迈要住好几个月，开车过来还是很方便。我们约出出去玩，比如去海边，去公园，每家自己做点吃的，往后备箱一放，中午的午饭就解决了。万一谁有点什么不好不舒服，开车去医院也很方便，要不然刚好春节啦、除夕啦，大过节的，急起来还不好找车。回家的时候也是约了老伙伴一起慢慢开回去，不着急，一边玩一边开，人家开两天三天，我们开四天五天，反正没什么急事，一路开一路玩，大家平平安安的就好。

在海南岛上漫长的几个月时间里，异地养老的老年人，不论是探亲访友，还是旅游观光，通过高铁环岛出行都越来越舒适便捷。2015年12月30日，海南环岛高铁西段开通运营，与2010年12月开通运营的海南环岛高铁东段实现连通。这标志着全球第一条热带地区环岛高铁，也是全球首条环岛高铁全线贯通。旅客可以实现3小时绕岛旅行。海南环岛高铁西段线路全长345千米，途中经过澄迈、临高、儋州、昌江、东方、乐东6个市县。设立16个车站，在海口站和三亚站与东环铁路接轨形成闭环，设计时速为200千米/时。东西环闭环后，沿途将经过海口、文昌、琼海、万宁、陵水、三亚、乐东、东方、昌江、儋州、临高、澄迈12个市县。

第三节　候鸟式异地养老的发展阶段

据三亚一些本地的老年人回忆，早在2003年前后，就有北方游客尤其是来自东北地区的游客南下。他们喜爱三亚独特的热带风光和冬日里20 ℃

以上的温度，于是有一批老年人逐渐形成"候鸟人群"，每年10月东北气温下降时从东北飞到三亚，次年4—5月东北气温回暖之后再回老家。位于三亚市河东区的丹州小区，大约有三分之二的住房都被东北人买走，其中除了投资，剩下的很大一部分购房是用于度假和养老。随着越来越多的东北人候鸟式移居三亚，在河东区自然形成了一条面向东北人的商品街。如今在三亚有一个很形象的说法，持东北口音的人比讲海南话的人多，看二人转的人比听海南戏的人多，吃炖菜的人比吃炒菜的人多。

由此，候鸟式异地养老这种时兴的养老方式开始逐渐在有条件、感兴趣、想尝试的老年人之间口口相传，老人们欣欣然互相邀约、一同前往。此后，冬季到海南过冬的候鸟老人开始逐年增加，候鸟式异地养老逐渐进入大众的视野，引起社会各界的广泛关注。

从人口迁移视角来解读候鸟老人的异地养老行为，老人们从有迁移意愿到采取实际迁移行动是一个复杂的过程，会受到多方面因素的影响。由于要采用异地的方式养老，因此候鸟老人群体本身，具有这样一些基本特征：具备有一定经济能力、身体和心理适应能力较强、能够得到子女的代际支持等。

针对候鸟式异地养老这种养老方式展开分析，也不难发现，这种养老方式同时具有候鸟式的迁移流动、身处异地长时间养老这两方面的显著特征。结合人口迁移规律研究中的推拉理论，还可进一步分析候鸟式异地养老方式形成的推动因素和拉动因素。老年群体收入水平的提高、消费观念的转变、养老观念的转变、养生和身体的保养康复等需要、迁出地的环境因素以及子女的赞同与支持等几方面的因素，不断"推动"着候鸟式异地养老方式形成，促使老人们加入候鸟式养老群体的迁移、流动中。与此同时，迁入地优良的环境条件、各类市场的共同拉动、生活配套设施逐渐完善、迁入地长寿符号的吸引以及越来越便捷的交通等几方面的因素，不断地吸引着老人们，"拉动"着老年人南下，让他们最终汇入候鸟式养老的队伍中。

根据候鸟式异地养老的兴起与发展的历程以及不同时期呈现出的显著特点，本书梳理出候鸟式异地养老发展的三个阶段，即发展初期（2010年以前）、快速发展期（2010—2015年）、平稳发展期（2016年以后）。

一、发展初期（2010 年以前）

2010 年以前是候鸟式异地养老发展初期。这一阶段，候鸟式异地养老自发产生并逐渐发展，前往海南过冬的老年人数量逐年递增。但这一阶段，候鸟老人这一群体还未引起社会各界的广泛关注，政府的相关政策较为滞后，政策功能发挥有限；而此时的旅游、房地产等各类市场却依靠市场敏锐的"嗅觉"，发挥着较强的吸引作用，客观上推动了候鸟式异地养老群体的发展壮大和候鸟式异地养老的发展；社会方面，社群发挥主要的支持功能，候鸟老人主要通过自发地"抱团"养老，共同面对异地养老期间的诸多问题。

二、快速发展期（2010—2015 年）

2010—2015 年候鸟式异地养老进入快速发展期。标志着候鸟式异地养老进入快速发展期的重要事件是 2010 年《国务院关于推进海南国际旅游岛建设发展的若干意见》的发布，随着海南房地产市场的迅速升温，包含候鸟老人在内的大批购房者蜂拥而至，候鸟式异地养老进入快速发展期。

候鸟老人群体的迅速壮大，使得候鸟式异地养老引起更多关注。针对这一群体和这一种新型养老方式共同面对的问题，政府政策逐步跟进；市场这只"看不见的手"继续发挥其资源配置功能，与此同时，旅游、房地产、老年公寓等市场升温带来的价格混乱、服务质量下降等问题逐渐凸显；社会方面，除了候鸟老人通过社群"抱团"养老以外，各地的异地养老协会等社会组织开始涌现，在促进候鸟老人社会适应等方面发挥应有功能；社区的功能也逐步凸显。

三、平稳发展期（2016 年以后）

2016 年以后候鸟式异地养老进入平稳发展期。进入平稳发展期以后，随着候鸟老人群体的快速增长，社会保障、公共服务领域等方面的问题开始凸显。国家层面、地方政府层面的相关政策文件大量出台，主导化解公共服务等领域出现的矛盾，加强调控，使市场由"失序"走向规范。市场在接受调控的同时，继续发挥其"看不见的手"的资源配置功能。社会方面，社群功能持续发挥作用；各类型异地养老协会等社会组织发展壮大，在国家的扶持下功能得到拓展；社区等功能进一步完善。多方共同促进候鸟老人融入社会，提升其在候鸟式异地养老期间的生活质量。

第二章
社会与候鸟式异地养老：适应与融入

人有两重属性：自然属性和社会属性。自然属性是人与生俱来的属性，即其生物属性。人的社会属性指的是其社会性，指个体接受群体和社会的文化而表现为群体和社会成员的特征，是他遵照社会规范参与群体和社会生活的特性。[1] 根据人的社会属性，人是社会的行动者，人的行动有动机、方向、规律，人通过其行动满足各层次的社会需要。社会则是其成员的复杂行动的体系，社会行动的主体可以是个人、社会群体，也可以是各种类型的社会组织。他们通过社会行动追求自身利益，实现目标。

赫伯特·斯宾塞在社会进化论中，运用了适者生存的观点。他认为，弊病是对外部环境不适应或"不适应生存环境"的结果，但这种不适应将持续减少而且一定会最终消失。[2] 该观点可用于分析社会进化，也同样可用于分析个体或者群体的社会适应行为。在此之后，国内外学者对社会适应概念继续加以研究，提出可将其分为经济层面、社会层面和心理层面这三个维度，心理层面是社会适应的最高层次。根据第一章的分析，候鸟老人决定实践候鸟式异地养老，就已经在经济层面有充分准备，因此，经济层面的适应比较容易实现。根据田野调查的资料可以发现，结合社群、社区和社团等社会行动主体作用的发挥，大部分候鸟老人在社会层面和心理层面的社会适应也能够逐步实现。

候鸟老人在异地养老期间，个人通过与社群、社团等多种主体互动，借助社区等平台，追求能够尽快适应生活场域和社会场域的改变，即社会适应，最终实现社会融入的目标。候鸟老人在异地养老的时间只是每年冬季的数月，其行为特征和移民有部分相似，但并不是一般概念的移民行为，可以看作一种季节性迁移，天气回暖以后，就会返回自己的户籍所在地或常住地。因此，候鸟老人只要能"融入"自己在异地的社群、社区或者社团，也可以很充实地度过这冬季的数月，并不需要和当地社会深度"融合"到一起。所以，此处并未使用"社会融合"这一概念，而使用了"社会融入"。

通过观察候鸟式异地养老的形成和发展，分析候鸟老人群体的社会适应和社会融入的过程，发现除了个人的主观因素外，不同的异地养老发展阶段还受到社群、社区、社团等社会行动主体的影响。

---

[1] 王思斌. 社会学教程[M]. 4版. 北京：北京大学出版社，2016：31.
[2] 瑞泽尔. 古典社会学理论[M]. 6版. 王建民，译. 北京：世界图书出版公司，2014：139-140.

因此，社会功能和作用的发挥，有以下的发展过程：

初到异地，候鸟老人主要通过血缘、地缘和业缘等建立起来亲友圈、同乡会、朋友圈等社群，更快地在异地重构社会网络，补偿缺失的社会资本，获取稀缺的社会资源，更好地适应异地生活。

随着候鸟老人数量的增加，基于异地养老的需求，海南各地逐渐涌现出异地养老协会之类的社会组织，这一类社会组织的发展，不仅增强了候鸟老人的归属感，还有效整合了各种资源，为候鸟老人的异地生活提供更多的便捷和福利，提升其候鸟期间的生活品质，促进老人们的社会参与，帮助候鸟老人实现自我价值。

当候鸟式异地养老得到进一步发展，结合多样化的社群、社团功能和作用的发挥，再加上社区搭建的各种平台，候鸟老人在异地的生活得到极大丰富，身体、精神两方面都能够更加健康、充实。

第一节　社群的互动："抱团互助"

人的本质属性是社会性，社会性的直接表现就是群体生活。群体作为社会和个人之间的中介，对于社会的运行和个人的发展都具有重要意义。候鸟式迁移流动和身处异地长时间养老是候鸟式异地养老的两个典型符号。为了降低迁移过程中的成本和风险，候鸟老人倾向于以血缘、地缘为基础，"抱团"迁移；迁移之后，也会以血缘、地缘和业缘等社会关系为基础形成各种类型的社群，通过社群的互动来进行"抱团互助"养老。所谓"抱团"，取自社群（community）的概念，可以解释为一群人因亲友、同乡、朋友、同事、同学等社会关系而聚在一起。候鸟老人这种在异地"抱团互助"的生活、养老方式，在他们重构社会网络、补偿社会资本、获取社会资源等方面均发挥了积极作用，有助于他们的社会适应和社会融入。

一、血缘、地缘与业缘

人们"抱团"形成各种社群。社群，按大小规模分类，有3—5人的小群,也有几十人、上百人的大群;按群体形成的基本缘由分类,主要可分为血缘关系、地缘关系和业缘关系这三种类型。

(一)"抱团"的基础

这里的血缘、地缘、业缘关系,是社会关系建立的基础。除了血缘、地缘、业缘关系这三种基本社会关系以外,在此基础上还衍生出志缘、趣缘等社会关系。

血缘关系,是指人们以生育、婚姻为基础而形成的社会关系,是人类最早形成的社会关系。在"抱团"过程中,较重要的血缘关系主要有婚姻关系、家庭关系、亲属关系等。家庭、家族、部落等是其具体表现形式,这也是人类进入文明社会以来最基本、最持久的群体形式。

地缘关系,人们在空间与地理位置关系的基础上建立起来的社会关系,人类采取定居方式后相邻而居,相互依存,形成了比较稳定和牢固的地缘关系。有的地缘群体由血缘群体发展而来,有的则是纯粹基于地缘关系。费孝通认为,大多数情况下血缘关系和地缘关系是不可分割的,因为"地缘不过是血缘的投影,不分离的。生于斯,死于斯把人和地的因缘固定"[1]。

业缘关系,是由于劳动和职业方面的原因而形成的社会关系。在现代社会中,业缘关系的地位日益重要,是人类社会发展的重要基础。业缘群体和工作组织是现代社会最主要的社会群体形式之一。

在以上三种基本社会关系以外,还衍生出志缘、趣缘等社会关系。志缘关系,指因具有共同的志向,志同道合而结成的社会关系。趣缘关系,指因兴趣爱好相近而形成的社会关系。例如,因都喜好下棋、钓鱼、旅游、摄影等兴趣爱好而结成社会群体。

以澄迈 S 季春城为例:(1)因血缘关系结成的社群。例如访谈对象 1 和 2,9 和 10,11 和 12 是三对夫妻,加上访谈对象 13(独居),一共 7 人的小社群。其中访谈对象 1 和 10 是姐弟关系,1、2 和 11、12 是亲家关系,13 和 12 是姐妹关系。(2)因地缘结成的社群。例如澄迈 S 季春城来自重庆的业

---

[1] 费孝通.乡土中国[M].北京:生活·读书·新知三联书店,1985:72.

主组成的"重庆同乡会",根据微信群的成员人数,2017年2月达到60多人;澄迈另一个楼盘Y小城的"河南同乡会",也有30多人。(3)因趣缘结成的社群。例如,访谈对象1和2(来自重庆)、3和4(来自成都)、5和6(来自重庆)、7和8(7来自吉林,8来自重庆)这四对夫妻结成朋友群,因都喜欢四处走动游玩,比较合得来,养老期间互动频繁,常结伴出游、聚餐、跳广场舞、散步等,每年回到家乡以后还经常互动;S季春城一期楼盘DH轩有几位老人对太极拳和太极扇有共同爱好,有几位老人都喜欢打乒乓球,分别结成健身群,有二十几位老人因都喜爱跳广场舞结成跳舞群,等等。

(二)"抱团"的原因

寻求安全感、共同应对外在压力、互相支持与合作等是人类结成社会群体的重要原因。当人们感觉到外部环境的威胁、安全感缺失、个体心理压力增大、有合作的需要时,都会有结群的倾向。因血缘、地缘、业缘、志缘、趣缘等各种缘由结成的各种类型的社群,满足了人们多方面的需要。

根据在澄迈的田野调查,澄迈县J镇因地缘而"抱团"的同乡会就有多个,如重庆同乡会、河南同乡会等。

以重庆同乡会为例。澄迈县J镇的每一个楼盘的重庆老乡,互相之间会保持密切联系。后期入住的来自重庆的候鸟老人,也会迅速寻找重庆同乡会并加入"组织"的微信群,参加同乡会活动。重庆同乡会每年春节会组织一次集体聚餐。2017年聚餐时间安排在1月25日。事前由热心的老乡在同乡会的微信群和大家协商聚餐时间。同乡会聚餐的组织者,一般由前期在组织广场舞活动中比较热心积极的人员担任,而当时负责采买广场舞服装和收取服装费用的人员,也顺理成章地成为同乡会聚餐的收取费用者。

聚餐前1—2天,重庆同乡会微信群发出通知:

1月24日上午9:30交钱订餐,自愿参加。1月25日(后天)中午11:00 NY广场三楼B饺子馆AA制,中餐加饺子,每人60元,多退少补。请自愿加入AA制聚餐的业主,QT轩(S季春城二期楼盘)的业主到LYZ和Y主任处报名交钱;DH轩(S季春城一期楼盘)和南山轩(S季春城一期楼盘)的业主找ZJ和ZL在DH轩会所报名交钱。时间

24日上午。这次聚餐是我们业主本着自愿原则组织的,大家借此机会认识熟悉,好互相帮助!

(三)"抱团"群体的特质

因血缘、地缘、业缘关系而"抱团"的这些社会群体千差万别,但也拥有共同的特质。根据田野调查的资料,候鸟老人在异地养老期间"抱团"形成的这些社会群体,其共同特质有以下具体体现。

① 认同群体目标。大部分"抱团"的老人,其社群的基本目标都是在异地养老期间,过得充实、平安、快乐,提高异地养老生活的质量。老年人害怕晚年孤独、寂寞,在异地养老更是如此。目前候鸟老人的物质生活基本上都能满足需求,因此,"抱团"更重要的目标是寻求安全感和归属感,增加精神生活的充实和快乐。

② 互助互惠。"抱团"能让老人之间实现互帮互助,互利互惠。这里的互帮互助主要体现在日常生活中,生病需要送医,灯泡坏了需要更换,QQ、微信功能不会用需要有人指导,需要有人帮忙买菜,新买的电视机的说明书看不懂,空调遥控器不会使用,等等。根据田野调查,例如澄迈S季春城的老人"抱团"之后,在居家和社区养老功能缺失的状态下,通过互帮互助,生活中遇到的困难大部分都能在亲友、邻居、老乡、朋友等的帮助下及时解决。这里的互利互惠,指的是通过互助实现自助,你帮助了别人,别人也会在你遇到困难的时候帮助你。助人为乐,助人也可以利己,是一个"双赢"的状态。老人们在助人的过程中获取了他人的尊重,实现了自我价值,晚年的精神生活也变得更加丰富、充实。

③ 持续互动。成员之间长期保持互动是大部分社群能够长期维持的必要条件之一。成员间持续互动的方式是多元化的,例如互助、经常开展活动、保持联系、互相交换信息等,其中互赠礼物也是社群互动方式之一。阎云翔在《礼物的流动:一个中国村庄中的互惠原则和社会网络》一书中提到:"中国人对礼物往来的重要性有极强的意识。与许多别的社会不同,中国的社会关系结构在很大程度上是由流动的、个体中心的社会网络而非凝固的社会制度支撑的,因而礼物馈赠和其他互惠交换在社会生活中扮演着重要

的角色,特别是在维持、再生产及改造人际关系方面。"[1] 互赠礼物有时是基于亲友间、朋友间的"礼尚往来",有时是因为接受他人帮助后馈赠礼物表示感谢。礼物的类型多种多样,有几斤水果、家乡特产、春节年货等。在澄迈田野调查期间,因访谈对象1、2经常帮助他人,2017年春节期间收到他人馈赠的礼物有:猪油年糕、绍兴梅干菜、涪陵榨菜、新疆葡萄干、昆仑雪菊茶、新年挂历、徐福记新年酥糖、香肠、腊肉等。礼物的流动,起到了有效增加社群紧密度的现实作用。

二、社会网络的建构

社会网络作为一种社会学视角发端于德国社会学家格奥尔格·齐美尔(Georg Simmel)对社会互动、社会关系和社会结构的研究。他认为,现实世界由无数事件、行动和互动等构成,为了处理现实的复杂性内容,人们通过各种样式或形式来整理它。[2] 曼彻斯特大学的人类学教授约翰·巴恩斯(John Barnes)在1954年第一次使用了"社会网络"这一术语,[3] 他认为社会互动是一些点的集合,其中一些点由一条线连接起来,从而形成关系的"全部网络"。社会网络是由许多节点构成的一种社会结构,节点通常是指个人或组织;社会网络代表各种社会个体成员之间因为互动而形成的相对稳定的社会关系,这些社会关系在血缘、地缘、业缘等基础上形成,包括亲友关系、同乡关系、同事关系、朋友关系、同学关系等;人们经由这些社会关系结成社会网络,开展社会互动与联系,这些社会互动和联系又会影响人们的社会行为。

可以说,几乎每个迁移者的背后都有一串由家族、亲戚等血脉相连的链条,以及在这些血缘、亲缘关系基础上拓展出来的邻居、同学、朋友、同乡等社会网络。由此发展而来的强连接关系与弱连接关系,内生性社会网络与外延性社会网络,都从不同的方面概括了社会网络的特点及其具体的功能发

---

[1] 阎云翔. 礼物的流动:一个中国村庄中的互惠原则与社会网络[M]. 李放春,刘瑜,译. 上海:上海人民出版社,2017:21.
[2] 瑞泽尔. 古典社会理论[M]. 6版. 王建民,译. 北京:世界图书出版公司,2014:258-259.
[3] 诺克,杨松. 社会网络分析[M]. 2版. 李兰,译. 上海:格致出版社,2012:17.

挥机制，在性质上是求同存异的。

（一）强连接与弱连接

1973 年，美国著名社会学家马克·格拉诺维特（M. S. Granovetter）在《弱连接的力量》一文中将社会个体的人际关系分为三类：强连接关系、弱连接关系以及无连接关系。格拉诺维特认为，可以将互动频率看作判断一个"连接"强弱程度的重要指标。[1] 有国内学者认为，强连接通常主要产生于家庭成员、亲戚、同事和同学等之间，血缘或者地缘关系可以被看作强连接的代表，其他类型的关系可归入弱连接关系。强连接关系通常依靠人与人之间的情感纽带，因此在个人的社会关系网络中，强连接关系通常具有较为稳固、个体相互信任度更高、个体之间互动更加深入等优势，但也同时具有规模较小、信息渠道较窄、群体特征同质化较明显等劣势；弱连接关系通常具有信息来源多元化、群体特征异质化等优势，但也同时具有群体信任感不强、凝聚力弱等劣势。[2]

田野调查发现，有时关系稳固并不一定等于强连接关系。如果以互动频率来判断一个"连接"的强弱程度，则有的候鸟老人之间的血缘或者地缘关系虽稳固，但互动强度和深度并不一定高于朋友关系。但是，不论是强连接关系还是弱连接关系，其实都能发挥"信息桥"的作用，来自血缘、地缘等乡土网络的强连接关系所提供的信息能够发挥传递情感、加强信任和心理安全的作用；来自业缘、趣缘等弱连接关系所传递的信息也能够发挥加强沟通交流、使信息渠道多元化的作用。例如，在田野调查时发现，澄迈访谈对象1、2 同时身处多种社会网络，强连接关系有亲友网络，弱连接关系有朋友网络等。亲友间的网络稳固、相互之间信任度高、互动比较深入；弱连接关系建立的网络，信息更加丰富，群体成员性格各异，由于兴趣爱好相同，互动频率也较多，而且相处时相互之间更加愉快，但关系不够稳固，凝聚力较弱。

---

[1] GRANOVCLLCR M S. The strength of weak ties [J]. American journal of sociology, 1973, 78 (6): 1360-1380.
[2] 陈世华，黄盛泉. 近亲不如远邻：网络时代人际关系新范式 [J]. 现代传播（中国传媒大学学报），2015, 37 (12): 129-132.

(二) 内生性与外延性

与强、弱连接相对应，有学者将社会网络分为两大类：一类是基于血缘、亲缘而形成的内生性社会网络，另一类是基于地缘、业缘等关系而形成的外延性社会网络。内生性社会网络与外延性社会网络在各类群体迁移流动过程中，具有同样重要的作用。[1] 候鸟老人基于内生性社会网络而建构起来的养老模式，国内学者将其定义为社区亲友互助式家庭养老模式。这种社区内亲友互助式家庭养老模式，往往在聚居之前就会有一两位具有组织能力的老年人把大家聚到一起，在聚居形式之后，这几位核心人物会继续发挥作用形成一个小团体；由于都是多年沉淀下来的以家庭为单位的亲密关系，相互之间的子辈、孙辈也往往互相熟悉，所以也可以形成一种子女们轮流探望老人的方式，既可以缓解独生子女家庭没有精力经常探望父母的问题，又在很大程度上减轻了子女牵挂老人的心理负担。[2] 这种社区亲友互助式家庭养老模式，就是基于内生性社会网络而建构的，是一种关系更为亲密的、共同生活在异地的老年人"抱团"互助养老的方式。这种关系实际上属于一种强连接关系，由于基于血缘、亲缘而建构，相互之间对彼此生活及基本情况更为熟悉了解，更加有利于在异地相互照顾。

根据在海南澄迈等地的田野调查，候鸟老人之间既会基于血缘、亲缘这样的内生性社会网络而"抱团"养老，也会基于地缘、业缘这样的外延性社会网络而"抱团"养老，例如各地的同乡会等。不论社会关系连接是否"内外有别"，通过各种类型社会网络的不断建构，各类群体得以在迁入地生存下来，并且越来越适应当地的生活。

(三) 社会网络功能的体现

移民社会网络的功能体现在移民迁移的三个阶段：迁移之前，欲迁移者与成功迁移者取得联系非常重要，有了联系就会有信息的流动；迁移之中，

---

[1] 李春霞，吴加志，洪眉. 京城保姆：农村进城务工女性社会网络研究[M]. 北京：九州出版社，2013：158.

[2] 李雨潼，曾毅. "候鸟式"异地养老人口生活现状研究：以海南省调查为例[J]. 人口学刊，2018 (1)：56-65.

移民网络会给欲迁移者提供各种帮助,比如帮忙提供住宿和就业机会;迁移之后,移民网络可以进一步建构和拓展迁移者的社会网络规模,帮助迁移者获取更多关键性的信息。[1]

根据迁移者网络理论,研究表明,有一些迁移者和迁入地的已有移民之间存在着某些联系,例如前面提到的血缘、地缘、业缘关系等,以这种联系构成的社会网络可以有效补偿迁移者缺失的社会资本,依靠这种联系,能起到增加预期收益、降低迁移成本和减少迁移风险的作用。波特斯(A. Portes)等人对1973—1974年进入得克萨斯港口的822名成年墨西哥移民的调查表明,这些移民中大约有90%是通过在美国的亲人或与其有联系的雇主而获得在美国的居住许可的;70%的人曾作为非法移民在北美生活过,正是这段生活经历使他们建立起相关的社会网络,并通过这些网络得到了美国正式的定居证。[2] 有移民研究者将这一现象表述为移民的乘数效应,认为每一个新移民背后都有一个潜在的移民群,这个潜在的移民群来自其家庭、亲友等。

常言道:"在家靠父母,出门靠朋友。"由此可见,人口迁移是不断生成社会网络的动态过程。在候鸟老人的迁移过程中,"投亲靠友"出于一种本能,已有的社会网络会促成新的社会网络的发展和延伸,形成动态的自我延续。这种候鸟老人社会网络的自我维系过程会进一步促使海南各地候鸟社区的形成,这种滚雪球般的乘数效应形成的候鸟社区又会进一步吸引新的候鸟,体现出候鸟迁移社会网络的因果关系和聚集效应。田野调查资料显示,候鸟老人通过在异地进行强连接关系的移植与弱连接关系的重构,或者说,通过内生性社会网络与外延性社会网络的建构,从而实现了在新的生存空间"抱团",实现了在新的生活场域中更快地适应和融入。

访谈对象1 CB(男,73岁,来自重庆)于1988年海南建省后,曾经带队前往海南省开拓电缆事业两年多,后来有一个团队成员小Z留在海南发展,成为成功迁移者。

---

[1] 于涛. 华商淘金莫斯科:一个迁移群体的跨国生存行动[M]. 北京:社会科学文献出版社,2016:104.
[2] PORTES A. The economics, sociology, and immigration[M]. New York: Russell Sage Foundation, 1995.

当时海南岛建省以后，电缆公司（指重庆市电缆公司）跟厂里（指重庆电缆厂）商量来海南岛办厂办公司，开发海南。我当时是副总经理，作为厂里的厂级干部去负责生产管理，电缆公司派人过来负责销售。小 Z 是第二年来的，人很能干、勤快，自己的事做完了，就帮着做其他的，有时还帮着烧饭，销售缺人手他也会帮忙做。后来海南经济萧条了，主要是经济过热，海南承受不起，停水、停电、缺原材料等问题都出现了，好多资金都撤走了，生产没办法搞，结果我们也把资金撤回了。小 Z 说他就不回重庆了，继续留在海南。后来靠自己打拼，成家立业，发展得也很不错。小 Z 说他一直很感谢我当年把他带来海南，其实是靠他自己的努力，几十年打拼，才有今天。

访谈对象 1、2 夫妻俩在迁移前，就和小 Z 取得联系，获得大量在海南生活的重要信息。决定购房异地养老后，小 Z 热心地介绍合适的楼盘，自己开车带夫妻俩辗转海南各地实地看房。迁移过程中，小 Z 帮助夫妻俩搬家，购置日常用品等；迁移后，双方保持持续互动，经常通话，小 Z 逢年过节都来看望、问候，老人生病时迅速开车前来帮助，将老人及时送医；等等。

我们来海南养老，小 Z 帮了不少忙。每年春节小 Z 都来看我们，还买好多礼品。上回老伴（指访谈对象 2）摔跤摔骨折了，叫不到出租车，还是小 Z 开车来把老伴送到医院，下楼也是小 Z 把人背下去的，帮了不少忙，我们也很感谢他！

访谈对象 1、2 成功购房，每年冬季前往海南养老之后，又成为其他欲迁移者的社会网络中的重要成员。亲戚、朋友、老同事等欲迁移者会和他们取得联系，获得大量有关前往海南过冬养老的重要信息。与此同时，访谈对象 1、2 也开始在异地进一步建构和拓展自身的社会网络，在新的生活环境中结交新的朋友，产生新的社会关系，开启了与在家乡截然不同的生活方式。因此，也有学者提出"异地养老相当于异地重生"。

三、社会资本的缺失与补偿

移民网络理论认为，迁移者在迁移过程中的每一个环节都受到了社会网络的影响。候鸟老人在海南"抱团互助",重新建构社会网络,而社会网络在帮助老人们在异地更好地养老和生活方面是如何发挥作用的?其发挥作用的具体机制,可以从社会资本的缺失与补偿这一角度进行分析和说明。

社会资本概念的提出者是法国社会学家皮埃尔·布尔迪厄（Pierre Bourdieu）,他认为社会资本是"实际的或潜在的资源的集合体,那些资源是同对某些持久的网络的占有密不可分的。这一网络是大家共同熟悉的,得到公认的,而且是一种体制化的网络,这一网络是同某团体的会员制相联系的,它从集体性拥有资本的角度为每个会员提供支持,提供为他们赢得声望的凭证"[1]。詹姆斯·S.科尔曼（James S. Coleman）主要从功能的角度出发,认为这些社会关系不仅被视为社会结构的组成部分,而且是一种社会资源;社会资本是指个人拥有的以社会结构资源为特征的资本财产,是否拥有社会资本,决定了人们是否可能实现某些既定目标,而没有它则不可能实现[2]。他认为社会资本存在于人际关系的结构之中,具有生产性特点且只为结构内部的个人提供便利,是不可转让的。罗伯特·D.帕特南（Robert D. Putnam）在科尔曼的基础上,将社会资本从个人层面上升到集体层面,并把其引入政治学研究中,从自愿群体的参与程度角度来研究社会资本。[3] 林南（Nan Lin）认为社会资本是嵌入于社会网络关系中,通过行动者有目的的社会行动而能够带来回报的,可以调动与使用的各种资源。[4] 他认为社会资本是可以通过社会关系获取的资源。综上所述,可以看出社会资本与社会网络、社会资源等概念密切相关,有它自身的运行规范,与行动者有目的的社会行动能力的大小相关联;它区别于经济资本与人力资本,它在人们相互交往的过程之中产生,以信任、规范和网络关系为基本要素。

（一）社会资本的缺失

社会资本是个人或群体通过其在社会网络或社会结构中的身份获取社会

---

[1] 布尔迪厄.文化资本与社会炼金术:布尔迪厄访谈录[M].包亚明,译.上海:上海人民出版社,1997:202.
[2] 科尔曼.社会理论的基础[M].北京:社会科学文献出版社,邓方,译.1992:354.
[3] 帕特南.使民主运转起来:现代意大利的公民传统[M].王列,赖海榕,译.南昌:江西人民出版社,2001:195.
[4] 林南.社会资本:关于社会结构与行动的理论[M].张磊,译.上海:上海人民出版社,2005:24.

资源的能力。候鸟老人前往异地生活，儿女不在身边，春节期间如果有空才会来海南探望，探望时间也基本上是 7 天左右，平时主要依靠电话、微信等通信方式和老人保持联系，实际上候鸟老人的异地养老非常接近空巢老人的养老状态。从社会资本的理论视角对候鸟老人的异地养老加以分析，他们主要面临着个体和集体两个层面的社会资本缺失。

候鸟老人个体层面的社会资本主要来自家庭。从个体层面分析，当候鸟老人身处异地时，相对封闭的家庭血缘关系网络出现缺口，子女远离海南，老人无法及时获取家庭的养老资源，个体层面的社会资本处于缺失状态。

候鸟老人作为一个特征鲜明的群体，其集体层面的社会资本主要体现在成员与社区之间、社区与社区外其他个人或组织之间所形成的信任、规范、互惠的网络关系及其社会资源的交换与分配。从集体层面分析候鸟老人社会资本的缺失，主要体现在：其一，在家庭养老资源缺失的情况下，作为社区网络中的一员，本应从发展完善的社区中获得充足的养老资源。但是现在海南大部分地区的居家、社区养老服务发展滞后，养老机构不多，社区提供的养老资源极为有限，无法满足候鸟老人的养老需求。其二，海南大部分社区自身能力有限，不易获得来自社区外部的各种关注、帮助和支持。与内地城市相比，各种养老服务项目和志愿者组织目前在海南大部分地区未开展活动，因此，候鸟老人的社区外部社会资本存量较低，能获取的社会资源非常有限。

例如，访谈对象 7 XYP（女，61 岁，来自重庆）初到海南时是离异状态，一个人住进东海轩小区以后，因水土不服生病，儿子媳妇远在重庆，身边无人照顾，当时也不认识小区里的其他人，只能联系远在海口的朋友带自己去医院看病，经历过一段非常无助的时光。

2014 年，因为身体不好，我决定好好养身体，申请退休了。那年我第一次来海南过冬，开车过来的。因为拿驾照才一年，还找了我的表弟一起陪我开过来。结果在过海的时候吹了海风，就生病了。平时感冒，吃点药，几天就好了。这次很奇怪，吃了药也不管用，喉咙痛，发烧，可能水土不服。一开始还可以喝点稀饭，这样拖了一个月过后，连稀饭我都不想吃了，严重了！实在不能再拖了，小区里一个人都不认识，我就赶紧跟我海口的一个朋友刘老师打电话，让他到澄迈来接我，到海口中医院去看中医。本来我也想去澄迈县中医院看病，但是听说人多，一大早 5 点多钟就要去排队，我根本没有体力去排队。那个医生是个专家，很有经验，我吃了五服药，慢慢就好了。当时我都没有体力下楼，只能站在阳台上看大家在楼下操场上跳广场舞。

（二）社会资本的补偿

候鸟老人异地养老，都是"独在异乡为异客"，在"同病相怜"的情景下很容易找到共同的话题，在自己居住的社区，形成特定的场域，包括生活场域和社会场域。在特定的场域下，通过重新建构社会网络，以己之长补他人之短，互相帮助互相关心，或者通过不求回报的付出获得自我价值实现。在这个过程中，个体社会资本通过特殊场域下重构的社会网络，可以补偿缺失的社会资本，获取更多物质上和精神上的养老资源，达到在异地漫长的冬季里快乐生活、舒心养老的目标。

从社会资本视角看待候鸟老人的"抱团互助"，其存在和发展与候鸟老人的社会网络和社会资本之间有着密切关系。社会资本和社会网络相辅相成，社会资本取决于社会网络，它植根于社会网络或社会关系之中，通过重构社会网络能够强化社会资本，为接近和使用嵌入性社会资源提供条件[1]。候鸟老人到异地后基于血缘、地缘和业缘等自发"抱团"，形成各种类型的社群，实际上是通过社会网络重构成新的载体，使候鸟老人缺失的个体和集体层面的社会资本得到有效补偿，有效地提升了其在异地的养老生活质量，改善了其生活状态。

具有共同问题、相同背景的候鸟老人通过"抱团互助"聚集到一起，相互照顾，加强了同伴间的支持和交流，构建了候鸟老人养老生活的新场域。在这个社会网络中，成员之间的个体和集体社会资本得到强化和补偿，每一位"抱团"的老人都成为他人养老过程中的重要资源。老人之间的互助是老人们之间互惠互利的体现，同时也促使老人充分体验到了自我价值的实现。

访谈对象 5，WJF，女，54 岁，谈到"抱团"养老过程中互相分享生活经验，互相启发的经历。

---

[1] 陈际华，黄健元. 农村空巢老人互助养老：社会资本的缺失与补偿——基于苏北 S 县 "老年关爱之家"的经验分析[J]. 学海，2018（6）：147-152.

C大哥（访谈对象1）、Q姐姐（访谈对象2）他们就是生活经验很丰富，很实用！比如说，海南比较潮湿，东西容易发霉。他们把矿泉水瓶子晾干，把红豆绿豆什么的装进去，就像密封罐一样，不仅不会发霉，还方便取用，又方便又实用！他们如果不跟我说，我自己也想不出来。我很佩服C大哥、Q姐姐他们的就是，虽然年龄比我们大许多，但是他们的思维方式比我们年轻人都还要年轻！比如C大哥做相册，电子相册怎么做，他会去研究，还教我们怎么做。有啥子问题，都想办法解决。他把我发在朋友圈的照片，导下来，题上词，再发给我。像C大哥，满70的人了，他并不像其他的老人一样，而是不断地学新东西。什么叫老人？60岁？70岁？所以说只要心态年轻，永远都不会老。我把这些东西给我的朋友看，他们都不相信是70岁的老人做的。

还有就是我上次在北海，脖子疼，连车都不能开。吞唾沫的时候，脖子都疼得不得了。结果回到海南以后，Q姐姐拿了一点维生素B2给我吃，第二天就好了。我本来还准备去医院输液，在北海也买不到想买的药，医生也不敢给我按摩，只能在脖子外面包点药。结果，脖子没治好，皮肤又过敏了，痒得很。结果C大哥又拿给我一支西藏的软膏，不含激素，涂了一晚上就好了。

访谈对象15，YYH，女，76岁，谈到"抱团"养老过程中的互相帮助。

特别感谢老C（访谈对象1）他们两口子，很热心！到海口帮我们办老年证。我们老两口想到海口办老年证，我又晕车，到海口好远嘛，要花1个多小时。如果我们自己去，又找不到路，又怕晕车，又不熟悉办证的手续，一人单程到海口要12元车费，再加上两个人来回车费都要好几十。老C他们很热心，我们把证件交给他们，让他们代办很放心，感谢老C他们两口子，帮我们一起就办好了，太感谢了！

访谈对象24，LGR，女，79岁，谈到邻居之间的互助。

能碰到他们这么好的邻居，多好！我跟谁都说，我隔壁那个邻居没说的！钥匙往她那儿一丢，我走了。接下来通风啊、开窗啊，都不操心，弄得好好的！来之前，又帮忙把卫生都搞好了。我有时都不愿意说我哪天到，怕给好邻居添麻烦。一说了哪天到，家里提前就打扫得干干净净的。我们来，啥也不用弄，就把被子稍微晒晒，透透味儿，就完事儿了。其实我们自己也做好准备了的，也带了晚饭，一把面条，一个胡萝卜，一棵白菜心。你说打扫卫生就挺费事了，还顺带帮着把晚饭也给弄好了。既然晚饭做好了，那我就吃吧！呵呵呵！

互助过程中，通过"发挥余热"实现"老有所为"，更多地体现为自我价值被他人认可所带来的快乐。访谈对象1、2身体健康状况良好，且有一技之长，乐于助人。访谈对象1年轻时参军，当过空军地勤人员，对机械、电子等产品的维修、使用等比较熟悉，又比较喜欢使用电子产品，因此常常帮助朋友、邻居等收快递、维修简单家电、换灯泡、换电池（有的老人因视力模糊，电池的正负极常常会装反）、更换燃气灶进气管、代买蔬菜日用品等；因夫妻二人每年到海南较早，离开较晚，因此会帮亲友保管房间钥匙、帮助打扫卫生、房间通风、浇花等；因访谈对象1摄影技术优于其他老人，便自觉承担起每次朋友聚餐、出游时的摄影摄像工作，回家后整理成电子相册发到朋友圈，深受大家的认同和欢迎。

访谈对象2，QYX，女，65岁，来自重庆，谈到为何乐于帮助邻居：

> 他们（指委托保管钥匙的朋友）来之前，能帮他们通风，把屋子打扫干净，人家来了方便，自己也高兴！反正现在自己身体也还好，也做得动，就当自己是志愿者！你帮了别人呢，别人还不是要帮你，助人为乐，互相帮助！老C（访谈对象1）帮别人代办老年证，是因为要到海口，他们自己去都不认识路，没办老年证两个人来回路费（指从澄迈坐公交车到海口）要二十几块钱。老C已经有老年证了，车票免费，到海口去帮忙办一下证，顺便玩一下，帮助了别人，也打发了时间，一举两得。

同在异地的互助还在一定程度上替代了应该由子女提供的代际支持，使老人们在生活出现困难时能够及时得到帮助，当遇到危急情况时能够及时得到救治；候鸟老人们年纪相仿、背景相似，易于沟通和交流，通过"抱团"形成一个临时大家庭，互相照顾，相互取暖，身体和心理出现问题都能得到其他老人的关心和帮助。即使身处异地，儿女不在身边，也不会觉得孤单、寂寞，情感慰藉的效果也非常显著。

访谈对象 12，YZS，女，72 岁，小学退休音乐老师，谈到生病时互相照料。

我和我姐姐都是肺心病，是我们家族性的遗传病。每年在重庆都要发作，不吃药不行，严重的时候还要住医院挂水。来海南这几年基本上不发作，还可以爬山，带大家跳广场舞。今年不知道怎么回事，头一次在海南感冒，还很严重。吃西药控制住病情以后，主要是吃中药调理。我生病以后，大家（因访谈对象12一直担任小区广场舞的领舞，还负责教大家跳新舞蹈，这里的"大家"指小区里认识的新朋友，特别是常来跳广场舞的老伙伴）都很关心我，经常来看我，给我炖鸡汤、鸭子汤，来帮我按摩推拿，端茶、倒水、打扫卫生。生病了也有人关心，大家对我都很好！

访谈对象 19，ZL，女，60 岁，谈到姐夫突发疾病时被紧急送医。

我姐夫得过癌症，去年来我这里玩，结果不注意，感冒了。他身体本来就虚弱，好得慢，病情越来越严重，那天在家突然就晕倒了。刚好 Y 老师他们在楼下，知道以后马上上楼帮忙打电话叫救护车，一直到把姐夫送上救护车才走。要不然我一个人还要手忙脚乱，不知道该怎么办！

访谈对象 29，SYR，女，61 岁，在他人帮助下渡过情绪难关。

来澄迈时老公刚刚因病去世，自己想一个人清静清静。结果后来好几天都没有下楼来跳广场舞，大家也知道我这个情况，看我没下楼，都很担心，主要是怕我想不开，不停地给我打电话，我也不想接。我不接电话，她们就更担心，后来就来我家里看我，怕我出事。其实当时就是心情不太好，不愿下楼，也不想接电话。后来时间长了慢慢就好多了，还是很感谢大家的关心，帮我渡过难关。

访谈对象 17，ZSH，女，73 岁，谈到大家如何帮助自己的邻居小 W。

小 W 是我们楼的邻居，听说好像有抑郁症，平时看上去也看不出什么来，就是不太合群。大家在一起跳广场舞，她也来跳，但是一人在边上跳，舞跳得也是很好的，但就是不合群。后来领舞的 Y 老师、我们经常一起跳广场舞的老伙伴一有机会就经常去找她聊天,开导她,现在好多了,见了我们也打招呼了,跳舞也愿意和我们一起跳了。后来好几次大家一起跳广场舞的集体活动,她都主动报名参加了。

候鸟老人"抱团互助"养老,通过互帮互助获取稀缺的养老资源,在一定程度上也是对目前缺失的居家养老、社区养老资源的一种补偿;成为新的载体之后,这些社会网络中的关键节点更加能够引起政府各部门、企业和社会组织等的关注,以便提供多样化的社会支持,有效补偿了集体层面的社会资本。例如,三亚市异地养老老年人协会的东北籍会员逐渐增多后,为方便老人们每年能够轻松、愉快地返回东北老家,协会联系铁道部门精心设计,开通多条线路的"候鸟旅游返乡专列",让老人们能够在十几天的旅程中饱览祖国的大好河山,开开心心返回家乡。

第二节 社团的实践:整合与拓展

在我国的政府文件中,社会组织也被称为"民间组织"。这里的"民间组织",指的是公民自愿组成,为实现会员共同意愿,按照其章程开展活动的非营利性社会组织。[1] 民间组织是指依法登记成立的各种协会、学会、民办非企业和基金会等,它的重要特征是民间性和非营利性。"民间"一词,主要是和"官方"一词相对应。当前我国民间组织与政府的关系,正在逐步从原来的"强政府、弱社会"向"小政府、大社会"的发展目标转变,政府也正放宽登记手续,大力促进民间组织的发展,并向民间组织让渡某些社会职能,可以说,我国的民间组织获得了前所未有的发展机遇,与此同时,他们在社会各领域也充分发挥着自身的功能和作用。我国在对民间组织管理登记的过程中,也将其统称为社会组织。

根据海南省民政厅发布的信息,海南省老年社会组织建设进一步增强。截至2018年底,全省已建立老年大学、老年体育协会、老教授协会、老科技工作者协会、异地养老协会、旅居养老协会和各类老年社会团体等城乡社

---

[1] 王思斌. 社会学教程[M]. 4版. 北京:北京大学出版社,2017:154.

区老年协会685个,其中,村(居)老年人协会532个,乡镇(街道)老年人协会127个,县(市)老年人协会26个。这些老年社会组织在老年维权、生态保护、海洋环保、扶贫助困、社区教育、医疗帮扶、教育扶持、整治村容村貌等社会治理活动中发挥了积极作用。[1]

在"中国社会组织公共服务平台"上,根据职能的不同,社会组织主要分为社团、民办非企业和基金会这三类。在海南的田野调查过程中,不难发现,各地应运而生的、与候鸟式异地养老相关的社团正在蓬勃发展,在候鸟老人养老生活的品质提升方面发挥着巨大的作用。社团可以被看作是"脱域的共同体(disembeded community)",这不是因为许多社团是超越于特定地域的,而是因为诸如共同的兴趣、共同的利益诉求、某种共同的经历或者共同的社会关怀等其他因素。[2]澄迈县KLM养老协会和三亚市异地养老老年人协会在候鸟老人群体的资源整合和功能拓展等方面做出了积极的探索和实践。

一、异地养老协会应运而生

常言道:"时势造英雄。"澄迈县KLM养老协会和三亚市异地养老老年人协会的产生有着非常相似的背景。协会的发起人自己本身就是候鸟老人,身处异地之后遇到了候鸟老人所面临的共性的问题,本着"发现问题、分析问题、解决问题"的逻辑思路,异地养老协会应运而生。

(一)候鸟老人自掏腰包创办养老协会

在"中国社会组织公共服务平台"上,检索"地方登记的社会组织",可以看到"澄迈县KLM养老协会"的名称、统一社会信用代码、法定代表人姓名等,其社会组织类型为"社会团体",登记管理机关为"澄迈县民政局",成立登记时间是"2013年4月17日"。

澄迈县KLM养老协会的创办人是吉林籍退休警官ZDM和他的妻子WY。在网络上搜索"KLM养老协会",就能看到"候鸟老人自掏腰包百万

---

[1] 资料来源于海南省民政厅发布的海南省养老服务业发展情况报告。
[2] 冯婷. 社区与社团:国家、市场与个人之间[M]. 杭州:浙江大学出版社,2014:4.

元,在澄迈办 KLM 养老协会""吉林候鸟老人一家三口为 1 800 多名候鸟撑起一个'家'"等网页信息。

2002 年 12 月,年过五旬的 ZDM 办理提前退休手续,带着老伴 WY,一同来海南定居养老。因 ZDM 患有心脏病、糖尿病、痛风等疾病,当时就是想提前退休到海南好好养病。

为什么会想到创办一个养老协会呢? ZDM 说,这源于一次聚餐。2011 年元旦,10 名来海南养老的东北籍候鸟老人在海口聚餐,大家聊起平时都是各忙各的,儿女又都不在身边,要是有一个组织,平时没事时大家在一起活动,有事时互相也有个照应,这该多好。这话得到了大家的认同。经过商谈,大家决定成立一个养老协会,并取名为"KLM 养老协会",意思是要让大家过个"健康快乐美好的晚年"。大伙还决定让 ZDM 牵头来筹办这件事。因 ZDM 身患多种慢性疾病,此事遭到家人的强烈反对。但 ZDM 认为这件事值得做。"人这一生总不能碌碌无为地度过,老年化社会这个事政府要做,我们也有责任为政府、为社会分担一些力所能及的事。"[1]

于是,ZDM 和其他 9 名东北老人开始为养老协会的事张罗起来。经过缜密考察后,他们决定将养老协会设在享有"世界长寿之乡"美誉的澄迈县,并在澄迈县城最大的楼盘 S 季春城购置房产,成立养老协会,开展活动。2013 年 3 月 15 日,KLM 养老协会在澄迈县民政部门正式注册登记,并举行了成立大会。养老协会成立后,提出了"分居互助、群居自助、组织起来、团队养老"的 KLM 养老模式。随着各项活动的深入开展,KLM 在海南全省候鸟老人中慢慢传开,来自文昌、琼海等市县的"候鸟"纷纷要求加入,在当地成立分会。截至 2015 年底,KLM 的注册会员超过 1 800 名,分别来自全国 28 个省区市,KLM 成为国内异地养老社会组织的一个品牌。

(二)东北"候鸟"为三亚"候鸟"们安"家"

2013 年 12 月 31 日,三亚的候鸟老人们有了一个自己的"家":三亚市异地养老老年人协会。三亚市异地养老老年人协会成立并举行第一次会员代表大会,一个异地养老社会服务组织正式诞生。在"中国社会组织公共服务

---

[1] 林书喜. 候鸟老人自掏腰包百万元在澄迈办 KLM 养老协会[EB/OL]. 南国都市报,(2016-02-28)[2019-09-08]. http://news.hainan.net/gundong/2016/02/28/2862692.shtml

平台"上，检索"地方登记的社会组织"，可以看到该社会组织"三亚市异地养老老年人协会"的名称、统一社会信用代码、法定代表人姓名，以及其社会组织类型为"社会团体"，登记管理机关为"三亚市民政局"，业务范围是"组织群众性文化娱乐活动促进会员身心健康，帮助老年朋友解决异地养老居住问题，开展适合老年人需求的旅游服务及老年人志愿活动，总结异地养老经验，为上级政府制定政策提供实践依据；开展与国内外老年组织联谊交流活动；在三亚市政府领导下，为建设文明、和谐、美丽三亚做贡献"。

1. 创办过程

协会会长 W 女士，也是三亚市异地养老老年人协会的创办人之一。1996 年，W 女士带着母亲第一次来到三亚。"那时母亲的身体不太好，我带着她到三亚休养一段时间。当时三亚城市发展程度还比较低，但空气、环境非常舒服。刚到这里我就彻底爱上了这个城市。"[1] 2005 年，W 女士决定在三亚买房，每年带着父母一起在三亚过冬。随着时间的推移，W 女士发现到三亚旅游度假慢慢成了哈尔滨老人甚至是东北老人的一种"潮流"。因为三亚的知名度逐渐扩大，越来越多的东北老人到三亚过冬。随着到三亚过冬的外地老人逐年增多，三亚的"候鸟"群体也在慢慢地形成、壮大，然而面临的困难也接踵而至。看病和买药不方便是当时比较突出的问题，那时候鸟老人到三亚都会带着成箱的药物；因为在三亚买不到东北特产，有的东北老人会随身带着大量的东北特产到三亚过冬。在了解到这些情况后，在街道办事处、残联、妇联等方面有着丰富工作经验的 W 女士逐渐萌生了为"候鸟"提供服务的想法。2012 年，在哈尔滨市老龄办的支持下，三亚设立了哈尔滨市老年基金会异地养老项目海南办事处，由 W 女士担任负责人。2013 年 12 月 27 日，在三亚市委、市政府和市民政局的帮助支持下，三亚市异地养老老年人协会正式成立，旨在为全国各地到三亚异地养老的老年人提供力所能及的服务。

2. 协会印象

2018 年 2 月 7 日，笔者来到三亚市异地养老老年人协会做实地调查。

三亚市异地养老老年人协会位于三亚市解放路 96 号，一楼是其协办单

---

[1] 王颖. 让"候鸟"人才在三亚发展中大放光彩[EB/OL]."中国三亚"门户网，(2017-04-24) [2019-09-08]. http://www.sanya.gov.cn/business/htmlfiles/mastersite/syyw/201704/244191.html

位鸿翔集团一心堂大健康药店的营业场所，前往二楼的楼梯口写着"三亚市异地养老老年人协会"，走上十几级台阶，面前是一个20多平方米的宽敞大厅。右手边是整齐的资料架，放着各种宣传页和相关资料，左边门口醒目位置摆放着两张海报，主要内容是"候鸟"返乡专列的信息。

其中左边的一张海报写着以下信息：

> 三亚市异地养老老年人协会、海南Y国旅联合推出，"候鸟"返乡专列之西域盛宴。专列十五日：湛江、西安、乌鲁木齐、吐鲁番、敦煌、中卫、西宁、哈尔滨。4月26日盛大起航。回家：一列车、一个家、一段旅程、一份心情。全程无强制消费、全面升级"空调专列"、大件行李无需搬上搬下、随团医护、领队全程陪护、精心设计适合老人的精华路线、慢品漫游、南北温差缓慢适应。

下方写着此次旅行的服务项目标准、收费标准、预计出发时间、报名电话和联系人的联系方式等。

右边的一张海报写的路线、价格和出发时间与左边一张不同：

> 三亚市异地养老老年人协会、海南椰达国旅联合推出，"候鸟"返乡专列之锦绣湘桂。专列十一日：A线，湛江、阳朔、龙脊梯田、芙蓉镇、凤凰古城、天门山、邯郸、哈尔滨；B线，湛江、桂林、张家界、邯郸、哈尔滨。4月18日盛大起航。

进门右手边的墙面上挂着三亚市异地养老老年人协会被授予的奖牌，例如，由中国共产主义青年团、三亚市天涯区委员会授予的"2015年度天涯区优秀候鸟志愿者团队"，由中共三亚市委宣传部、三亚市文明办授予的"三亚市2015年度十佳志愿服务组织"，由中共三亚市委宣传部、共青团三亚市委员会、三亚市文明办、三亚市志愿者协会授予的"三亚市2016年度十佳志愿服务项目"。

各项奖牌的旁边张贴着三亚市异地养老老年人协会的宗旨、组织机构、领导、规章制度、重要工作，以及协会为异地老人做实事、为精品城市做贡献的活动图片。

该协会目前设会员发展部、会刊编辑部、维权部、生活服务部、文体活动指导部等十一个部门，实行会员制度，入会即成会员。三亚市异地养老老年人协会组织结构图详见图 2-1。如果某位会员在某一方面有专长，将加入相应的部门，以志愿者的身份，帮助其他需要帮助的候鸟老人，全程提供维权、生活顾问、老年特长班、志愿服务、专家义诊等服务。

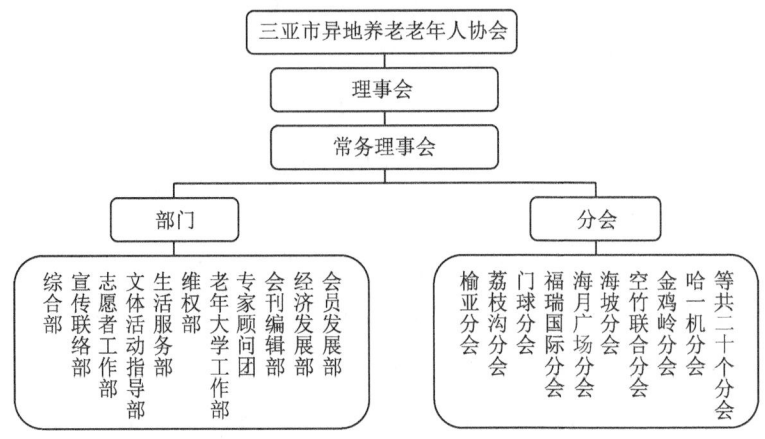

图 2-1　三亚市异地养老老年人协会组织结构图

墙面上还开辟了一块"党建园地"，张贴有入党誓词，党员践行宗旨做"候鸟"贴心人所开展的各项活动，"两学一做"的活动内容和合格党员的四个要求，以及部分党员的学习体会。

下午协会有一位老人值班，正在协助几位刚申请入会的老人填写入会申请表，另一边的墙角整齐地堆放着已经印刷好的最新一期《海南异地养老服务指南》，申请入会的老人可以免费领取一本。

中途来协会办事的三亚市异地养老老年人协会生活服务部 L 部长（访谈对象 48，LGK，男，62 岁）接受了我们的访谈，介绍了协会的一些活动安排。

> 我们协会创立于 2013 年，现在会员已经有八千多人了，为什么老人们愿意加入咱们这个协会呢？加入咱们这个协会对我们老人有些什么便利条件呢？一个是，如果老人身体健康喜欢旅游，咱们协会经常组织旅游，比如说东南亚出境游，我们的旅游项目比市场价会低 300—500 块钱；再比如说看三亚的"千古情"演出，通过我们组织买的门票就比市场价便宜 80—90 块钱。我们事先跟旅行社都谈好了，相当于享受团体优惠价，这个"千古情"我们已经做了四期了，准备春节前再做一

期。我们会组织一些户外活动。三亚景点不少,但候鸟老人每年都来,也看腻了。我们协会根据大家的需要,组织大家到三亚周边的一些景区游玩,一日游或者二日游,也是很好的!我们协会还会举办候鸟老人相亲大会,独身中老年人有相亲需要的,可以通过协会提供的这样一个相亲大会,有一个相互认识交往的平台。

谈到劳务报酬和活动费用等问题时,L 部长告诉我们:

> 我们协会的组织人员都是义务为大家服务的,本着奉献的精神,不收取任何报酬,不拿一分钱。老人们自愿参加活动,产生的费用采取 AA 制。比如我们活动要用车,租车费用 AA 制分担;如果你是会员,你有车,你愿意把车用在活动里面,我们也不能让你倒贴,对不对?如果当天去当天回,可以自己带吃的解决吃饭问题;如果有吃饭的花费,还是 AA 制解决,自己负担自己那一份。

二、社会资本的重塑

运用社会资本理论也可以分析社会团体的发展同社会因素之间的关联,用于梳理社团成员之间相互信任、支持的关系对行动者达到目标的活动所起的作用。

法国社会学家皮埃尔·布尔迪厄认为,社会资本是实际或者潜在资源的集合,这些资源与相互默认或承认的关系所组成的持久网络有关,而且这些关系是制度化的,这种网络从集体拥有资本的角度为所有成员提供支持。[1] 詹姆斯·S. 科尔曼认为,社会资本体现为个人之间的关系,它的构成要素有信任、义务、期望、信息网络、规范和权威等,是一种存在于人际关系结构之中并能够为结构中的个人实现目标提供便利的东西。[2] 可见,这种社会资本的重塑及其功能的发挥有助于减少成本、提高效率;如果这种社会资本缺失,个人或者组织的目标会变得难以实现或者成本较高。因此,社会资

---

[1] 布尔迪厄. 文化资本与社会炼金术:布尔迪厄访谈录[M]. 包亚明,译. 上海:上海人民出版社,1997.
[2] 科尔曼. 社会理论的基础[M]. 邓方,译. 北京:社会科学文献出版社,1992.

本有助于组织的团结和发展，有利于通过相互支持来实现组织目标。

大规模的社会团体如何重塑社会资本？根据社会资本理论，通过建立社会团体而重构的社会网络是社会资本的重要基石，而丰富、充分的社团生活则是社会资本的主要源泉。因此，重塑社会资本的根本在于其源泉，即繁荣的地域性和非地域性的社团活动。活跃的社团在开展活动时，不仅促进了成员间的互相沟通和交往，激发了友情、合作及相互信任的关系，也稳固了社会网络，促成各种社会资本的形成和复苏。此外，其承载的大量社会性服务功能，起到了填补空缺的作用，是对政府、市场相应功能发挥的有益补充。

澄迈KLM养老协会和三亚市异地养老老年人协会这两个社团成立之后，一方面是在社团内部重构社会网络，为成员提供了沟通和交往、互相帮助、增进友情的平台，强化了成员之间的联系；另一方面，社团的成立形成了与外界沟通的重要的社会网络节点，增强了成员群体同政府、市场等外界各类型组织、机构的联系。丰富、活跃的社团活动，使得社会网络得以稳固，社会资本得以重塑，社团成员能够获取更多的社会资源，在异地的养老生活过得更加丰富、充实。

澄迈KLM养老协会和三亚市异地养老老年人协会自创办以来，都开展了大量的社团活动，重塑并且稳固了社会网络，让成员们获得了多元化的社会资源，极大地丰富、充实了候鸟老人的异地养老生活。

澄迈KLM养老协会成立以来，开展的社团活动有：（1）组建拥有合唱、舞蹈、模特、乐队、腰鼓队等46支团队的艺术团，拥有太极拳、门球、空竹、柔力球等12支团队的健身团，以及由160位专家、学者、教授组成的专家顾问团；（2）开设有书法、绘画、国学、电脑、手工艺等18个兴趣班的老年大学；（3）为300多位流动老共产党员建立了党组织；（4）建立了由120多位志愿者组成的以送医陪护为主的志愿者团队；（5）和定点医院、药店、饭店、酒店、商店、超市等300余家单位建立合作关系，给会员们办理了定点医院医疗卡，解决候鸟老人看病排队的麻烦，老人还能享受打折优惠，同时还为老人们办理了超市购物打折卡、移动通信优惠入网等，为会员谋福利；（6）建立了门户网站，办了会刊，有会歌、会旗、会标、会服及戒烟限酒禁毒等约法三章，以及拜寿制、拜年制、积分制、星级制等十余项规章制度；（7）倡导公益，倡导边养老边奉献余热，连续 4 年举办学雷锋公益活动，义演，送戏下乡，组织协会中的名医到当地农村开展义诊活动，免费为老百姓看病；（8）春节期间组织联欢活动，让老人们热闹迎新春。

截至 2018 年 2 月，三亚市异地养老老年人协会已经发展了 8 000 多名会员，从 2013 年协会成立到现在，已经开展的社团活动有：（1）开通海口到哈尔滨直通列车，使候鸟老人居住的南北两地变通途；（2）开通黑龙江医保卡在三亚就医买药功能，惠及了几十万黑龙江的候鸟老人；（3）由 500 多名候鸟老人组成志愿者服务队，在三亚开展志愿者服务，形成了一道靓丽的风景线；（4）建立有 800 多名候鸟老人的人才库，为三亚城市建设和发展建言献策；（5）接待候鸟老人来访及维权 900 多人次，帮助老人维护合法权益；（6）创办协会老年大学，丰富老年人生活，提升老年人素质；（7）编辑印发了四期 18 万份《海南异地养老服务指南》，该指南被老人们形象地称为"在三亚生活的百科宝典"；初步建立了协会互联网信息平台，推进了协会信息化管理；（8）在三亚举办了千名中老年人相亲大会，为独身中老年人提供了相识交往的平台；（9）举办由 60 多位候鸟老人组成的文艺团队演出的协会首届"春晚"，上万人观看了高水平表演，丰富了三亚群众的文化娱乐生活；（10）首次开通"党旗号"夕阳红返乡专列，为近千名候鸟老人的返乡旅游、联欢提供方便。

访谈对象 48，LGK，男，62 岁，三亚市异地养老老年人协会生活服务部部长。

> 协会给来这里的老人设计了许多活动，总而言之，不会让你来三亚以后成天待在家里，而是有找到集体的感觉，大家有所交流，找到生活的乐趣！毕竟来三亚一住半年，说长不长，说短也不短，把分散的老人通过协会又聚拢在一起，人家说养老要老有所乐，就是这个意思！你看，我们还有老年大学，你想学唱歌、跳舞、打太极拳什么的，都可以来学，内容很丰富的！目前 8 000 多位会员主要在三亚，协会主要为三亚的会员服务。三亚会员里边东北老人比较多，所以目前我们的返乡旅游专列主要是开往北方，终点站是哈尔滨。其他市县也有很多候鸟老人，也有这样的需求，陵水那边已经准备办分会，那边的老人前一段时间主动找过来了。我们已经在省里边注册了一个"海南省南国养老互助

协会",以后我们也准备往全省发展,让更多的老人享受到协会给大家提供的便利。

三、社团功能的发挥

社团具有灵活、效率高等优势和特点,能够因地制宜,根据候鸟老人在异地养老期间所产生的各方面需求、所面对的各种问题开展活动。因此,社团在以下几个方面发挥着独到的功能。

(一) 资源整合

社团具有整合社团内部资源和外部资源的功能。通过资源整合,拓展、稳固社会网络,开展的各项社会活动和社会服务,既能够组织成员为他人服务,也能够组织他人为社团老人们服务,减少成本,提高效率,更好地满足各类候鸟老人的不同层次的养老需求。

以三亚市异地养老老年人协会为例。

社团内部,通过资源整合,形成候鸟人才库,老年专家学者们集思广益,为三亚的城市建设和发展建言献策;创办老年大学,老年大学的老师们都是社团成员,义务担任教学工作;由候鸟老人自己编辑排版的《海南异地养老服务指南》(图2-2),提供在三亚生活的交通、旅游等各类信息,极大方便了候鸟老人的异地生活,被老人们称为"在三亚生活的百科宝典"。

访谈对象48,LGK,男,62岁,三亚市异地养老老年人协会生活服务部部长。

> 你看这个《海南异地养老服务指南》,全部是由我们协会的老人自己收集整理资料、实地调查、走访后,自己编辑排版的。栏目很多,有聚集、真情、居家、养生、志趣、出游、互动等七大栏目,不管哪一类老人,肯定有感兴趣的内容。里面还有协会的章程,开展的哪些活动,还有衣、食、住、行等专门为候鸟老人订制的各种服务信息。协会还和三亚市许多敬老惠老意识强、服务质量好、信誉高的商业企业签订了协议,加入我们协会以后,协会会员可以享受他们提供的优质服务和优惠

价格。凡是三亚市异地养老老年人协会会员，持有会员证，就可以享受餐饮、住宿、购物、旅游、物品托管等多项优惠。这些特别受到我们协会候鸟老人的欢迎！

候鸟老人在海南面临两大难题，一是返乡不方便，二是就医买药不方便。协会通过资源整合，同三亚市政府多个有关部门成功对接；协会还广泛联系本地企业，同数十家企事业单位签订了敬老为老服务协议，为协会会员提供各类优惠、便捷的企业服务；联系有关部门开通海口到哈尔滨的直通列车，使来自东北的候鸟老人往返交通更为便捷；开通黑龙江医保卡在三亚第一人民医院就医买药的功能，设立专门窗口，惠及了几十万黑龙江的候鸟老人；为了让老人们愉快返乡，联系开通"党旗号"夕阳红返乡旅游专列，让候鸟老人返乡时可以兼顾旅游、联欢等。

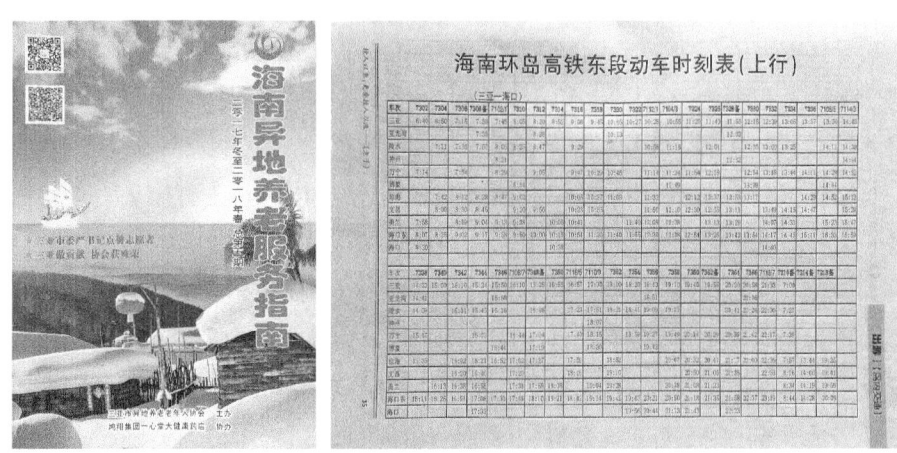

图2-2 《海南异地养老服务指南》手册封面及内页

访谈对象48，LGK，男，62岁，三亚市异地养老老年人协会生活服务部部长。

目前我们组织专列旅游返乡有西安、新疆、东北等几条线路，都可以到。我们和铁道局达成协议，根据老人的需要设计返乡旅游线路，你买票以后呢，上车，到了旅游点就下去玩，玩好了再上车，东西都放在火车上，不用担心，很方便！专门给老人设计的旅游回乡，老人玩得很省心！目前设计了不同的路线，比如今年有一条线路就是从湛江、西安到新疆再到宁夏,最后回东北哈尔滨;还有一条是走桂林、张家界,最后到邯郸、哈尔滨。

(二) 拾遗补阙

如前所述,当前我国社团这一类的社会组织与政府的关系,正在逐步从原来的"强政府、弱社会"向"小政府、大社会"的发展目标转变,政府也正放宽社会组织的登记手续,大力促进社会组织的发展,并向社会组织让渡某些社会职能,充分发挥社会组织的功能。可以说,我国的社会组织获得了前所未有的发展机遇,与此同时,他们在社会各领域也承担了部分政府难以顾及的社会服务功能,充分发挥着自身服务社会的功能和作用。

以三亚市异地养老老年人协会为例,协会定期组织学雷锋活动、慰问孤寡老人、保护环境(三亚湾每天都有志愿者在保护沙滩环境卫生)等各类型活动,既有力地促进了异地养老老年人乐在三亚,也能够服务三亚,为三亚的发展发挥积极作用。同时在有效发挥社区功能、延伸社区服务领域、拓展服务对象方面做出了积极的实践和探索。

截至2018年3月,三亚市异地养老老年人协会发展会员近万人,成立海月广场分会等27个分会。2017年,该协会被评为第二届海南省"敬老文明号"单位,并荣获"三亚市十佳志愿者服务组织"称号。三亚市异地养老老年人协会立足各社区建立分会,充分利用社区的室内外活动场地和已有设施等开展活动,将协会活动和社区治理、社区文明建设等结合起来。例如,因每年冬天从全国各地到三亚异地养老、休闲度假的少数民族同胞越来越多,2017年2月9日,三亚市异地养老老年人协会成立首个民族分会——天涯民族分会。该分会的成员主要来自北京、黑龙江和青海等地,分会成立之后,通过吸纳会员、招募志愿者等方式,在服务老人、服务社会等方面发挥着积极作用。[1]

访谈对象48,LGK,男,62岁,三亚市异地养老老年人协会生活服务部部长。

> 我们协会一直以服务为宗旨,来三亚的老人越来越多,我们能够协助政府,为异地养老人员服务,让异地老人享受三亚的同时,也为三亚

---

[1] 资料来源于海南新闻中心。

做出自己力所能及的贡献。通过我们的努力，争取让三亚成为异地老人的第二故乡，让大家把协会当成自己的"家"。

由此可见，养老协会所开展的社会服务、志愿服务等，解决了候鸟老人的各方面困难，服务自身的同时也服务社会，很好地起到了"小政府、大社会"发展目标下拾遗补阙的作用。

(三) 调适与缓冲

选择候鸟式异地养老的老年人，都需要经历初到异地时"人生地不熟""举目无亲"的阶段。这个阶段对于适应性强的候鸟老人来说，容易度过；但对于适应性弱的候鸟老人来说，就比较艰难，容易产生较大的心理压力。老年社团作为独立运行的服务主体，能够为候鸟老人提供各种服务，消解老人们所面对的难题，起到调适与缓冲的作用。

例如，为了帮助异地养老人群尽早适应新生活，增进候鸟老人的归属感，消除候鸟老人来到异地的孤独感与疏离感，三亚市异地养老老年人协会跟社工机构合作，组织专业的社工、义工进入小区，开展老年人联欢会、"海南话课堂"等小活动，为难以适应异地生活的老人提供心理咨询等帮助，缓解老人的心理压力，让他们更快地融入候鸟群体，适应异地生活。此外，三亚市异地养老老年人协会还提供多方交流平台，帮助候鸟老人结识新朋友；提供各种社区服务，为候鸟老人解决生活中面临的实际困难；开办老年大学，帮助候鸟老人更新知识，掌握新技能，培养、发展兴趣爱好；编辑出版海南候鸟老人的生活指南，为老人提供大量可靠、实用的异地生活信息、资讯等。协会的运行及其功能的发挥，对于候鸟老人尽快适应异地生活起到了较好的调适与缓冲的作用。

(四) 示范作用

老年人退休以后，应该如何继续社会化？怎样发挥余热，老有所为、老有所学、老有所乐？退休后的生活应该怎样度过？老年社团可以起到重要的示范和带动作用。

针对想要老有所为的候鸟老人，协会可以给予咨询和提供平台，例如参加协会组织的志愿者服务队，参与开展志愿者服务等，还可以提供老有所为的典型人物和经验,给其他老人以参照。如果候鸟老人想要老有所学,协会开设了老年大学,可以为老人们提供各类课程的学习和培训。如果想要老有所乐,协会组建了各类唱歌、跳舞、琴棋书画等文娱组织和兴趣小组,老人们可以尽情发挥自己的兴趣爱好。可见,养老协会这一类型的社团,对于每一个老年人个体,都发挥着强大的示范作用和带动作用,每一位加入协会的候鸟老人,都能从协会中获取各种社会资源,让自己的候鸟生活丰富多彩。

例如,2015年2月16日,为了让从外地来到三亚的老年人形成自我管理、自我服务的良好氛围,三亚市异地养老老年人协会向全国各地来三亚的老年人发出了一份"遵纪守法、恪守社会公德"的倡议书。倡议书大致包括恪守社会公德、爱护公共财产、为三亚建设献计献策等方面的内容,起到了社会组织的示范作用和带动作用,得到社会各界的一致认同。

(五) 拓展服务

在拓展功能这一方面,能够充分体现出社团的灵活性和因地制宜。在满足候鸟老人的需求上,协会往往能够想老人之所想、急老人之所急,拓展服务领域,为候鸟老人提供多样性的服务,满足候鸟老人多层次的需求。

三亚市异地养老老年人协会为帮助候鸟老人更便捷地返回家乡,联系开通了返乡直达专列;考虑到候鸟老人返乡旅途漫长,紧接着又联系开通了返乡旅游专列;为了给独身中老年候鸟老人提供相识交往的平台,协会在三亚举办了千名中老年人相亲大会;根据候鸟老人需要,为他们提供介绍房源、代购机票车票、优惠旅游、寄存物品等多样化服务;为了让候鸟老人发挥余热、老有所为,协会组建由500多名候鸟老人组成的志愿者服务队,在三亚开展志愿者服务,维护景区秩序、守护景区环境;为了丰富候鸟老人的异地生活,为他们提供一个展示自我的平台,协会举办多种类型的文体活动,其中,2017年1月24日上午在三亚湾畔海月广场举办了协会首届"春晚",来自全国各地异地养老协会的60多位会员载歌载舞,以56个精彩节目表达了迎新春、爱三亚、颂祖国的真挚情感,上万人观看了高水平表演,丰富了候鸟老人和三亚群众的文化娱乐生活。

在帮助候鸟老人维权方面,三亚市异地养老老年人协会接待候鸟老人来访及维权900多人次,帮助老人维护合法权益;澄迈KLM养老协会也在帮助候鸟老人维权方面发挥着自身的作用。

以下是澄迈 KLM 养老协会帮助老人维权的一封广而告之的信。

致澄迈县候鸟老人的一封信

亲爱的候鸟老人：

您好！

我们跟您一样是生活在澄迈的候鸟老人，为拥抱椰风海韵、青山绿水，我们来这里休闲度假、过冬养老，"世界长寿之乡"澄迈成了我们的"第二个家"。只有把澄迈这个"新家"建设好了，我们才能在这里快乐舒适地生活，远在千里之外的儿女才不会为我们担心。希望大家积极融入当地生活，发挥余热，奉献才智，共建美丽澄迈。

有些老人来到这里后，由于人生地不熟，儿女又不在身边，没有人照料，生活上不适应，遇到各类纠纷也不知道怎么解决。为了更好地帮助大家解决这些问题，目前澄迈县 KLM 养老协会（咱们候鸟老人自己组建的社会团体）正积极筹建澄迈县候鸟老人维权中心，致力于帮助大家及时解决生活中遇到的各类纠纷，为大家的主张诉求畅通渠道。如果您需要帮助，可以到维权中心反映情况（地址：澄迈县 J 镇×××商铺 22—23 号。办公时间：周一到周五，上午 8:00—12:00，下午 2:30—5:30）。我们将及时对接澄迈县相关部门，帮助您解决问题。同时也希望大家理性维权、依法维权，树立咱们澄迈候鸟老人"健康、快乐、美好"的形象。

最后，值此新春佳节来临之际，祝您新春愉快、身体健康、阖家幸福！

澄迈县 KLM 养老协会

澄迈县候鸟老人维权中心（筹）

2017 年 1 月 18 日

可见，社团的功能从较常见的满足候鸟老人日常生活等方面出发，进行了多层次多方位的有益拓展。对于候鸟老人在异地合法权益的保护等方面，社团也及时开展了相关的服务，为遇到难题的候鸟老人及时提供帮助。老人们从以前的投诉无门，到现在的可以借助社团理性维权、依法维权。依托社团这个平台，候鸟老人多层次多方面的需求都逐渐得到满足。社团的功能的发挥和拓展，使得候鸟老人异地养老的生活质量得到更大程度的保障。

第三节　社区的支持：搭建平台

在现实社会中，人们总是在一定的地域空间内与他人共同生活，在社会学中的相关范畴是社区。学者们一致认为，"社区"的概念起源于近代西方社会，"社区"一词是德国社会学家斐迪南·滕尼斯（Ferdinand Tonnies）在1887年首先提出的。斐迪南·滕尼斯在1887年出版了《社区与社会》（又译为《共同体与社会》，*Gemeinschaft und Gesellschaft*）一书以论述社会的变迁，最早从社会学理论角度使用了"社区"这一概念。[1] 滕尼斯认为，社区是基于亲族血缘关系而结成的社会联合，是指具有共同价值取向的同质人口组成的，关系亲密、出入相友、守望相助、疾病相扶，富有人情味的社会团体。当时，滕尼斯主要用"社区"这个概念来描述一种以礼俗为特征的社会团体，相当于传统的乡村社会或小农社会。滕尼斯眼中的"社区"有三种类型：一是指地区社区，即地理或空间的社区，它以共同的居住区及对周围（或附近）财产的共同所有权为基础。邻里、村庄、城镇等都属于这种社区。二是非地区社区，即精神社区，它只包含为了一个共同目标而进行的合作与协调活动，同地理区位没有关系。这种社区包括宗教团体和某种职业群体等。三是指亲属社区，即血缘社区，由具有共同血缘关系的成员构成的社区。[2]

芝加哥学派的著名代表帕克（R. E. Park）在《人文生态学》一文中把"社区"看作是以区域组织起来的人群，他们程度不同地深深扎根于居住的地盘，生活在多种多样的依赖关系之中，这种相互依存关系与其说是社会的，不如说是共生的。[3] 有研究者比较了美国社会学界关于"社区"的94种定义，发现其中有69种都与帕克的定义一样包含了地域、共同体联系和社会互动三个因素。[4]

在我国城市中，属于社区组织的目前主要有社区居民委员会、业主委员

---

[1] 张永理. 社区治理[M]. 北京：北京大学出版社，2014：3.
[2] 滕尼斯. 共同体与社会：纯粹社会学的基本概念[M]. 林荣远，译. 北京：商务印书馆，1999.
[3] 冯婷. 社区与社团：国家、市场与个人之间[M]. 杭州：浙江大学出版社，2014：3.
[4] HILLERY, G A. Definitions of community: areas of agreement[J]. Rural sociology, 1955, 20(2): 111-123.

会和物业管理公司。在海南的田野调查中发现，因候鸟老人流动性较强，目前社区居民委员会和业主委员会在社区层面并未发挥主要作用；根据候鸟老人聚居的特点，目前在社区层面为候鸟老人提供服务、搭建平台、发挥主要作用的是物业管理公司。澄迈、文昌这两个主要田野调查点的调查资料显示，物业管理公司主要在物质和精神这两个层面为候鸟老人提供力所能及的生活照料等服务，同时搭建文艺、休闲娱乐、体育等活动平台，丰富候鸟老人的日常生活，促进候鸟老人的社会适应和社会融合。

一、物质层面：生活照料等服务

从养老的角度来看，社区的功能发挥在物质层面上主要体现在生活照料和健康照顾等方面，为有需求的老人提供送餐、送医、购物、保洁、理疗等服务。[1] 根据田野调查的资料分析，一方面，目前在海南异地养老的候鸟老人，绝大部分属于生活能够自理的老人，通过"抱团互助"等方式互相帮助，并不十分依赖社区养老服务；另一方面，海南的大部分社区面临候鸟老人急剧增加的局面，也没有能力提供完善、健全的社区养老服务。

因此，目前大部分社区，实际上是物业管理公司在提供有限的物质层面的生活照料服务，而且这种服务目前也主要局限于：（1）设立社区食堂或者业主食堂，方便老人就餐；（2）有条件的物业管理公司会为业主提供免费接送机服务；（3）有偿提供其他生活照料服务，例如送餐、居室清洁等；（4）设立社区诊所，或者与附近的医院建立合作关系，为业主提供医疗健康服务。由于物业管理人员人手有限，提供服务不及时、等待时间较长等现象时有发生；即便及时上门了，提供的服务也可能不专业、不理想。例如，访谈对象 5 WJF（女，54 岁，重庆人）因厨房水槽下水管漏水，找物业人员上门维修 3 次，依然未解决漏水问题；后来访谈对象 1 听说此事后上门维修，彻底将漏水问题解决。这种社区提供生活照料服务的状态可以反映出，海南的候鸟老人在异地养老的过程中，首先是要依靠自己、生活自理，当面临其他服务需求的时候，例如代购物、紧急送医、送餐等，首先会求助"抱团互

---

[1] 田雪原，王金营，周广庆. 老龄化：从"人口盈利"到"人口亏损"[M]. 北京：中国经济出版社，2006：314-324.

助"的其他老人来解决问题，这样会更加快捷、方便；其次，才会求助物业管理人员。

例如，澄迈 S 季春城的各楼盘均分布在 J 大道的两侧，其"S 季春城社区食堂"设立在第六期楼盘"长生岛"的一楼，每天为各楼盘业主提供午餐和晚餐。餐食分为荤菜和素菜两大类，素菜 3—6 元不等，荤菜 8—12 元不等，还提供 10—20 元的套餐可供业主选购。澄迈的 Y 岛小城，以及文昌的 S 海湾、Y 龙湾两家大楼盘，情况也同样如此，均为业主设有业主食堂，提供午餐和晚餐。Y 岛小城从 2016 年开始挂牌"健康养生共建示范社区"，与澄迈县人民医院（二级甲等）合作，为社区居民提供以下医疗保健服务：（1）定期举行健康知识讲座；（2）有偿（费用为业主自理）为业主提供健康体检，建立健康档案；（3）为业主提供更优质的医疗服务，包括医疗检查、条件允许的出诊、免费咨询等；（4）定期为社区居民开展老年病检测义诊活动；（5）定期为社区业主举行医疗急救知识和卫生常识方面的义务培训活动。

二、精神层面：文化娱乐等活动

从养老的角度来看，社区的功能发挥在精神层面主要体现在为老人们提供参加社区公共活动的平台，包括文化活动、休闲娱乐活动、体育活动以及一定的生产活动、旅游活动以及社区卫生、环保、治安等活动。[1] 目前海南的大部分社区，实际上也是物业管理公司在提供精神层面的公共服务。根据田野调查的资料分析，和物质层面相比较而言，海南各社区为候鸟老人提供的精神层面的活动要丰富很多，形式多种多样，主要包括文化教育、体育健身、休闲娱乐等方面。

澄迈 S 季春城的开发商是 NY 集团，目前已经开发了八期楼盘，均分布在澄迈县 J 大道的两侧。从 2012 年开始有业主入住，召开了首届"S 季春城业主运动会"，两年一届，至 2018 年春节已经连续召开七届业主运动会。随着业主的入住率逐渐提高，2015 年春节举办"NY 集团·S 季春城首届业主

---

[1] 田雪原，王金营，周广庆. 老龄化：从"人口盈利"到"人口亏损"[M]. 北京：中国经济出版社，2006：314-324.

联欢会",联欢地点在第二期楼盘 QT 轩门前的小广场上。联欢会的主办方是海南 CDL 物业管理有限公司澄迈分公司,协办方是一家家具公司。联欢会上除了有少量邀请的嘉宾为大家表演以外,其他歌舞演唱等节目都是由以候鸟老人为主体的业主们自编自导自演,自己统一准备演出服装,自己排练,组织参演的。

海南 Y 集团在澄迈开发的 Y 岛小城,是国家公共文化服务体系示范区特色示范点,搭建起了社区文化教育平台:(1)开设 Y 岛小城老年大学,为入住老人提供太极、微信、国画、书法、器乐、摄影、模特、京剧、声乐、门球、舞蹈、柔力球、瑜伽、说唱等课程的学习机会(图 2-3)。(2)建有"澄迈图书馆 Y 岛小城分馆",藏书上千册;每月的 13 日或 23 日定期召开读书日活动,内容有读书分享会、才艺展示、5 分钟演讲等。(3)会所三楼建有"小城影院",每周二、周四 15:00—17:00 播放经典电影一部,供业主们观赏。(4)建有两个"小城艺术创作基地",一个是"德国席勒画廊 Y 岛小城艺术创作基地",另一个是"海南省青年美术家协会 Y 岛小城创作基地",不定期举办知名艺术家的艺术画展、艺术交流会等,并为澄迈县爱心学校捐建"椰岛画室",定期组织文化艺术界的人士与爱心学校师生互动交流(图 2-4)。

图 2-3　Y 岛小城老年大学课程表　　图 2-4　Y 岛小城邻里中心丰富多彩的活动

2018 年,Y 岛小城成立"邻里中心",开始启动以兴趣爱好为基础的邻里社群建设。社群内容包括京剧、茶道、国画、书法、摄影、乒乓球、桌球、瑜伽、骑行、旅游、养生、手工花制作、钓鱼等,每个群均有 1—2 名负责人,负责招募队员,组织活动。

Y岛小城还拟定"小城公约"（图2-5），内容包括文明礼仪、邻里互助、公共场所行为规范、垃圾分类等环保行为规范、文明行车规范、闲置物品交换、宠物管理规范等，倡导业主注重自我成长、终身学习，积极参与社区文化建设。

图2-5 Y岛小城发布的"小城公约"

2017年1月，澄迈县"候鸟型"人才工作联络站也设在Y岛小城，开展"候鸟型"人才的供需方联络与衔接工作。

文昌S海湾的开发商是ZN集团，从2006年第一期开盘至今已深耕文昌12年，目前已经建成并开盘六期，总户数达到8 000户，冬季入住率能够达到60%左右，是文昌在用小区中规模最大、交房最多、入住业主最多、最成熟的海景社区。六期楼盘集中修建，建有C区、C12、A区三处会所，开办有老年大学、老年艺术团、乐团、合唱团、舞蹈队、健身团等多类兴趣团体，平均每年举办几十场业主活动，海南"候鸟"养老协会文昌分会坐落于S海湾。

S海湾的三处会所中，面积最大、活动最为丰富的是C区会所。C区会所举办的日常活动有：会所大堂每天晚上有交谊舞会，每周末有艺术沙龙，二楼设有棋牌室、音乐室、排练室、书画室、练歌室、健身房、桌球区、乒乓球室。C区会所外部的露天广场每天傍晚有广场舞，春节期间同时起舞的有几百人，大家在领舞人员的带领下，伴随着音乐声，井然有序地翩翩起舞，蔚为壮观！社区也开办老年大学，《ZNS海湾老年大学章程》中规定，根据业主实际需求和办学条件开设专业课程，每年冬季到次年春季举办一期，每期16节课以上，每节课2学时。

S海湾在春节期间会组织大型的系列联欢活动，例如2017年春节期间，从1月5日到3月8日，在三处会所和户外广场，陆续举办台球比赛、中国结DIY、大师福气春联大派送、红灯笼创意涂鸦、有奖猜灯谜、社区春晚、财神派红包、中国传统小吃美食节、欢乐闹元宵、异国风情美食街、元宵节广场舞演出、三八节联欢会等十几场次的系列欢庆活动，派发奖品和礼品，吸引不少社区业主参加，营造了春节期间欢乐、祥和的社区节日气氛。

文昌Y龙湾的开发商是文昌平海建设发展有限公司，开盘时间2010年3月，总户数4 000户，主要住户也是候鸟老人群体。楼盘内部环境优美，社区组织举办的文化娱乐活动也同样丰富多彩。2017年，Y龙湾举办第三届欢乐旅居年，内容包括：圣诞化装舞会、Y龙湾好声音歌唱大赛、Y龙湾达人秀——我要上春晚、鱼水情深——警民联欢会、三百岁菩提王祈福大会、Y龙湾元宵晚会等活动，异彩纷呈。同年，由文昌Y龙湾物业服务有限公司主办，根据业主较为集中的钓鱼、游泳、羽乓、摄影、棋牌、歌唱、乐器、太极、书法、舞蹈这十个方面的兴趣爱好成立十大业主俱乐部，定期举办栈桥海钓大赛、"你我的美好时光"摄影大赛、游泳接力赛、棋牌麻将大奖赛、羽乓大奖赛等，丰富业主的文化娱乐生活（表2-1）。

表2-1 Y龙湾十大业主俱乐部及比赛

俱乐部	比赛
钓鱼俱乐部	栈桥海钓大赛
游泳俱乐部	"你我的美好时光"摄影大赛
羽乓俱乐部	游泳接力赛
摄影俱乐部	棋牌麻将大奖赛
棋牌俱乐部	羽乓大奖赛
歌唱俱乐部	
乐器俱乐部	
太极俱乐部	
书法俱乐部	
舞蹈俱乐部	

资料来源：文昌Y龙湾宣传橱窗。

在Y龙湾十大业主俱乐部的宣传单上，可以看到"加入业主俱乐部，一起嗨，不寂寞！"的宣传语，实际上传达的是社区精神层面文化娱乐活动的作用和功能。社区通过搭建各种类型的活动平台，为业主和社区居民参加社区公共活动创造条件，促进来自四面八方的候鸟老人更快地、更好地适应和融入异地的生活，提升候鸟老人在异地养老、生活期间的幸福指数，实现在异地的"老有所乐"。

在田野调查中还发现，有条件的老年公寓也会考虑为入住老人提供力所能及的文化娱乐场所，组织文娱活动，让远道而来的候鸟老人在海南冬季的漫长时光里过得充实、不寂寞。例如，三亚的候鸟暖巢老年公寓，为喜爱书画的候鸟老人在A栋的十一楼特意安排了单独的书画室，方便大家能够一边欣赏海景一边创作文艺作品，并提供了摆放作品的位置，让候鸟老人的作品能够展示出来供大家欣赏；A栋顶楼是一个空中花园平台，铺设了防滑地板，入住的候鸟老人可以在这里打太极拳、跳舞、晒太阳，同时将远处美丽的海景尽收眼底。

本章主要探讨社会在候鸟式异地养老发展过程中的功能体现。针对"社会"这一关键词的分析，主要从社群、社团和社区等三个方面展开。候鸟老人在异地养老的不同阶段，主要通过个人、社群、社团等多种主体采取社会行动，借助社区等平台，追求能够尽快适应生活场域和社会场域的改变，最终实现社会融入的目标，实现在异地期间舒适、舒心的养老和生活。

初到异地，候鸟老人倾向于以血缘、地缘和业缘等社会关系为基础形成各种类型的社群，通过社群的互动来进行"抱团互助"养老。候鸟老人这种在异地"抱团互助"的生活、养老方式，在他们重构社会网络、补偿社会资本、获取社会资源等方面均发挥了积极作用。随着候鸟老人数量的增加，基于异地养老的需求，海南各地逐渐涌现出异地养老协会之类的社会组织，这一类型社会组织的发展，不仅增强了候鸟老人的归属感，还有效整合了各种资源，为候鸟老人的异地生活提供更多的便捷和福利，提升其异地养老期间的生活品质，促进老人们的社会参与，帮助候鸟老人实现自我价值。当前，候鸟式异地养老得到进一步发展，结合多样化的社群、社团功能和作用的发挥，再加上社区搭建的生活照料、文娱活动等各种平台，能够极大丰富候鸟老人在异地的生活，使他们在身体、精神两方面都能够更加健康、充实，在异地期间的养老生活质量更有保障。

第三章
市场与候鸟式异地养老：吸引与发展

市场，泛指商品交换的领域，是各方参与交换的多种系统的组合。从市场网络、市场模式、市场竞争等不同视角，社会学的学者们均开展了相关研究。其中，皮埃尔·布尔迪厄将市场概念化为场域的一部分，他认为经济生活主要是行动者与特定生活习性（惯习）在经济场域的结合；市场深受某一完整场域的影响。消费，作为市场中的重要行为之一，是经济生活、文化生活与社会生活的联结点和汇聚地；是经济领域与日常生活领域进行交换和沟通的渠道。消费，不仅仅是一种物质生活过程，也是一种社会生活过程；消费，充分体现出行动者的特定生活习性（惯习），在物质意义上消解客体的同时，也在文化和社会的意义上塑造了主体；通过消费这个媒介，个体行为被整合到了社会系统中。

根据三亚等地候鸟式异地养老的发展过程，以及在澄迈、儋州等地与候鸟老人的访谈记录可以了解到，在候鸟式异地养老形成和发展的过程中，房地产市场（包括租房与购房）、旅游市场、老年公寓市场（包括各种档次各种类型的老年公寓）等几类市场的"拉力"发挥了巨大的吸引和拉动作用；候鸟老人大量聚集之后，在这几类市场上的消费行为及其行为倾向，反过来又对这几类市场产生了深刻的影响。

分析在候鸟式异地养老形成与发展的过程中，市场功能和作用的发挥，以及市场与候鸟老人这一消费群体之间的相互作用，可以发现：首先，海南的旅游市场吸引大量游客南下，游客在旅游过程中，对海南的环境有了直观感受，特别是身患慢性疾病的老年群体，对于海南的气候、环境等有了切身体会。接下来，老人们有了在海南过冬的想法，对住房、养老机构以及旅游市场产生大量需求，进一步推动了当地各类市场的发展；而这些市场的发展又吸引更多的候鸟老人前来养老。当候鸟老人大量聚集之后，推动各类市场发展的同时，也导致海南出现冬热夏冷的"半年经济"现象。

第一节 市场吸引候鸟老人

随着社会的发展，国民收入水平不断提高，物质产品的供应日益丰富，能够不断满足居民的生活需求，市场消费选择的范围会越来越大，自由度越来越高。也可以说，和传统社会相比较，现代社会在物质条件方面占据优势；一个社会的现代化程度越高，市场发展越快，商品更加丰富和多元化，居民消费选择的范围越大。旅游产品并不属于老百姓日常生活的必需品，其需求价格弹性较大。但随着经济和社会的发展，老百姓生活水平不断提高，出门旅游的人越来越多。在此背景下，我国旅游业蓬勃兴起。

海南是中国最大的经济特区和唯一的热带岛屿省份。1988年，设立海南省和海南经济特区以来，当地经济社会发展取得显著成就。但由于起步晚、基础差，海南经济社会发展整体水平仍然较低，保护生态环境、调整经济结构、推动科学发展的任务十分艰巨。充分发挥海南的区位和资源优势，建设海南国际旅游岛，打造有国际竞争力的旅游胜地，有助于海南加快发展现代服务业，实现经济社会又好又快发展。2010年1月4日，《国务院关于推进海南国际旅游岛建设发展的若干意见》正式发布，至此，海南国际旅游岛建设正式起步。作为国家的重大战略部署，海南将在投融资、财税、土地、行业开放等领域得到充分的政策支持。2018年10月，海南自由贸易试验区成立；2020年6月，国务院印发《海南自由贸易港建设总体方案》。从国际旅游岛，到自贸区、自贸港，海南新一轮的经济发展热潮拉开了序幕。

一、旅游市场：海岛魅力

从目前的调查和访谈内容可以得知，大部分选择在海南进行候鸟式异地养老的老年人最初都是因为在海南岛旅游的过程中，对海南独特的热带气候和优美的环境有了直观的感受，感觉到了身体的舒适和情绪的愉悦，进而萌生了到海南过冬的念头。在海南异地养老的过程中，在居住地周边就近旅行或者在海南环岛旅行，也是部分老年人日常生活中的一部分。可见，旅游市场的发展，与候鸟老人、候鸟式异地养老有着密切的关系。

（一）旅游市场的发展

1. 旅游市场异军突起

海南旅游市场异军突起的时间段为1988—1991年。

由于海南建省初期的经贸定位和随之而来的房地产热，旅游业实际上并未得到重视,甚至在建省初期都未成立一个主管全省旅游工作的旅游局。直到 1991 年 9 月,省政府才以原省旅游工作协会暨省旅游局为基础,重新组建海南省旅游局。与此同时,海南省旅游业的发展也迎来了良好局面,"新建省"效应和"大特区"效应吸引了大量商贸旅游、考察旅游,以及前来寻求发展机遇的各类人群,旅游业在不知不觉中快速发展起来。

1987—1992 年之间,总体上来看,海南接待游客人次呈现持续递增的趋势,详见图 3-1。[1]

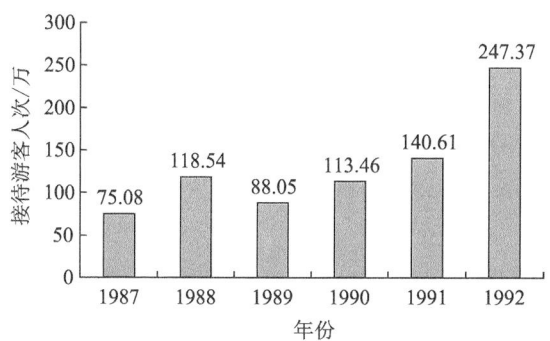

图 3-1　1987—1992 年海南省接待游客人次

这一时期,海南旅游业发展呈现出旅游产业定位不清晰、旅游市场初步形成、初步制定并落实旅游管理措施等特征,海南旅游产业发展定位逐渐明朗,初步建立了海南旅游投资、经营、税收和旅游资源保护等方面的管理框架体系,使得海南的旅游业发展有了管理制度上的保障。

2. 旅游市场快速发展

海南旅游市场快速发展的时间段为 1992—1998 年。

1992 年初,邓小平南方谈话提出加快第三产业发展。在这期间,海南建省初期旅游业得以快速发展,其发展潜力引起了决策部门的重视,开始将旅游业作为海南经济发展的支柱产业和先导产业。

1993 年 6 月,海南旅游业在各方关注下得到快速发展。这一现象更加坚定了政府层面确定旅游业在海南的支柱产业地位和先导产业地位。得到政府旅游产业促进政策的大力支持,海南旅游业的发展迎来黄金时期,1993 年接

---

[1] 胡国柳. 海南省重点行业发展报告[M]. 北京:中国经济出版社,2016:67.

待游客人次为 279.41 万，1998 年增加到 855.97 万。详见图 3-2。[1]

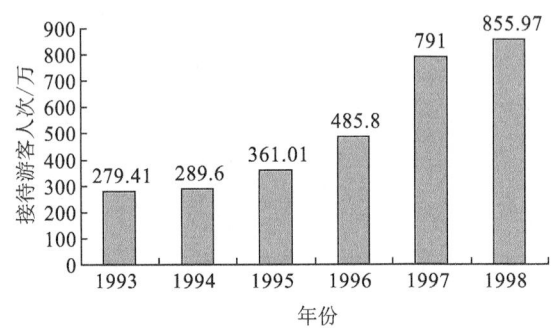

图 3-2　1993—1998 年海南省接待游客人次

与此同时，全省旅游业总收入 1993 年为 37.74 亿元，1998 年增长到 66.96 亿元，5 年间增加了近 30 亿元，实现了旅游业的快速发展。详见图 3-3。[2]

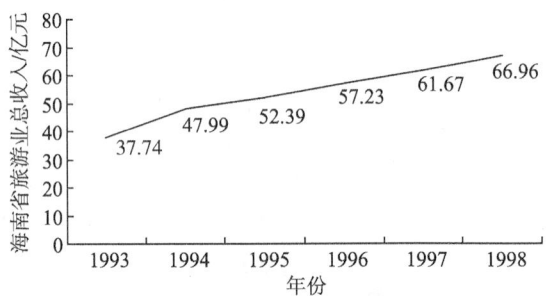

图 3-3　海南省 1993—1998 年旅游业总收入

纵观这一时期可以得知，海南旅游产业的地位得到了强化。海南旅游业的起步虽晚，但加快发展海南旅游的大气候已经具备。

在旅游发展的概念方面，时任领导提出了"大旅游"的概念，指的是"提请全社会关注旅游业发展，增加投资，多渠道、多层次、多形式开发海南旅游资源和开拓旅游市场"。全社会共办"大旅游"，其积极作用在于，海南的景点、酒店、旅行社数量迅速增长，旅游基础设施迅速加强，极大地解决了当时旅游业存在的供求矛盾。但也暴露出如景点遍地开花、开发档次

---

[1] 胡国柳. 海南省重点行业发展报告[M]. 北京：中国经济出版社，2016：69.
[2] 胡国柳. 海南省重点行业发展报告[M]. 北京：中国经济出版社，2016：69.

低、服务质量差、吃回扣现象严重等问题。

3. 旅游市场阶段性"失序"

海南旅游市场阶段性"失序"的时间段为1999—2008年，具体体现为恶性竞争的愈演愈烈。

海南有得天独厚的热带风光和自然资源条件，抓好热带农业和旅游业，海南就可以富甲一方。因此，这一时期，海南省的旅游产业定位已经明确，坚持将农业和旅游业作为发展的重点和主要产业。得到重视以后，海南旅游业得以稳步发展。

但这一阶段由于发展过快，海南的旅游业开始进入恶性竞争时期，主要特征是削价竞争。例如，1996年，"环岛三日游"标准团接团费最低300元，包吃包住；而根据海南旅游市场整顿纪实的资料，2002年，"环岛三日游"标准团的接团费最高200元，最低80元；到了2004年，"环岛三日游"标准团接团费为旅游团补贴870元，被业界人士形象地称为"填坑团"，填坑的办法则是众所周知的购物回扣，形成了一个恶性循环。

访谈对象17，ZSH，女，73岁，来自重庆。

> 2005年我们参加过一个环岛三日游，三天两晚才300元，这点钱照理说吃住都不够，还要管三天的车钱（指坐大客车的费用）。结果一路上去景点的时间短得很，大部分时间都在购物。购物的时候导游一点都不着急，等大家慢慢买东西。在景点的时候倒是着急得很，催大家赶快集合上车。虽然那时候不买东西导游也不能拿你怎么样，但是感觉很不好，玩得也不高兴！

至此，海南旅游市场的恶性价格竞争已经发展到了异常严峻的程度。削价竞争导致海南旅游业人次增加，但利润逐年降低，给旅游业及其相关行业带来极大的生存压力。同时也降低了旅游服务质量，对海南在游客心目中的形象造成了很大的影响。

4. 旅游市场转型

海南旅游市场转型的时间段是2009年以后。

2009年以后，海南旅游业仍然保持较快发展。2010年，旅游业在接待国内及入境游客数量、旅游收入和星级宾馆数量等各方面都有较大幅度的增长。

2010年海南全省接待旅游过夜人数2 587.34万人次，其中接待国内旅游者2 521.03万人次，接待入境旅游者66.31万人次。（图3-4）

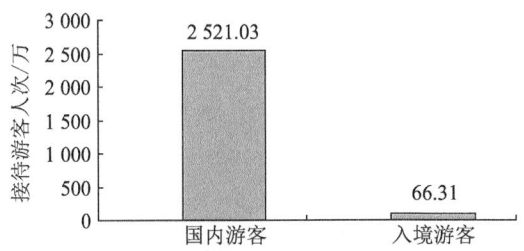

图3-4　2010年海南省接待国内和入境旅游人次

2010年海南全省旅游总收入257.63亿元，其中国内旅游总收入235.61亿元，占比91%；入境旅游收入22.02亿元，占比9%。（图3-5）

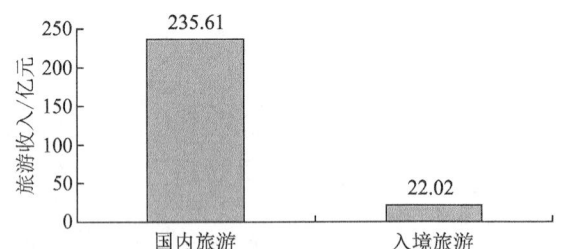

图3-5　2010年海南省国内和入境旅游收入

2010年末海南全省星级宾馆总计235家，其中五星级宾馆20家，占比9%，四星级宾馆55家，占比23%，三星级宾馆110家，占比47%，其他类型50家，占比21%。（图3-6）

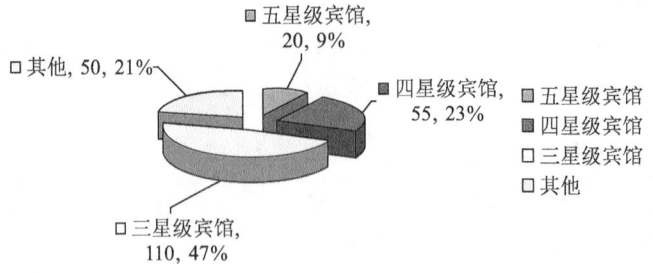

图3-6　2010年末全省星级宾馆数量及类型

这一时期，海南省社会经济取得全面发展，为旅游业的发展壮大提供了强有力的基础条件。2010年，《海南国际旅游岛建设发展规划纲要（2010—2020）》获国家发展和改革委员会正式批复，海南国际旅游岛建设上升为国家战略。借此契机，相关的管理体制与机制初步搭建；旅游产业发展体系进一步健全和完善；推动旅游发展的外部环境得到进一步优化。

（二）因旅游开启"候鸟"生活

消费活动具有空间性。人们日常居住的区域是工作和生活的中心，是人们主要的消费和生活空间。由于人们日复一日、年复一年地在这个空间生活、工作，这个空间被日常化（routinization），人们常常想要跳出这个空间，寻求一些变化和新鲜感，这种行为可以解释为人们具有摆脱日常程式和日常空间束缚的动机，这种动机的主要产物就是旅游。[1] 对照自己居住已久的城市，毫无新鲜感的日常生活、工作，旅游地点被赋予了轻松、快乐和远离工作的意义。因此，旅游不仅为人们提供美景和美食，还提供了不同寻常的"精神食粮"，一种心理满足感。旅游目的地是游客输出地社会建构的，被理想化、美化和神圣化的产物，是被旅游产业界所渲染、包装，使之成为游客日常居住地的一种精神补充和对照。[2] 基于以上理论可以进一步分析，为何许多老年人在海南旅游过程中会萌生在旅游目的地开启候鸟式异地养老生活的想法，貌似偶然，实则是偶然中的必然现象。

1. 理想化的消费空间

旅游目的地具备可消费性的关键之一，在于它拥有为游客所追寻的吸引游客的吸引物（attractions）。久居内地，当看到天蓝海阔、一望无边的海边美景时，游客们都会心旷神怡。许多海岛风光的旅游景点，都会标注出"面朝大海，春暖花开"的宣传语，吸引游客产生美好遐想，进而欣然前往。城市，实际上是一种空间经济。其中，旅游城市将自身打造成拥有特色景观的消费空间，吸引着游客前往。因此，人们到海南旅游，正是被海南的海岛风光所吸引，带着对海景的美好憧憬去的。

---

[1] COHEN E. Who is a tourist?: a conceptual clarification [J]. The sociological review, 1974, 22 (4): 527-555.
[2] 王宁. 消费社会学[M]. 北京：社会科学文献出版社，2011：194.

初次到海南,眼前的海风、海浪、椰树、沙滩定会给游客留下深刻印象。在严寒的冬季,这里却是温暖如春、鸟语花香,适宜的温度和湿度,优美的环境,让很多老年游客身体备感舒适,享受美好的旅行和消费体验。当了解到此处还能尝试候鸟式异地养老,可以将这种舒适的体验延长数月时,相信许多老年人都会动心,乐于尝试。

访谈对象13,YZJ,女,80岁,来自成都,老伴已去世,目前独自一人在海南养老。

> 2006年冬,我们重庆市BN区教育局退休教师一行11人到海南岛旅游,在文昌市东郊椰林的百莱玛度假村游玩时发现,该地有很多农家乐和私人小旅馆,都可以吃饭和住宿,价格还很便宜。每个月包吃包住,住三个月以上,900元/人;如果只住一个月,1 100元/人。这次参加旅行的退休教师年龄大部分都在60—70岁,有的老人患有气管炎、哮喘、心脏病、糖尿病等疾病,肢冷畏寒、腿脚不便。往常在重庆过冬,阴冷潮湿,身体感觉很不舒服。在海南旅游的过程中,我们发现海南气候好,冬天不冷,阳光明媚,很适合老人和有慢性病的人群养老过冬。有的老人患有气管炎、哮喘,在重庆每到冬天病情会加重,严重的时候还要住院挂水,到海南之后,两三天后就缓解了,感觉很舒服。于是,从2007年开始,每年冬天,我们退休科长都要牵头组织愿意来海南过冬的退休教师共同前往海南,一般12月出发,过完春节后根据自身情况返回重庆,一般居住三个月左右。大家住在同一个旅馆,包吃包住。当地厨师烧的菜,吃几顿还没什么问题,一住三个月,怕大家时间长了吃不惯当地的口味,还请来重庆的厨师,带上重庆的作料(指烹饪用的调料),让大家在海南岛也能吃上家乡的味道。在海南的这段时间里,大家同吃同住,自然而然地形如一个大家庭,互帮互助,傍晚一起跳广场舞,平时一起聊天散步,外出游玩,快快乐乐地度过在海南岛的每一天。

2. 补偿性消费心理

随着经济发展和社会变迁,老年群体的收入水平和经济独立能力都大幅度提高,受到补偿性消费心理的影响,旅游、异地养老等行为作为提升生活品质的一种消费活动,成为身体健康、经济自由和时间自由的老年群体的首要选择之一。

补偿性消费理论的研究始于20世纪80年代末,2009年之前主要是从需求未得到满足的角度来开展研究,代表性学者为格罗莫(Gronmo)和格鲁纳特(Grunert)。补偿性消费的概念是学者格罗莫于1988年首先提出的,他认为补偿性消费指的是消费者由于整体自尊或自我实现的缺失而做出一定的消费行为以弥补这种心理需求。1993年,格鲁纳特进一步解释了补偿性消费,他认为人们的需求可通过若干种资源满足,缺乏x可以通过获取资源x来治愈,也可以通过获取资源y来治愈,若是后者,则该过程就称为补偿。2009年以后的研究常从自我概念受到威胁的视角来开展,其代表性人物是洛克(Rucker),他对补偿性消费进行了新的界定,认为补偿性消费是指消费者在自我概念(自我价值感、自尊等)受威胁时,通过偏爱和选择能够应对这一威胁的产品来进行补偿。[1] 也有国内学者研究后提出,补偿性消费是消费者在其基本需求或者自我概念受到威胁时,通过消费以应对威胁的一种策略。[2]

补偿性消费理论可用于分析老年群体的旅游和尝试候鸟式异地养老等行为。

首先,老年是生命周期的最后阶段,老年人对身体健康状况的预期会不断下降,在失能、死亡等威胁来临之前,老年群体倾向通过旅游和异地养老来开阔眼界、丰富人生体验,在气候适宜、环境优美的地方养老养生还有助于一些慢性疾病的康复,尽可能推迟各种威胁到来的时间。

其次,目前的这一代老年群体大都出生于20世纪40—50年代,伴随我国经济、社会的发展,经历过从经济拮据到经济宽裕的过程,工作时为家庭、子女付出,现在子女早已经成家立业,自己时间、经济都相对自由,应该为自己多考虑一些了。旅游、异地养老等作为提升生活品质的消费行为,在生活水平提高且时间充裕、身体健康状态允许的条件下,往往会成为老年

---

[1] RUCKER D R, GALINSKY A D. Desire to acquire: powerlessness and compensatory consumption [J]. Journal of consumer research, 2008, 35(2): 257-267.
[2] 柳武妹,王海忠,陈增祥. 补偿性消费研究回顾与展望[J]. 外国经济与管理, 2014, 36(9): 20-28.

人的补偿性消费需求。

访谈对象 11，WNY，男，77 岁，来自重庆。

> 我退休以后就一直在兼职，指导青年教师，编写化学辅导书，忙得很，可以说是退而不休。所以老 Y（老伴）以前每年冬天来海南，我都没有陪她来，一个是还有好多工作，另一个是我身体也还好，在重庆过冬天也不觉得不舒服。现在年纪越来越大了，慢慢手头的工作也该放一放了，去年（2016 年）开始我也和老 Y 一起来海南过冬了，是比在重庆舒服、安逸哟！原来一直忙工作、忙小孩，舍不得吃舍不得穿，出门也少得很，现在老了，也该多享受享受了。

最后，工作期间带给老年群体的挑战性和价值感在退休后逐渐消失，生活归于平淡。尝试旅游、异地养老等行为，增加了生活的挑战性，使老年人每一天的生活过得更加充实；旅游途中、异地养老过程中，通过结识新的朋友，可以重新构建社会网络；朋友间的互帮互助，更能让老年人在自身能力范围内发挥余热，实现自我价值，获得更高层次的满足感。

访谈对象 1，CB，男，73 岁，来自重庆。

> 在澄迈，认识的新朋友越来越多，要做的事情也多，好像每天都安排得很满，一天到晚很快就过了，每天过得还挺充实的！你看嘛，每天早上 7 点多起来，吃完饭差不多就 8 点多了。有时候和老伴分头活动，她去买菜，9 点多回来；我有时上上网，有邻居要帮忙我就去帮一下忙。中午吃完饭休息一下，下午 2 点多 3 点钟的样子出去晃一圈（指走动一下），回来 5 点钟左右就要开始做晚饭。老伴 6 点半要去跳广场舞，跳到 8 点多钟，我要去给他们照相录影。8 点多 9 点钟回家整理一下电脑里的照片、资料什么的，一天很快就过了。大家一起出去玩了回来，晚上把拍的照片传到群里，我再把这些手机里的照片传到电脑里，还负责给大家做一个电子相册。你看嘛，一天到晚事情多得很，不愁没有事情做！

(三) 旅游融入"候鸟"生活

田野调查资料显示，一部分老年人是因为到海南岛旅游，而与海南岛结缘，成为候鸟老人的。成为候鸟老人以后，如何度过每天的 24 个小时，数个月的漫长冬季？大家都有各自的生活方式。有的老人继续延续在家乡的规律生活，早起打打太极拳，然后买菜，洗洗晒晒，午饭后午休，看看电视，晚饭后跳跳广场舞；有的老人喜欢去会所，打乒乓球、台球，或者打打麻将；有的老人参加养老协会等社会组织，当当志愿者，或者参加协会组织的集体活动等。与此同时，大部分身体健康、生活自理的低龄老人成为"候鸟"以后，也将旅游深深融入了他们这一段在海南岛的时间、经济相对都比较自由的"候鸟"时光。

访谈对象 7，XYP，女，61 岁。

> 我们来海南岛当"候鸟"，要待好几个月。岛上景点挺多的，还有不少新开发的景点，有的我们以前去过了，有些没去过，不管去没去过，都值得一看。反正没什么事情，出去旅游正好打发时间。趁现在腿脚好，还走得动，正好到周边走一走，看一看，反正在家也是待着，出去在岛内游一游，花不了几个钱。附近景点还是挺多的，先全部玩一遍，踩个点，等以后亲戚朋友来了，再带他们一起再去。同样的地方多去几次也无所谓，在家每天散步不也是去同一个地方。一般出门两三天，玩好了就回家歇一歇，休息好了以后再出门。

除了海南岛内的旅游，海南岛外的广东、广西等地的旅游，包括国外如越南、老挝等地的出国游，都在候鸟老人的考虑范围之内。

访谈对象 19，ZL，女，60 岁。

> 岛内游都不贵，时间也不长，两三天、三四天的都比较多。现在旅游市场也比以前规范多了，价格低的也不强制消费。周边的一些景点，例如桂林、广东等地方，也不贵，就连出国都比从我们老家出发便宜不少，一两千块钱就能去越南、老挝旅游好几天。现在老人经济条件都过得去，只要没有生大病，钱都够花了，出国旅游也可以考虑。这次来我们都办好护照了，约上了几个老朋友，准备春节前到越南玩几天。

二、房地产市场：投其所好

经济学原理告诉我们，资源是稀缺的，而需求是无限的。在海南，资源的稀缺性和需求的无限性之间的矛盾同样突出。由于资源的稀缺性，同时伴随国家政策空前的支持力度，人们再度对投资海南充满预期。

由于海南发展定位明确，国际旅游岛的建设强化了房地产的旅游度假功能和旅游接待功能，实现的是房地产和旅游业的双赢局面。具体而言，候鸟式度假、就业型度假和分时度假等度假居住地产将得到大力发展，同样得到大力发展的还有星级酒店、度假村、高尔夫球场、游艇俱乐部、主题公园等专业化旅游地产。因此，度假居住地产和专业化旅游地产，将成为海南国际旅游岛建设的重要空间载体和核心旅游产品。根据2011年的统计资料，当时在海南投资的全国性房地产开发企业超过100家，投资总额超过1 000亿元；全国各大知名的地产商，都纷纷在海南排兵布阵；海南岛东线，从海口到三亚的595公里黄金海岸线上，动辄数十亿、上百亿的地产项目比比皆是。[1]一时间，全国各地的购房大军蜂拥而至，集结海南。

（一）理性与感性兼顾的消费选择

购买房产这种商品，存在一定消费风险；到远离自己长期生活的、自身不熟悉的地区购买房产，无疑会增大消费风险。因此，应该如何看待海南的购房热潮？如何理解购房者的抢购行为？这种行为，可以理解为一种理性与感性兼顾的消费选择。

由于资源的稀缺性规律，消费选择总会面临一定的消费约束。正是因为存在消费约束，人们的消费也就具有了理性的特征。消费活动是消费理性和消费感性的某种统一。[2]消费理性需要结合有限的资源做出消费选择，而消费感性更加注重主观上的消费偏好。

根据消费选择在感性选择与理性选择中的位置，我们将理性的消费选择

---

[1] 中国房产信息集团. 新旅游地产的开发样本：中国海南岛[M]. 北京：中国经济出版社，2011：15.
[2] 王宁. 消费社会学[M]. 北京：社会科学文献出版社，2011：68.

称作理性消费，将感性的消费选择称作感性消费。[1] 理性消费和感性消费形成的相互交叉、相对稳定的消费选择形态则被称为消费习惯。从资源约束的角度来看，理性消费是人类消费生活的普遍形式，尽管不同社会形态、所处时期和不同阶层的资源约束程度各有差异，但均会受到资源有限性的约束。感性消费依据的是感性原则，消费者以对商品的主观偏好和直观感觉作为消费选择的依据，因此，感性消费也可以被看作一种心理消费。

当人们的可支配收入有限时，理性消费占据绝对优势地位。但是，随着经济发展和社会进步，人们的可支配收入日益提高以后，对收入约束的关注度相对降低，对生命时间约束的关注度逐渐提高。人们更愿意将手中有限的资源用于提高更为有限生命周期中的生命质量。因此，实用性的生存型消费（狭义的理性消费）会逐步转向感性消费，这种转变更加强调生命的质量（享受）而不是数量（生存）。

第一章第二节中提到的生存型养老观念向发展型养老观念的转变，其间老人们消费观念的转变也正是体现于此。

既可养老又可投资的房子，养老投资两不误。

访谈对象7，XYP，女，61岁，来自重庆。

> 我是怎么想起来到澄迈买房子的呢？当时是我的一个姐妹（指关系亲密的朋友），她说："我们约好一起到海南去买房子嘛，那里（指S季春城）不错哟！上清寺（重庆的一个地名）那里有个售房点（NY集团当时在重庆有多家售房部推销S季春城这一楼盘），离你家不远，你去问一下。"我说："要得，那我去问一下嘛。"我一去，那个售楼小姐就跟我说，澄迈是长寿之乡，当地的大开发商开发的，质量可靠，房子是既可养老又可投资的，养老投资两不误。当时大家都在买房子，投资保值增值，而且又是长寿之乡，养老也不错，就凭这一点，我就有点动心了！
>
> 不到实地看一下呢，还是不敢相信，也怕遇到骗子。结果我就找了一个周末，坐飞机过来看房子。他们那边售楼的经理，还来机场接我，接了我就直接把我送到售房部。哎哟！我的天哪！售房部简直是人山人

---

[1] 熊思远. 浅谈：居民的理性消费与感性消费[J]. 经济问题探索，1995（3）：43.

海，好多人咯！看沙盘都挤不过去。2010年海南省宣布建设国际旅游岛，就是那一年大家都开始抢着买海南的房子，海南的房价开始飙升。

我开始在重庆选的一期的6栋、7栋，来了以后一看，已经卖完了。都是期房，只能看沙盘，工地上都是荒地，什么都看不到！就是这样房子都抢光了！后来经理就推荐我买二期，就是现在的NS轩。后来又选来选去，选了现在这套房子，马上就签合同。总价22万多，23万不到，每平方米4 300元左右，51.5平方米。结果我的钱不够，我只带了22万，又临时找朋友借了两万，一次性付完房子的全款。这么多人买，根本就不容你分期付款。

海南房价近年来的一路高涨，也让早期购房者有所获益，他们谈起自己的购房经历都津津乐道。在前往临高县看房，了解当地的房地产市场时，衍宏地产集团开发的海港小镇的一位贵州业主告诉我们：

我2013年买的房，17万，53平方米，一居室，因为当时这个楼盘在我们贵州当地设有销售部。去年（2016年）装修，今年冬天第一次来入住。这个地方比较偏，周边配套不是很完善。我当时是这样考虑的，现在刚退休，但是还不自由，还要带娃娃（孙辈），来也要不了几天。房子买了先放着，等过几年周边配套好了，这个价格也买不到了。等后面自由了（娃娃带大了），过来住起就方便了。像你们还没退休的，按揭买一套，放到那里，等退休了配套好了，过来住起好得很！等那个时候买就不会是这个价格了。我们2013年买才17万，现在已经25万了。还在涨价！

（二）市场理性的谎言：海南"封岛"

所谓市场理性，就是在市场交易中所遵循的以最小支出获得最大收益的行动准则。市场上的企业从个体角度出发，只考虑以最小的代价来达到既定的目标；只追求那些最符合自己的个体利益同时为之付出代价最小的目标。至于这个目标是否在客观上有损于社会整体的利益，只要"外部不经济"行为不会导致惩罚或者受到惩罚的概率较小，企业对此是不予考虑的。[1] 由此不难理解，为何一些企业肆意排污、污染环境等行为屡禁不止。因为市场理性是一种局部理性，即从个人、团体或组织的角度体现为理性，对社会整体来说往往是非理性的。所以，在缺乏制约、监管和惩罚的范围内，市场理性常常会呈现出一种"无理性"状态。

2017年的海南房地产市场，就流传着一个市场理性的谎言：到2020年，海南将要全面"封岛"，实行"海南岛签证制度"。所谓的"海南岛签证制度"，是指传言到2020年，海南岛将建成国际旅游岛，届时在岛上有住房的群体才能自由进出，没有住房的群体需要办签证才能上岛，而且在岛上最多只能停留一周。这就是所谓的"海南岛将在2020年全面封岛"的传言的解释。

无独有偶，在海南实地调查期间，我们亲耳听到了售房中介利用此传言推销楼盘。

2017年2月3日，我们电话联系看房中介，约好去看西线的房子。2月4日10:30在小区门口，两辆小车接我们七八人准时出发，经福山上环岛高速向西行驶，车程40分钟左右可到达楼盘所在地。到达目的地后就有楼盘的售楼人员进行楼盘推销介绍，带我们实地看房。

在40分钟车程中，售房中介小C一直在向我们推销西线的房源：

> 西线旅游资源也很丰富，环境好，房产均价在5 000元左右，比东线便宜很多。海南东线开发比较早，越靠近三亚房子越贵，一般都要8 000—9 000元，或一万元以上。而且人多，今年由于内地雾霾，一时半会儿也没办法解决，这几年大量游客都涌入海南，三亚那边五星级海景酒店春节期间一晚要5 000多元，不划算！东线买一套房，西线要买两三套。临高这边也通环岛高铁，儋州机场也规划了，跨海大桥这两年也准备动工了。现在买房升值空间很大的！海南2020年要打造国际旅游岛，要搞签证制度，就像香港、澳门一样。到时候没有签证就不让你上岛，不允许待太长时间，所以还是尽早买房子划算。三亚那边人太多了，太挤了，造成了一定的消费，价格提高了，春节期间有的酒店住一

---

[1] 王宁.消费社会学[M].北京：社会科学文献出版社，2011：240.

晚涨到5 000多元，太离谱了！为了避免这种情况，所以政府准备搞签证制度，准备封岛。临高的旅游资源也很丰富，东线的旅游资源都开发完了，成型了，西线还很有开发潜力。现在政府开始规划西线开发了，而且现在西线房子便宜，像你们年轻人现在买下来，又便宜，过几年再来住，交通啊、环境啊、配套啊都成型了，升值空间也大，投资、养老都不错，很划算的！

以上访谈过程中提到的海南岛要实行"签证"制度，是网上广为流传的一个传言，也是市场理性的谎言。在网上搜索"海南岛签证制度"，就会出现大量类似"海南岛将在2025年全面封岛，没有签证你来不了"等信息。

在海南岛实地调查的过程中，对于这一谎言，很多老年人在第一时间就信以为真，而且迅速通过微信朋友圈、QQ等传播渠道在网络上大量传播。已经买房的老年人都感觉很庆幸，自己已经拥有了随时自由进出海南岛的权利，同时提醒想来海南还未买房的亲戚朋友尽快买房，否则今后就很难上岛了。这一谎言更是被海南的售房中介充分运用，在很多购房者犹豫不决时起了作用，使购房者早下决心购房。

实际上，这一谎言根本经不起推敲，不攻自破。签证（visa）是一个国家的主权机关在本国或外国公民所持的护照或其他旅行证件上的签注、盖印，以表示允许其出入本国国境或者经过国境的手续，也可以说是颁发给他们的一项签注式的证明，一般由一个国家的出入境管理机构（例如移民局或其驻外使领馆）对外国公民批准入境进行签发。[1] 海南是中华人民共和国领土，本国公民出入，何来签证一说？就算是出入香港、澳门，办理的也是"港澳通行证"，而非签证。此外，海南目前正处于定位国际旅游岛，全方位发展的关键时期，"封岛"这种说法实在是没有丝毫的道理。

但在这一谎言盛传的过程中，不难看出，市场理性就是这一谎言的始作俑者，如果能让潜在购房者信以为真，最受益的就是各房地产开发商。"海南岛签证制度"在2016年底和2017年初，为已经十分火热的海南房地产市场再度"火上浇油"，它无形之中成了一股强大的推动力量，推动着有异地养老和异地房地产投资意向的群体在海南的各个楼盘看房、买房，也被已经

---

[1] 有关签证的解释，来源于百度百科。

购房的群体津津乐道。在实地调查过程中，澄迈、临高、文昌等各楼盘的售房部，伴随着春节期间大红色调的喜庆布置和喜气洋洋的背景音乐，呈现出一幕幕购销两旺的热闹场面。

（三）养老地产的"适老宜居"符号

随着我国人口老龄化的进程加快，"银发浪潮"席卷而来，老龄产业的发展进入快车道，各种类型的老龄产品迎来广阔的市场发展空间，养老地产就是其中之一。经济学原理告诉我们，消费者偏好是影响市场需求的重要条件之一，如果消费者对某一类商品的消费偏好增加，这一类商品的市场需求必然会大幅度上升，如果此时的市场供给不变，则市场均衡价格会上升，市场均衡量会增加。近年来，各地的老年群体对"适老宜居"的养老地产开始产生一定的偏好和需求，而海南的房地产开发商也抓住这一机遇，针对"候鸟型"购房需求，投其所好，推出"适老宜居"的养老地产。这些养老地产的"适老宜居"符号主要体现在"长寿""养老""养生""健康""宜居"等几个方面，再结合业主的候鸟式居住方式推出周到的物业服务，满足业主的各方面需求。

从购房者养老养生的消费偏好出发，海南的房地产开发商在楼盘营销的各个环节都注意突出其"适老宜居"这一卖点，以吸引购房者。2017年1—2月在海南的田野调查期间，我们走访的澄迈、临高、文昌等地房地产开发商的售楼处，无不投其所好，打出吸引各年龄段候鸟老人居住或投资的卖点。

澄迈因地处海南岛西北部，和三亚等海景特色较明显的地区相比，海岛风光不是其显著优势，因此，澄迈的房地产开发商首先突出该地区的"长寿""富硒""健康"等特点，以充分吸引购房者。

澄迈S季春城的各期楼盘的名称大都和"长寿"有关，例如第一期有"DH轩""NS轩"，第五期有"BL泉"，第六期有"CS岛"，第八期有"FS轩"，楼盘名称均被赋予了和"长寿"有关的美好寓意。第三期楼盘的名字是"WQ谷"，售楼处也挂有一个醒目的铜牌"海南澄迈S季春城·WQ谷：中国中老年文化养生养老基地"，发牌方为"中国中老年文化交流推广中心"。

2017年2月1日，笔者在澄迈碧桂园集团"ML湾"售楼处实地调查，只见入口处的大型广告牌上并排写着不少醒目的广告语，第一行写着"世界长寿之乡，富硒养生福地"；第二行是"国际旅游地上的宜居养生地"；第三行"世界长寿之乡，健康养生天堂"；最后一行小字"富硒红土，澄迈独有，自然山水，万顷鲜氧，优质养生度假不二选择"。背景图是三对白发苍苍的老人，身着短袖短裤，在绿道上满面笑容地骑着自行车的幸福画面。走进售楼处内部，其会所已经完全建好并对业主开放，乒乓球、台球、麻将桌、书画室等，可供入住老人休闲娱乐。

FL集团开发的楼盘"HS湾"，位于海南澄迈县北部，南部以西线高速公路为界，北部为红树林自然保护区。其定位是"滨海双海湾红树林生态休闲大社区"，楼盘重点突出三大核心功能——生态景观、体育运动、度假居住。它的宣传资料中主推"健康"这一理念：世界长寿乡，中国健康城；每天与健康为伴，与自然为邻。为凸显楼盘的健康养生特点，FL地产按照国家AAAA级标准打造HS湾海南红树林湿地保护公园，公园内建有海南岛最长的原木栈道，全长达到4.2公里，方便游客和住户散步、游玩。基于业主的养老需求，楼盘除了商场、超市、酒店、网球场、乒乓球室、阅览室、游泳池等常规配套设施以外，还建有药店、康复医院等。

Y岛集团在澄迈开发的楼盘"Y岛小城"，除了具有常规卖点以外，还在会所特别开设了老年大学，周一到周五每天9:00—11:00安排两门课程的授课和学习，每天15:00—17:00和18:00—20:30安排一门课程的授课和学习。开设的课程有太极、微信、国画、书法、器乐、摄影、模特、京剧、声乐、门球、舞蹈、柔力球、瑜伽、说唱等。可以说，在自己居住的小区会所有一所比较规范的老年大学，入住后能够接受以上课程的系统学习，对于老人来说还是比较有吸引力的。

HZ集团在临高开发的楼盘"LH湾"，除常规宣传以外，特别突出以下几点来吸引有养老养生需求的购房者：(1)百岁养生地，健康长寿。海南的长寿美誉起源于此地，当地目前有百岁老人200多人，密度全国第一，选择HZ"LH湾"，就是选择了健康长寿。(2)富硒温泉，健体益寿。温泉会所的温泉富含硒元素，健体益寿，对心血管、风湿骨病有良好的改善作用。(3)医养结合，康养身心。项目计划设置医疗机构、社区医院疗养中心、老年康复中心、老年休闲会所、老年活动公园、老年大学等设施，医养结合，让入住老人能够康养身心。

YH 地产集团在临高开发的楼盘"HG 小镇"，已经预见到入住老年人的长远需求，售楼人员会主动跟来看房的潜在客户介绍，小区门口规划建设一个民办养老院。实地调查时，其售楼人员小 Z 告诉我们："因为来买我们房子的业主有大部分是来养老的，兼顾投资，所以选择我们这个楼盘其实很方便，除了交通、环境等条件都不错以外，我们小区门口还规划建一个民办养老院。今后如果在海南住习惯了，不想回老家，年纪大了也可以考虑住养老院。"

海南 ZY 投资有限公司在文昌开发的楼盘"QL 半岛"，位于国家 AAAA 级景区——文昌高隆湾，与东郊椰林隔海相望，其度假区、旅游区、康健社区等配套设施和丰富的资源可以满足业主度假、养生、居住等多方面的需求。为满足候鸟型业主养老、养生的诉求，其规划建一个老年大学，以及一个涵盖健身、理疗、膳食养生的健康会所，为老年人提供专业养生服务。实地调查时，当问到"为什么会有老年大学这样的规划"时，售楼人员小 L 告诉我们："这些年，来海南买房养老的客户越来越多，不管是一直住在这里，还是只有冬天住在这里，客户都希望在我们'QL 半岛'的每一天能够过得充实。所以我们不仅为入住客户提供休闲、娱乐、养生、保健等服务，老年大学的规划也是为了满足老年人在这里根据自己的兴趣爱好继续学习的需要。"

海南的房地产开发商针对大部分业主候鸟式迁移的特点，几乎都会提供业主离开期间的房间通风，或者代为租赁等服务，免除业主的后顾之忧。

在田野调查的被访谈者中，购房养老者被所购商品房的"长寿""养老""养生""宜居""健康"等符号吸引的不在少数。例如，访谈对象 34 PQ（女，62 岁，来自四川涪陵）购买澄迈 S 季春城住房的原因是其地处长寿之乡，环境好，水土富硒，交通方便，适合养老养生；访谈对象 7 XYP（女，61 岁，来自重庆）在售楼处听售楼人员说澄迈是长寿之乡，就有些动心了；访谈对象 24 LGR（女，79 岁，来自北京）在售楼处看房时，工作人员也介绍说楼盘所在地是长寿之乡，挺好的，适合老年人养生养老；访谈对象 32 LSJ（女，68 岁，来自山东泰安）选择澄迈的原因是这个地方是长寿之乡，而且各方面条件都特别适合养老养生。

海南养老地产的这些"适老宜居"符号，不仅吸引了养老需求大于投资需求的老年群体，还成功吸引了当前投资需求大于养老需求的年轻消费群体。例如访谈对象 45 HXP（女，35 岁，来自重庆）在澄迈 S 季春城购房，目前父母会过来小住，她和先生也会在十一、春节小长假期间来海南度假；访谈对象 43 CZQ（女，48 岁，来自四川涪陵）在澄迈 HS 湾购房，冬季父母来养老，她自己也会趁休假时来海南。他们对这种候鸟式异地养老方式十分认同，既是海南养老地产的消费目标群体，也成了潜在的候鸟式养老群体。

三、老年公寓市场：各取所需

候鸟老人在海南养老期间，日常生活中的"衣、食、住、行"等均会直接影响老人们的生活状态。其中"住"这个方面最为关键，住得舒适、顺心，候鸟老人在海南的养老生活质量和满意度会大幅度提升。候鸟老人来到海南之后，会根据自身的经济能力、身体状况、个人偏好等条件来选择居住类型，各取所需。

在与候鸟老人的访谈过程中不难发现，实际上，候鸟老人在海南异地养老，居住方式主要可分为三种：购房、租房和入住老年公寓。购房和租房的生活状态比较接近，前面章节已经进行了分析，这里主要分析老年公寓和养老机构市场。

（一）发展中的海南养老机构市场

选择环境优美、服务质量上乘的海南养老机构进行候鸟式异地养老，是候鸟老人在海南的居住选择之一。

根据海南省民政厅发布的信息，截至 2018 年 11 月，海南全省共有各类养老服务机构 174 家，共有机构养老床位数 11 958 张，其中，民办养老机构 14 家，床位数 3 684 张；公办养老机构 160 家，养老床位数 8 274 张，护理型床位数比例达到39.5%。[1]

选择入住养老机构的候鸟老人，一般具有高龄、身体健康状况不佳、自理能力下降等特点。入住养老机构进行候鸟式异地养老，一方面可以享受到周到的养老服务，突发疾病时能够及时得到救治，饮食搭配比较合理，配套设施比较齐备等；另一方面，高档的养老机构居住体验较好的同时，入住价格也较高，价格低的养老机构配套设施和服务水平又不尽如人意，需要老人权衡选择。

以海口GH苑健康疗养度假园区（以下简称"海口GH苑"）为例。

海口GH苑是"GH苑"直营连锁健康养老服务品牌在海南省的首个示范项目，也是"LC养老"集团投入运营服务的首个旗舰项目。海口GH苑位于海口市海甸岛，北距白沙门海滩1500米，西邻海南大学，房屋采用南洋风格围合式院落设计，院内外景观层次丰富，各种热带、亚热带植物生长茂密，亭台楼阁点缀其间。海口GH苑于2012年3月21日开业，其基础服务主要体现在"住食医养乐"五个方面：有宽敞明亮的适老化设计的房间，媲美星级宾馆的房间服务；有专业营养师团队为老人科学搭配一日三餐；医养结合，院内配备医护人员，并且与三甲医院——海口市人民医院仅一街之隔，为老人提供健康检测、紧急呼叫和急诊绿色通道服务；为入住老人提供健康检测和日常养生的指导和场所等；提供琴棋书画等室内娱乐活动和有关主题活动，每周定期组织老人外出采风等。

对于不同程度失能需要介助和介护的老人，会在入住时进行健康评估，确定相应服务等级并制定个性化照料服务。此外，海口GH苑还为患有偏瘫、骨关节病、慢性疼痛等疾病，需要康复理疗的老人提供超声波治疗、红外线治疗、中药熏蒸、颈椎牵引、针灸、拔罐、艾灸、刮痧等康复理疗服务。

这样的高端养老机构，主要满足老人群体"候鸟过冬、长期养老、康复疗养"这三个方面的需求，其收费标准也较高，根据房型、入住人数和入住时长进行区别定价，每月单人标间（不含介助或者介护的费

---

[1] 数据来源于海南省民政厅2018年12月19日海南省养老服务业发展情况新闻发布会。

用）的基础服务价格在 6 000—7 000 元。

根据目前实地调查情况来分析，入住养老机构进行候鸟式异地养老的老人比重较小，大部分老人处于身体健康、生活自理状态，他们更倾向于选择购房、租房或者入住价格较为低廉的老年公寓。

值得一提的是，当前尝试候鸟式异地养老的老人，年龄主要分布在 60—75 岁，可以推测 10 年或 20 年以后，当这一批老人已经习惯和适应了每年冬季到海南过冬的生活方式，而他们的身体机能开始减弱、自理能力开始下降，入住海南的养老机构将会成为他们的理性选择。

(二) 形形色色的老年公寓

这里的所说的海南的老年公寓，从生命周期的视角进行解读，其性质接近 CCRC[1]（持续照料退休社区，Continuing Care Retirement Community）中适合健康有活力的低龄老人居住的"活力公寓"。

如前所述，具有一定的经济能力、具有较强的适应能力、得到家庭和子女支持是候鸟老人群体的典型符号。其中，具有较强的适应能力意味着老人身体和心理对新环境的适应能力较强，日常生活能够自理，心理上的调适能力较强，可以快速适应异地的养老生活。正因为大部分候鸟老人都身体健康、生活自理，不需要依赖养老机构提供的养老服务，因此，他们之中排除在海南购房和租房的居住类型之后，一般会选择入住不同类型的老年公寓，或者是包吃住的家庭旅馆，以及环境优美、居住条件较舒适的宾馆、酒店、度假村等。

例如，位于三亚湾附近的"三亚候鸟 NC 老年公寓"。

公寓名称已经非常清楚地表明了它主要面对的消费群体——候鸟老人。这一家老年公寓一共有 3 栋大楼，截至 2017 年，A 栋和 B 栋正常营业，C 栋正在装修，一共有房间 180 余间。A 栋主要是包餐式养老公寓楼，楼高十二层，装有电梯，全部是客房，每层有七个客房，房间规格统一，覆盖无线网络。客房均为 42 平方米标准间，每一间客房均配有两张 1.2 米的床位，

---

[1] CCRC（Continuing Care Retirement Community）：持续照料退休社区，为老年人在自理、介助、介护的各个阶段提供一体化的居住设施和服务，使老年人在健康状况和自理能力变化时，依然可以在熟悉的环境中继续居住，并获得与身体状况相对应的照料服务。

都有独立的阳台，阳光充足，还配有独立的小厨房，可以偶尔亲自下厨做点拿手菜。B栋为不包餐式养老公寓楼，楼高九层，客房分为标间、一室一厅、两室一厅，面积不等，租住价格按照入住日期、入住时间各有不同。公寓距离海边和三亚湾路700米，距离回新路和解放路200米，距离四二五医院2个公交站，距离农垦医院2个公交站。所处位置有超市、特产店等，非常方便。在这里越冬的候鸟老人也集中，业余生活丰富多彩，有各种各样的自发组织的如跳舞、做操、唱歌、棋牌等活动，是候鸟老人越冬的首选之地。

根据这家候鸟NC老年公寓2018年冬季至2019年春季的床位报价来看，含三餐的A栋，淡季每人每月2 000元左右可以入住，旺季每人每月3 800元左右；不含三餐的B栋，淡季每人每月1 800元左右可以入住，旺季每人每月3 500元左右，价格随入住时间和旺季、淡季有所变动。[1]

这样的老年公寓在三亚、文昌、海口等候鸟老人聚集地数量较多，因其价位适中，居住体验较好，能够满足大部分候鸟老人的冬季养老需求。随着近年来到海南过冬的老人越来越多，旺季一般供不应求，10月以后就会出现"一床难求"的现象，因此入住价格上，旺季价格几乎能够达到淡季的两倍。

有的老人会选择价位更加低廉的家庭旅馆，俗称"农家乐"。这种家庭旅馆规模一般不大，房间数量20—30间，装修简洁，提供的服务有限，旺季包三餐的价格人均只要2 000多元。大多数城市企业退休职工的养老金都能够负担得起，因而家庭旅馆也成为许多候鸟老人选择的居住方式之一。

想要提高候鸟式异地养老期间的生活质量，也可以选择居住条件较舒适、环境更优美的宾馆、酒店、度假村等。

例如，位于文昌东郊椰林湾内的文昌BLM度假村，就是一家可作为候鸟式异地养老居住地的三星级宾馆。BLM度假村距离海口约80千米，位于文昌著名的东郊椰林景区内，宾馆内有海水、沙滩、婀娜多姿的椰林，还有奇特的海上森林——红树林。BLM度假村占地近200亩，保留了原有的风情地貌，结合独特的生态园林风格，有各种海景客房100多间。由于环境更加优美，服务更加完善，其价格高于普通的老年公寓。但有的老人来海南过

---

[1] 数据来源于三亚候鸟NC老年公寓网站。

冬，就是想尽情体验海岛风光，住在这样的宾馆内养老，出门便可见海水沙滩，早晚可观赏日出日落，枕着海浪声入眠，每天都可以在椰林中漫步，沙滩上拾贝，不失为一种独特、愉悦的养老体验。

第二节 候鸟老人影响市场

一、候鸟老人带来商机

商机无论大小，从经济学意义上可以解释为能够由此产生利润的机会。候鸟老人的不断到来，为海南全省以及老人们聚集的各个区域带来大量商机，体现在衣、食、住、行、旅游、养生、保健、学习、休闲、娱乐等各个方面。与此相关的各个市场也呈现出需求增长、供给跟进、供需两旺的状态。

旅游方面，候鸟老人在岛上要度过漫长冬季，为调剂日常生活会产生大量的旅游需求。旅游市场除了针对常规消费群体的线路外，还开发了专门针对"候鸟一族"老年群体的线路——价格低廉、时间较短的岛内旅游，吸引候鸟老人参加。这一类旅游项目的广告在候鸟老人聚居区域非常常见，例如2017年2月在澄迈"J外滩"楼盘外的一则一日游广告："海天假期旅行社，澄迈一日游+电影公社（双街），特价98元/人。"

候鸟老人为在海南生活得更加舒适，产生购房需求，其购房目的主要是养老，兼顾投资。因此，房地产市场迎合候鸟老人的购房养老需求，在楼盘功能设计上突出其"长寿""养老""养生""健康""医养融合"等"适老宜居"的特点，吸引了大量有此需求的候鸟老人。

养老公寓市场需求旺盛，入住需要提前预订，旺季的热门地区，如三亚等地，更是一床难求。

访谈对象51，WDH，女，81岁，来自成都。

> 自从来海南岛过冬，基本上就是每年都要来了，不来反而不习惯。没有伴也要来（老伴已于数年前去世，这里指结伴同行的朋友），反正我是一个人住一间，一个人自由自在的。想走我就到海口呀、澄

迈呀走一走亲戚,不想走就在三亚,等他们(指亲戚、子女等)来看我。每年上半年就要赶紧打电话订住的地方(指在三亚的老年公寓),我一般都是走之前就把下半年的房子订好,房子紧俏得很,晚了就订不到了。

其他相关市场,例如日用品市场、农副产品市场和餐饮、娱乐等市场也涌现出大量商机,与候鸟老人有关的医疗健康产业投资等也进入海南省产业发展的长期规划之中。

二、基于地缘的消费习惯

所谓消费习惯,是消费者在做出消费选择时体现出的重复和稳定的偏好,即对某些消费品、购物环境和消费行为方式的经常的、连贯的、相对固定的选择倾向。[1] 消费习惯是消费者在较长时间内形成的,具有稳定性和经常性,不易变化,是消费需要的推动因素之一。[2] 消费习惯既可以体现为理性的,也可以是感性的,或者体现为理性与感性消费的统一体。来自不同民族、阶层和地区的消费群体,消费习惯会有差异,个体性因素也会使消费习惯因人而异。因此,消费习惯一方面是各民族、阶层和地区消费习俗的反映,另一方面也会反映出个人的生活经历。

为降低异地生活的风险,候鸟老人会倾向于以血缘、地缘聚居,在异地见到老乡,听见熟悉的乡音,方便交流,更有助于重建社会网络,更快地适应异地的生活。海南的候鸟老人来自四面八方,东西南北中,生活习俗、消费习惯各不相同。

消费习惯影响消费偏好,消费偏好影响消费需求,消费需求影响市场供求关系,进而影响市场价格。

以"食"为例,"民以食为天"。在田野调查中不难发现,一个地区的候鸟老人如果有一大部分来自同一个区域,如西南或者东北,则其聚居点会逐步出现符合候鸟老人家乡饮食习惯的食品、调料、餐馆等。澄迈 S 季春城

---

[1] 王宁. 消费社会学[M]. 北京:社会科学文献出版社,2011:71.
[2] 罗子明. 消费者心理与行为[M]. 北京:中国财政经济出版社,1998:127.

的各期楼盘，有大量来自四川、重庆的候鸟老人，因老人们冬季在此养老，要度过中国人最重要的节日——春节，亲朋好友少不了要外出聚餐，目前附近的川味餐馆已经开了两三家，在海南能吃到家乡菜，可以借以慰藉老人们在异地的思乡之情。在三亚过冬的候鸟老人，以东北老人居多，现在他们的居住地附近，东北菜餐馆、东北风味食品、东北菜调料等，都有大量供给，充分满足东北老人的饮食习惯。

另外，当市场某一类商品由于需求量大增，供不应求时，市场价格必然水涨船高。例如，文昌的本地居民不喜欢食用动物内脏，因此这一类商品在文昌一直价格低廉。当候鸟老人群体大量聚集文昌以后，来自四川、重庆的老人比较喜欢食用动物内脏，直接推高市场价格，当地的动物内脏价格从一开始的几元一斤上涨到后来的十几元一斤。

第三节　冬热夏冷的"半年经济"

候鸟式异地养老容易引起迁入地的"半年经济"现象。

候鸟式异地养老方式给候鸟老人的迁入地和迁出地都会带来新的问题，但程度各不相同。相对来说，全国各地的候鸟老人集中移居到某一区域过冬或者度夏，对于迁出地来说，影响并不明显，但是对于迁入地来说，会导致市场、资源、环境、文化等多方面的冲突在短期内集中爆发的情况。以海南为例，每年的11月左右，全国各地的老年人开始逐渐聚集到海南过冬，衣食住行、旅游等各方面需求激增，市场供需两旺，同时也面临资源短缺的问题；但是，每年的3月份左右，老人们陆续离开海南，市场各方面的需求急剧下降，曾经门庭若市的店面陆续关门歇业，店主们在资源闲置中等待着下半年候鸟式的繁荣再次到来。

候鸟老人大量聚集之前，海南冬热夏冷的"半年经济"的诱因主要是旅游的旺季（秋冬季）和淡季（春夏季）；"半年经济"现象比较严重的城市，主要是旅游景点比较丰富的三亚、五指山、琼海（博鳌）、海口等地。候鸟老人大量聚集海南之后，这种候鸟老人群体冬季流入、夏季流出的季节性特点，与海南旅游的旺季和淡季效应叠加，导致了海南"半年经济"的问题更加严重。"半年经济"现象比较突出的城市，也从之前旅游资源丰富的地区向所有候鸟老人聚集的地区扩散。因此，可以说海南的"半年经济"是"半年旅游经济"加上"半年候鸟经济"的总和。

一、冬季门庭若市

冬季的海南，本来就是旅游旺季，再加上近年来各地的候鸟老人纷至沓来，导致每年的 10 月初到次年的 4 月初，成为海南的旅游旺季和养老高峰时期，一时间各类型商品供不应求，物价飞涨。春节期间恰逢七天黄金周，旺盛的需求将市场价格推送到顶峰。

（一）旅游市场水涨船高

旅游市场客流呈现出井喷状态，价格和淡季不可同日而语。景点门票、食宿价格、交通费用等均大幅上涨。

冬季海南的各旅游景点人山人海，游客接踵而来，"天涯海角""南山""亚龙湾"等热门景点的门票分淡季和旺季。旺季门票价格上浮，而且必会出现以下场景：参加团队游的游客，胸口别着团队的标志，紧跟在导游的身后；略显疲惫的导游，腰间别着小型扩音器，小喇叭里传送着略带沙哑的嗓音，卖力地为自己团队的游客介绍着景点概况，一再强调集合时间，提醒团队成员目前景点游客众多，大家一定要控制好游玩时间，准时返回停车场等；停车场车满为患，各种类型的客车停得满满当当，除了车就是人，汽车喇叭声、扩音器的声音、人们的交谈声等声音掺杂在一起，不绝于耳；刚刚到达的游客兴致勃勃地往景点里涌去，已经游玩回来的游客四处张望寻找着自己团队的大客车……

2018 年 2 月 7 日的三亚市海月广场前的三亚湾沙滩，下午 3 点半，温度 32 ℃，微风，艳阳高照，远处五幢三亚凤凰岛度假酒店贝壳状的标志性建筑一字排开，长达几公里的沙滩上一眼望不到边，全是密密麻麻的享受阳光、海水、沙滩的候鸟人群。有的戴着遮阳帽和墨镜，喝着椰汁，在沙滩上休息；有的身着泳衣，在海水里畅游；最开心的是孩子们，有的玩水，拿着游泳圈在海水里尽情嬉笑打闹，有的玩沙，三五成群在沙滩上堆砌沙城堡。因时间正值春节长假前后,三亚旅游的旺季,叠加冬季候鸟式异地养老的高峰期,于是就有了这一热闹非凡的景象。

海滩上一位身着短袖短裤的老大爷,一边注视着海水中嬉闹的孙子、孙女,一边告诉我们:"我是哈尔滨的,我和老伴已经来好几年了。今年孙子、孙女都来了,孩子们就喜欢来三亚,喜欢海南岛,要不是要回去上学,都不肯走。现在人越来越多,有旅游的,有我们这种养老的,好家伙,乌泱泱全是人,来晚了这里都找不到地儿,只能往边上走。"

(二) 房地产市场熙熙攘攘

海南冬季的房地产市场热闹非凡,人头攒动,熙熙攘攘。来看房买房的人分这样几种类型:(1)在海南还未购房,专程前来看房买房,兼顾投资和养老;(2)在海南还未购房,旅游为主,顺便看房;(3)在海南已经购买商品房,如果看到合适的房子考虑再入手;(4)在海南已经购买商品房,看看是否有更合适的房子,可以考虑置换以前的房子,借以提高在海南的养老生活质量;(5)其他类型,例如漫无目的,四处看房了解市场价格,以供亲朋好友参考等。

2010年海南宣布建设国际旅游岛以后,全国掀起到海南买房投资养老的热潮,以上几类人群成为前往海南各大楼盘看房买房的主力军,因此,海南的商品房销售在冬季进入最佳时节,一片供销两旺的景象。

在访谈对象中,就有不少老人亲身经历过这样热闹的购房场面。

例如,访谈对象7 XYP(女,61岁)的亲身经历是:2010年底在家乡重庆的售楼处产生购房意愿后,立即买机票到海南实地看房;售楼处提供接机服务,售楼经理来机场将其直接送到售房部;售房部当时已经是人山人海,连看沙盘都挤不过去。

访谈对象5 WJF(女,54岁)的亲身经历是:2009年底在单位聚餐时,同事们都在说要到三亚买房子,感觉大家都在准备到海南购房;在此背景下,她计划年底带女儿和姐姐一起去海南旅游,顺便看一下房子;提前一个月在三亚订房,普通宾馆,预订的价格是380元一晚,结果春节期间涨到600—700元一晚,宾馆老板天天催她退房,以便趁旺季多赚点利润;海南的优美环境和宾馆住宿的价格使她萌生了购房意愿;在三亚、文昌等多地看房后,选择在澄迈购置一处房产,并且很快付清尾款。

访谈对象 3 WSG(男,65 岁)和访谈对象 4 ZJ(女,64 岁)夫妇俩的亲身经历是:在当时的购房热潮影响下直接参加了一个看房 5 日游,1 580 元一个人,包吃住,价格相当于当时往返成都的机票钱;如果买了房或者签了合约,机票钱会退回;如果没买房,就自费 1 580 元;他俩抱着看房不成就当旅游一趟的心态来到海南,结果很快就对澄迈的楼盘产生了购房意向,交了一万块钱定金,后期付清尾款,成了候鸟一族。

(三) 老年公寓市场一床难求

老年公寓需要至少提前半年预订;有经验和养老需求的老人甚至在上半年返程时就订好下半年的房间;到下半年准备来之前再想预订老年公寓,一方面价格已经上涨,另一方面房源也非常紧张。

本章提到的位于三亚湾附近的"三亚候鸟 NC 老年公寓",在其报价表上可以清楚地看到,2018 年冬季至 2019 年春季,A 房型(包餐)的床位报价随着入住时间和时长不断变动(表3-1)。每年的 10 月初到次年的 4 月初是入住旺季,旺季平均每 10 天一个报价,最高报价几乎是淡季的两倍;由于需求旺盛,旺季甚至出现入住时间越长,价格越贵的现象,例如 10 月 21 日—11 月 5 日,住一个月是 3 000 元,但住三个月要 10 500 元;春节期间是旺季的顶峰,所以春节当月每人加收 300 元;每年的 4 月初到 10 月初,随着候鸟老人的离岛,养老公寓进入淡季经营,床位价格降到 2 000 元左右甚至会更低。

表 3-1 三亚候鸟 NC 公寓 2018 年冬至 2019 年春 A 房型(包三餐)床位报价表

(单位:元)

入住日期	住 1 个月	住 2 个月	住 3 个月	住 4 个月	住 5 个月	住 6 个月
10 月 10 日之前	2 500	5 400	9 000	12 000	13 000	14 400
10 月 11 日—10 月 20 日	2 800	5 800	9 300	12 000	13 000	14 400
10 月 21 日—11 月 5 日	3 000	6 000	10 500	12 500	13 000	14 400
11 月 6 日—11 月 15 日	3 100	6 300	10 800	12 500	13 000	14 400
11 月 16 日—11 月 25 日	3 300	6 800	11 100	12 000	13 000	14 400

续表

入住日期	住1个月	住2个月	住3个月	住4个月	住5个月	住6个月
11月26日—12月5日	3 300	7 600	9 900	12 000	13 000	14 400
12月6日—12月15日	3 500	7 600	9 600	12 000	13 000	
12月16日—12月25日	3 800	7 600	9 300	11 200		
12月26日—1月5日	3 800	7 600	9 000	10 400		
1月6日—1月15日	3 800	7 600	8 400	10 400		
1月16日—1月25日	3 800	7 000	7 500	8 800		
1月26日—2月5日	3 500	6 000	7 200			
2月6日—2月15日	3 000	5 000				
2月16日—3月5日	2 500	4 000				
3月6日—3月15日	2 400	4 000		候鸟NC		
3月16日—3月25日	2 200	4 000		咨询电话：1375210××××		
3月26日—4月5日	2 000	4 000		网址：www.houniaonuanchao.com		
4月6日以后	2 000	4 000		夏季入住请参考夏秋报价		
备注：春节当月每人加收300元，另外房间水电费用自理。房价计算按照入住日期首月单价加上次月单价。						

资料来源：三亚候鸟NC老年公寓网站。

该公寓不提供试住服务，其网站上解释的原因是："在每一年的10月份以后，三亚老年公寓的客房都非常紧张，因为大多数老年朋友都在这个时候开始陆陆续续的入住，按我们往年的预订经验来看，10月国庆以后房间都特别紧张，我们的客房都供不应求，我们也正在开发新的地域，以满足我们新老朋友的住宿需求，所以目前没有试住条件；在预订时，也请您一定要确定好租住的时长，这样的话，等前面的朋友离开后，我们就好安排后面的朋友入住。"[1]

访谈对象51，WDH，女，81岁，来自成都。

我2012年就来三亚过冬，和朋友约好一起来的。我也是听他们说来海南过冬舒服，太阳好，暖和，不像成都冬天有时阴冷，人不舒服。

---

[1] 资料来源于三亚候鸟NC老年公寓网站。

2012年来就订的三亚凤凰岭这家老年公寓（指三亚凤凰岭HT老年公寓）。我老伴已经去世了，我一个人，一个月两三千块钱，包吃包住，还可以，我年纪大了做饭也做不动，住在这里正好。公寓里面住的基本上都是来养老的老人，冬天基本上都住满。我现在每年都来，习惯了，反而冬天在成都待不住。每年4月份回成都之前就把下半年的房间先订好，免得到时候没房间了。

与此类似，其他市场的状态同样符合供求定律。

乘坐飞机是大多数候鸟老人往返海南的首选交通方式，时间短，安全便捷。冬季也是往返海南机票价格上涨的时期，10月到次年3月的机票价格均高于其他月份。最极端的高价机票一般出现在春节前后，以2018年为例，春节七天黄金周前后，恰逢返程高峰时期，平时价格2 000元左右海南飞北京的机票，上涨到1万元以上，还一票难求。因此，若子女们要在春节七天长假期间到海南探望在此养老的父母或者长辈，交通、住宿等的成本都比较高。

日用品市场、商场、超市、饭店等都进入供不应求、客源充足的状态，每年的10月黄金周，可以说也开启了海南岛"半年经济"的黄金季节。

二、夏季门可罗雀

与冬季的热热闹闹形成鲜明对比的是海南夏季的门可罗雀。

因海南岛地处热带北缘，属热带季风气候和热带海洋气候，人们习惯性地认为其夏季必定是高温酷暑，难以忍受，不宜前往。实际上，海南的夏季气温一般不超过35 ℃，树荫下海风阵阵，凉风习习，再热也不觉得闷；由于水汽充沛，几乎每天都有阵雨，雨后遍地皆绿，空气清新。除了中午气温略高之外，早晚是比较凉爽的，尤其是在海南岛中部地区，夏季的平均气温更是在23 ℃以下，是全国难得的全年都适宜的度假旅游胜地。

但是，人们夏季避暑更倾向于前往相对更加凉爽舒适的北方的诸多避暑胜地，旅游、养老均是如此，消费主体的减少导致夏季海南的各类市场急剧收缩、人烟稀少，价格下降。

旅游报价方面，七八月从上海出发到三亚的5日4晚跟团游，人均

1 000 元左右就可以成行，而同样的旅游路线在冬季会上涨到 3 000—84 000 元。

房地产市场同样如此，"门前冷落鞍马稀"。

2018 年 2 月 6 日，傍晚 5 点左右，在与澄迈 Y 岛小城的一位售楼人员 S 小姐交谈的过程中，她说道："春节期间是我们楼盘的销售旺季，买房的、来看的、来问的都多，人山人海，热闹得很，每天接待不少人，各类人都有，老人也多，一方面想买房养老，也想投资，还有一些是子女买房给父母养老的，成交基本都是在这个时间段。过了春节，情况就大不一样了，不仅是我们楼盘，各个地方都差不多，来的人少了，看房的人少了，成交量也很少很少了。不仅是买房的人少，整个岛上、旅游景点，都没有什么人来。所以我们都是抓紧春节期间，有活动，有促销，争取多成交几套。"

养老公寓里的老人从 3 月开始就陆续离开，曾经人来人往的老年公寓楼乃至整个城市都变得空空荡荡，宛如一座空城。

日用品、超市、餐馆等其他市场同样如此。

澄迈地处海南岛的北部，在海口市的西部，海岸线较短，缺少外地游客所期盼的椰风海浪式的海景，和三亚等地的旅游资源不能同日而语。候鸟老人聚集之前，"半年经济"现象并不突出。2010 年以后，随着房地产市场的发展和候鸟老人的陆续到来，"半年经济"开始显现。房地产市场、旅游市场、消费品市场等各类市场，秋冬季这半年供需两旺，物价上涨明显，到了 4—9 月这半年，就变成门可罗雀、无人问津。

2018 年 2 月 10 日，中午 12 点，澄迈 NY 广场"B 饺子馆"，一位 35 岁的女服务员小 W 说道："我是当地人，饺子馆一开业我就在这里当服务员。现在一般下半年从 10 月下旬开始，陆陆续续老人就来了，饺子馆生意开始好起来。春节期间生意最好，吃饭要提前预订，要不然就只有排队等座位。从 3 月开始基本上来的人慢慢少了，4 月份以后饺子馆、商场来的顾客就不多了，勉强营业，实在没有顾客就暂时歇业，我们就找点其他的临时工做做，等开张了再来。"

这样的"半年经济"状态不利于餐馆的长远发展。2019 年 11 月，再度来澄迈过冬的老人们发现，"B 饺子馆"已经停止营业了，新店搬迁到了海口，通知上写着"在本店办理的充值卡可在海口分店继续使用"。充值卡未使用完的候鸟老人，只能来回花 3—4 个小时乘车前往海口去消费未使用完的"B 饺子馆"的充值卡，略有抱怨的同时，也能理解这种"半年经济"对餐馆的影响。

访谈对象 10 CWY，女，80 岁，来自上海。[1]

> 我昨天到的澄迈，来了以后他们（指邻居）就跟我说，"B 饺子馆"关门了，换人了，搬到海口去了。还有充值卡没用完的话，只能到海口去用了。我一看，卡里还有 400 多元钱，我们老两口都 80 多岁了，也走不了那么远，只能麻烦我弟弟和弟媳妇两口子去帮我们跑一趟海口，把 400 多元钱换成速冻饺子、卤菜帮忙带回来，实在是很不方便！今年再买餐馆充值卡的话也不敢买多了，吃多少买多少。澄迈来过冬的老人多，冬天半年热闹，特别是过春节那一段时间，去吃饭要提前预订，不然就要等翻台，生意好得很。夏天半年餐馆基本上就没有什么生意，赚不到什么钱。从这方面来说，餐馆关门这件事我们也能理解。

本章主要探讨市场在候鸟式异地养老发展过程中的功能呈现。本章针对市场的分析，主要集中在和候鸟式异地养老密切相关的旅游市场、房地产市场和老年公寓市场等三个方面。在候鸟式异地养老形成和发展的过程中，针对候鸟老人群体发挥巨大的吸引和拉动作用的主要是房地产市场（包括租房与购房）、旅游市场、老年公寓市场（包括各种档次各种类型的老年公寓）等几类市场。

旅游市场的作用是直接的、首要的。旅游地点，建构了理想化的消费空间；充满魅力的海岛，是南下游客们的憧憬之地。旅途中，特别是身患慢性疾病的老年群体，进一步对海南的气候、环境等有了切身体会，在海南岛的舒适感觉促使老人们萌生了来海南过冬的想法。再加上老年群体的补偿性消费心理，部分候鸟老人因旅游开启了他们的候鸟生活；在异地养老期间，旅游又再次融入候鸟生活，成为候鸟老人异地养老生活的重要组成部分。候鸟老人来到异地之后，不仅对旅游市场，也对当地的房地产市场、养老机构

---

[1] 2019 年 12 月 13 日晚对访谈对象 10 CWY 进行了电话访谈，访谈开始时间 20:26，访谈时长 21 分钟。

（老年公寓）市场等产生大量需求。特别是房地产市场，在海南建设国际旅游岛的大背景下，投资和养老的双重需求叠加在了一起，房地产商纷纷打出"适老宜居"的符号，吸引老年群体的目光，海南房地产市场呈现供需两旺的局面。不同价位的老年公寓市场也得到蓬勃发展，冬季更是呈现出"一床难求"的状态。这些市场需求进一步推动了当地各类市场的发展。各类市场纷纷投其所好，吸引更多的候鸟老人前来过冬。

候鸟老人大量聚集之后，在这几类市场上的消费行为及其行为倾向，反过来又对这几类市场产生了深刻的影响。一方面，带来商机，推动和影响着各类市场的发展；另一方面，这种季节性明显的消费方式，也导致海南出现冬热夏冷的"半年经济"现象。冬季门庭若市，各类市场红红火火、熙熙攘攘、一床难求；而到了夏季，则门可罗雀，和冬季形成强烈对比。

海南各类市场受到"看不见的手"的调节，在此过程中难免出现"失序"，需要政府这只"看得见的手"来规范市场行为，引导市场有序发展。

第四章
国家与候鸟式异地养老:扶持与调控

星移斗转，沧海桑田。经过 60 多年的发展，海南从一个贫穷落后的边陲岛屿发展成为一个初步繁荣的经济特区，接下来在国家的长远规划之下，还将实现向国际旅游岛、自由贸易区、自由贸易港的拓展。随着海南经济、社会的全面发展，候鸟老人落地的土壤得以厚植、夯实，逐渐吸引了越来越多的候鸟老人。而候鸟老人聚集之后，海南在基本公共服务的提供、公共资源的分配、城市管理水平的提升等方面的矛盾、冲突和问题开始凸显，迫切需要政府出台政策、措施加以调整和解决。

国家在候鸟式异地养老发展过程中所发挥的功能与作用，可以概括为三个阶段：

第一阶段，打造土壤，夯实基础。这一阶段是从 1988 年海南建省办经济特区到 2009 年前后。这期间，海南省的经济、社会、文化等各领域得到全面发展，为大量候鸟老人落地提供了良好的物质基础条件。

第二阶段，候鸟老人聚集以后凸显公共服务滞后等问题。这一阶段是从 2010 年海南推进国际旅游岛建设到 2015 年。这期间，大量候鸟老人开始聚集，同时由于公共服务政策措施滞后，各方面的冲突与问题也层出不穷。

第三阶段，政府主导采取扶持与调控措施。这一阶段是 2016 年以后，针对前一阶段候鸟式异地养老在发展过程中出现的各方面问题，政府出台大量的相关政策、措施，充分发挥其扶持、调控与主导的关键作用。

第一节　厚植候鸟老人落地的土壤

一、海南异地养老条件日趋成熟

回望历史，海南岛从 1950 年 5 月迎来解放，到 1978 年改革开放之前，因当时特殊的历史条件和特定的时代背景，加上地理位置上的偏远闭塞，国家对海南投入的资金和人力不多，经济基础薄弱，经济发展缓慢，除了热带农业以外，只有橡胶、铁矿、制糖、原木、盐业等少数产业得到发展。1978 年改革开放以来，特别是 1988 年海南建省并设立经济特区以后，海南迎来了历史性的发展机遇，经济进入了快速发展的新时期，经济总量急剧增长。

2008年全省GDP（国内生产总值）达到1 503.1亿元（当年价格），按可比价格计算，比1978年增长22.4倍，年均增长11.1%。[1] 正是因为海南岛经济、社会和文化等各领域得到了全面的发展，为候鸟老人的大量南飞创造了物质基础条件。候鸟老人落地的土壤才得以逐渐夯实。

从表4-1中可以看到，2005—2009年这5年间，海南省的常住人口稳步增长，经济总量增长较快，2009年的人均GDP接近2万元，旅游业、文化产业等发展迅速，地方财政收支成倍增加，城乡两类人群的收入增长也较为明显。2008年全省人均生产总值达到2 472美元，突破了2 000美元大关，按照世界银行的划分标准，经济发展水平已实现从低收入水平跨入下中等收入行列。

表4-1　海南省2005—2009年经济和社会发展主要统计指标

指标	2005年	2006年	2007年	2008年	2009年
年底常住人口/万人	828.00	835.88	845.03	854.18	864.07
GDP/亿元	918.75	1 065.67	1 254.17	1 503.06	1 654.21
人均GDP/元	11 165	12 810	14 923	17 691	19 254
旅客周转量/万人公里	2 153 365	2 835 220	3 201 834	3 885 675	3 846 819
固定资产投资总额/亿元	379.43	426.01	509.26	709.01	1 002.33
社会消费品零售总额/亿元	268.55	313.35	370.92	463.24	537.51
接待过夜旅游人数/万人	1 516.47	1 605.02	1 845.50	2 060.00	2 250.33
地方财政收入/亿元	84.89	102.35	152.46	229.76	299.67
地方财政支出/亿元	167.58	196.11	287.10	438.73	604.05
文化产业增加值/亿元	10.93	19.03	23.55	27.96	33.01
职工平均工资/元	14 417	15 890	19 357	21 864	24 934
城镇居民人均可支配收入/元	8 124	9 395	10 997	12 608	13 751
农民人均纯收入/元	3 004	3 256	3 791	4 390	4 744

资料来源：海南省统计局，《2010海南统计年鉴》。其中GDP按当年价格计算。

从表4-2中可以看到，2005—2009年这5年间，海南省的三次产业增长

---

[1] 数据来源于海南省统计局关于新中国成立60年以来海南经济社会发展成就的专题分析。

迅速，特别是第三产业增速较快，从 2005 年的 377.17 亿元增长到 2009 年的 748.59 亿元，增长幅度达到 98.48%；三次产业结构优化的趋势较为明显，第一产业占比从 2005 年的 32.74% 下降为 2009 年的 27.94%，第三产业占比从 2005 年的 41.05% 增长为 2009 年的 45.25%。经过大力推进产业结构调整，海南的热带特色高效农业、海岛旅游业、新兴现代工业迅速崛起，逐步实现了三次产业的协调发展，初步奠定了坚实的产业发展基础。海南三次产业生产总值的增长以及产业结构的优化，为后续海南国际旅游岛的建设，以及候鸟老人的落地和聚集，均打下了坚实的基础。

表 4-2　海南省 2005—2009 年三次产业发展主要统计指标

指标		2005 年	2006 年	2007 年	2008 年	2009 年
国内生产总值/亿元	第一产业	300.75	323.48	361.07	436.04	462.19
	第二产业	240.83	308.62	364.26	423.55	443.43
	第三产业	377.17	433.57	528.84	643.47	748.59
国内生产总值中三次产业的比例/%	第一产业	32.74	30.35	28.79	29.01	27.94
	第二产业	26.21	28.96	29.04	28.18	26.81
	第三产业	41.05	40.69	42.17	42.81	45.25

资料来源：海南省统计局，《2010 海南统计年鉴》。其中 GDP 按当年价格计算。

与此同时，海南的固定资产投资规模迅速扩大，铁路、公路、机场、电信网络等建设日新月异，基础产业和基础设施建设得到加强；新型商业网点得到迅速发展，苏宁、国美电器、家乐福、大润发等一批大型的流通、零售企业相继落户，消费品市场繁荣兴旺，消费结构升级加快；城市化进程明显加快，城市建设使得城市面貌焕然一新，例如候鸟老人较早期的聚集地海口、三亚市，建成一大批市民公园、景观带，绿地率大幅度提高，园林绿化和环境整治都有很大改进，其他地区如文昌、博鳌等地的环境也越来越优美。

更为关键的是，海南 1992 年之前产业结构始终是以农业为主体的传统经济格局，工业污染少，自然环境优越，发展旅游、休闲娱乐、健康产业等有着明显的资源优势和后发优势。1999 年，海南在我国率先建设生态省。到 2009 年前后，全省的地表水、地下水、空气、海域水质、森林资源等均保持良好状态。

至此,山川秀美、天蓝海碧的海南岛,已经具备了比较成熟的候鸟式异地养老的各方面条件,深深吸引着全国各地的候鸟老人纷至沓来。

二、逐步完善的生活配套设施

以主要田野点澄迈县为例,选择在此地买商品房或者租房养老的老年人,做出买房或者租房的理性决策之前,都会仔细考察此地的生活配套设施及周边环境;而良好的生活配套设施及周边环境,也是商品房销售的必备条件之一。

来澄迈异地养老的老年人,不会只关注其"世界长寿之乡"的美誉,是否适合居住与养老,才是老年人做出决定的关键因素。澄迈J镇最大的养生休闲商品房楼盘,是由NY集团开发的S季春城系列商品房,占地面积约7 333平方米,规划建筑面积130万平方米,截至2018年底,第八期已经建成在售,其中大部分购房者的购房初衷,都是兼顾候鸟式异地养老和房地产投资这两个基本需求。S季春城第一期包括DH轩、NS轩这两处楼盘,是由13栋12—16层公寓和4栋2层临街商铺组成,具体售楼时间就是在2009年前后。从1988年海南建省办经济特区到这个时间段,澄迈县的经济、文化等各方面已经得到一定的发展,楼盘周边已经具备较完善的生活配套设施,再加上优良的气候和环境,已经足够吸引购房者的目光、满足购房者的基本需求。

S季春城第一期在售楼之初,就瞄准了有异地养老需求的这一潜在群体,在内地各大城市广布售楼处,并且提供便捷的现场看房服务,很快就吸引了一大批潜在需求人群。老年人购房来此地异地养老,主要考虑的是吃、住、行,以及生病就医的需要。此时的S季春城小区周边,超市、农贸市场、市民广场、宾馆、酒店、澄迈县人民医院、澄迈县中医院、药店以及其他各类商店等一应俱全,还有一个步行仅10分钟可到达的大型综合商场规划在建,建成后可满足住户购物、观影、用餐、休闲娱乐等各方面需求;小区距离海口美兰机场、海口市长途汽车站等,均在1—1.5小时车程以内,小区门口有多条公交线路,出行便捷,附近的高铁站也即将开通。此外,澄迈县还有美榔双塔、永庆寺、罗驿古村等历史古迹,悠久绵长的福山咖啡文化等,旅游资源丰富;美丽乡村建设也使得周边的村落风景如画,农场、果园等也成为老人们闲暇时可以走走看看的不错选择。可以说,漫长的冬日,异地养老的老人们居住在此地,会有不少休闲娱乐的好去处。

与澄迈类似,文昌、临高、三亚等候鸟老人的异地养老聚集地,周边都具备较完善的生活配套设施。这些基础条件的逐渐完备,就好像候鸟落地的土壤得以厚植、夯实,会不断吸引越来越多的老人前来过冬。

第二节 候鸟老人聚集之后

海南是我国最大的经济特区和唯一的热带岛屿省份,从1988年建省并设立经济特区到2009年,这20多年来,经济社会发展取得显著成就。但由于发展起步晚,基础差,到2009年左右,海南经济社会发展整体水平相对来说仍然较低。为了充分发挥海南的区位和资源优势,保护生态环境,调整经济结构,推动其科学发展,2010年1月4日,《国务院关于推进海南国际旅游岛建设发展的若干意见》(国发〔2009〕44号)正式发布。至此,作为国家的重大战略部署,海南国际旅游岛建设正式步入正轨。此后,海南相继又成立自由贸易区、自由贸易港,建设力度逐年加大。

从2010年开始,海南大力建设国际旅游岛,经济总量逐年递增,经济社会得到进一步的全面发展。到2015年,常住人口人均GDP达到6 554美元;房地产市场、旅游市场进一步发展和完善;全岛的森林覆盖率、城市绿化覆盖率都有所提高;淡水和海水的水质总体为优级;2015年全省空气质量优良天数比例为97.9%,其中优级天数比例为73.5%、良级天数比例为24.4%。[1]

建设国际旅游岛以来,海南岛的异地养老环境得到优化,房地产市场、旅游市场等进一步发展,对候鸟老人的拉力增强。出于对海南自然环境的偏好和房地产市场的良好预期,租房、购房养老的候鸟老人开始大量聚集。与

---

[1] 数据来源于海南省统计局2015年海南省国民经济和社会发展统计公报。

此同时，海南养老服务方面的配套政策措施滞后，基本公共服务水平低，相关的矛盾、冲突和问题开始凸显。

一、候鸟老人时空上的聚集

2010 年推进海南国际旅游岛建设的文件出台以后，出于对海南优越的自然生态环境的偏好和房地产市场的良好预期，前往海南休闲旅游、租房和购房养老者激增，一时间全国掀起一股购房需求与异地养老需求叠加的热潮。北部的海口、南部的三亚、东部的文昌等地成为候鸟式异地养老的首选地，海口市西边的澄迈、西北部的儋州等地也因环境优美、房价较低，成为租房、购房养老者的最佳选择之一。

（一）时间上的聚集

2011 年 8 月，中国（海南）改革发展研究院课题组撰写了《海南省社会养老服务体系建设调研报告》，调研结果显示，海南优良的生态环境每年吸引大量候鸟老人来琼过冬，也有相当数量的老人在琼置业，每年冬季在琼外地老年人峰值达 45 万人左右，据初步估算，到 2020 年"候鸟老人"峰值将达到 63 万人左右。

候鸟老人聚集海南的主要时间段是冬季，从当年的 10 月左右，候鸟老人开始大量南飞到海南岛，次年 3—4 月天气回暖后陆续离开，循环往复。根据在海南澄迈 S 季春城"DH 轩"的调查，候鸟老人较为集中出现的时间段从 11 月底 12 月初到次年 2 月底 3 月初；每年的 1—2 月各社区的候鸟老人数量达到最高峰；过完春节、元宵节，就开始有候鸟老人陆续离开；3 月底以后各社区的候鸟老人大量减少；4 月以后几乎全部返回家乡，各社区就犹如一座座空城；到了 10 月中下旬，开始有候鸟老人零星到来，11 月开始，老人们陆续返回自己在海南的家，空置了数月的房间又被打扫得干干净净，广场上音乐声再度响起，新一轮的异地养老生活拉开了序幕。

（二）空间上的聚集

2015 年春天，海南省卫计委与北京大学社会学系联合抽取了三亚、海口、文昌等 16 个县市的 1 200 名候鸟老人进行调查。调查显示，海南省候鸟老年人群的户籍地主要在北方地区，特别集中在黑龙江省、吉林省、北京市以及辽宁省，仅来自上述四省市的候鸟老人就占总人数的 53.9%；根据调查，90.3% 的候鸟老人认为，"过冬"是他们远赴海南的首要原因，户籍地冬季严寒，不少老人深受"冬季病"的困扰，而海南温暖宜人的气候环境可以帮助他们减少病痛。[1] 以候鸟老人聚集情况尤为突出的三亚市为例，据三亚市民政局统计，候鸟老人主要来自东北三省、西北地区和长三角一带，其中四分之三是东北人；又因为黑龙江人过于集中，该市被当地人戏称为"黑龙江省三亚市"。因此，从候鸟老人的流向上看，北方老人到温暖地带越冬依然是主流，同时，越来越多的南方老人选择在夏季流向北方避暑。

每年前往三亚过冬的候鸟老人人数众多，2013 年，三亚市异地养老老年人协会成立，到 2018 年 2 月，会员人数已经达到 8 000 多人，其中大部分都是来自东北三省的老人。

访谈对象 48，LGK，男，62 岁，三亚市异地养老老年人协会生活服务部部长。

> 目前咱们协会的会员已经有 8 000 多人，会员主要都在三亚，协会主要为三亚的会员服务。三亚会员里边东北老人比较多，黑龙江的、吉林的、辽宁的。其他地方来的老人也有，贵州的、山东的、四川的，但主要还是东北的老人，北京来的也挺多。每年北方一入秋，天一凉，老人们陆陆续续就来三亚了。一传十，十传百，呼朋唤友的，这几年来过冬的老人越来越多了。只要是家里条件不太差的，能走得开的，都愿意来这里过冬。

二、异地养老公共服务不足

基本公共服务包括教育、公共卫生、文化和社会保障等方面。随着海南国际旅游岛建设步入正轨，海南的异地养老条件得到进一步改善，候鸟式异

---

[1] 韦晓丹，陆杰华. 季节性候鸟老人自评健康影响因素的实证分析：以海南省为例[J]. 北京社会科学，2017（5）：99-107.

地养老方式也得到更多老年人的认可和效仿，2010年前后，海南的候鸟老人逐年增多。一方面，候鸟式异地养老需求激增，对医疗、养老、交通等公共服务提出更高要求，另一方面，海南在异地养老方面的配套政策措施滞后，基本公共服务水平偏低，公共资源配置不均衡、不充分，甚至部分公共服务处于缺失状态。一时间，大量冲突和矛盾开始显露。

（一）医疗服务整体水平较低

随着年龄的增长，人体的各大器官开始逐渐衰老，疾病增多。候鸟老人一般都已经退休，以55岁以上，60—80岁之间的老人居多，恰恰是对医疗服务有较高刚性需求的人群。田野调查中的大部分老年人，都患有气管炎、肺气肿、糖尿病、心脏病等急、慢性疾病，来海南过冬的主要原因之一，就是躲避户籍地冬季的严寒，远离呼吸系统疾病、心血管病和脑血管病等"冬季病"的困扰。在海南过冬的这几个月期间，虽然气候宜人、生活舒适，但也免不了有疾病突然发作时的就医需要。

但是，海南省的医疗服务整体水平偏低，医疗资源的分布不均衡，各大医院的医疗服务水平还不能和其他大城市同日而语。有些当地民营医院甚至会聘请候鸟老人中的退休医生坐堂问诊，从中也能体现出海南医疗服务人才资源的不足。

目前海南省的三级甲等医院大部分位于省会海口市和南部的三亚市，早期候鸟老人也主要聚集在这两个城市。随着三亚、海口的房价与房租逐年上升，候鸟老年人群对居住地的选择由集中趋向分散，由扎堆在上述两座城市逐渐过渡到向周边市县扩散。北部的澄迈、儋州、临高，东部的文昌、琼海、万宁，中部的五指山，西部的东方、乐东市等地，都开始聚集大量的候鸟老人。但是，由于医疗资源分布不均衡，当老人突发急病或大病的时候，只能紧急前往海口或三亚的三甲医院，或者紧急赶回家乡就医。

访谈对象2，QYX，女，65岁，来自重庆。

> 2012年我在海口一个朋友家过春节，朋友家两位老人年纪都快80岁了，我们六七十岁的就算是"年轻人"了。大家的儿女都不在身边，春节一起过，"抱团"养老，我们年轻的就多做点事。那天早上起来做早饭，锅里煎着土豆饼，抽空到客厅看一眼早间新闻。突然想起来火没

关，害怕土豆饼煎煳了，一转身想跑快一点到厨房关火，脚被椅子腿绊住了，"砰"的一声摔在地上。这一摔下去就感觉动不了了，动一下就疼得不得了。赶紧联系车子把我送到海口市的大医院，结果是股骨头粉碎性骨折，保守治疗恢复的可能性很小，医生建议换人工关节。当时就很犹豫，这是个大手术，怕海南的手术水平不好，想回老家去做手术。但是骨折的地方又疼得要命，坐在汽车上颠一下都受不了，更不用说那么远的路。最后想来想去，还是在海口的大医院做的手术。

（二）异地就医结算不便

候鸟老人来自四面八方，大部分都患有各种疾病，患高血压、糖尿病等慢性病需要持续用药，患急性病需要紧急就医。由于异地医保结算需要自己先垫资，再拿相关票据回参加医保的地点报销，并且报销手续烦琐，令候鸟老人深感麻烦，甚至在一定程度上阻碍了身体状况不佳的老人选择候鸟式异地养老模式。

访谈对象 2，QYX，女，65 岁，来自重庆。

> 2012 年那次大手术换关节的时候，当时医生说，有两种可以选，一种是国产的，便宜，只要 3 万—4 万，但是使用寿命短一些，10—15 年；一种是进口的关节，要 6 万，医保不能报销，但是可以用 20 年以上。想来想去，最后决定还是换进口的。当时要垫钱，交完钱做完手术，再拿收据回重庆报销。手头没有现钱，和两个女儿商量，把钱凑齐先换了进口关节，等回重庆以后再报销。前后一共花了 8 万多块钱，因为进口关节不能报，后来回重庆只报了一万多块钱。

因此，好多患有慢性病的老人前往海南之前，需要做大量的准备工作，其中最重要的准备工作之一，就是到参加医保地的医院提前开好在海南过冬期间需要服用以及应急用的常备药品，以避免在异地就医用药的麻烦。在田野调查时，有的老人来海南的行李箱中，就装着满满一箱子药。

访谈对象 10，CWY，女，80 岁，来自上海。

> 每年来海南带两个拉杆箱，一个箱子里主要装的药。我有眼底黄斑，颈动脉狭窄，有一只眼睛基本看不见东西了，经常头晕。年纪大

了，医生不建议动手术，建议吃药保守治疗。我还有一个老毛病，经常咳嗽，吃药也没效果，没办法！老 L（CWY 的老伴，84 岁）有糖尿病，每天要注射胰岛素。我们每次来之前，都要去医院把药开好，还带了一些儿女买的进口保健品，满满一大箱子。去年身体感觉不太舒服，也不敢在这里看病，不好报销。本来准备晚一点回上海，订 4 月底的机票，担心回去早了上海太冷，结果还是 3 月底就提前回去了。

在突发急病、大病时，出于医保报销和护理方面的考虑，有的老人也会选择购买机票返回家乡。访谈对象 42，LC，女，78 岁，来自辽宁沈阳。2017 年除夕夜，因为突发心脏病，考虑到医保异地报销的不便、海南的医疗水平以及手术住院面临无人护理的窘境，临时决定购买机票返回沈阳老家。

（三）社会养老服务供给不足

候鸟老人在海南的居住方式主要有老年公寓、租房和购房这三种类型。有的老年公寓是家庭旅馆型，价格适中，提供一日三餐、房间打扫等基本服务；高档一些的老年公寓提供宾馆型的服务，除了一日三餐、房间打扫等基本服务，还提供游泳健身、休闲娱乐等服务。租房和购房养老者，主要依靠住房所在的小区提供服务。以澄迈 S 季城小区为例，小区会所主要提供游泳池、棋牌室、桌球台、乒乓球台等健身场所和器材，社区食堂提供收费的午餐和晚餐。至于其他更加专业的居家、社区养老服务，以及机构养老服务，目前均处于缺失和供给不足的状态。目前海南的养老地产，虽然打着"养老""养生"等旗号，但是相应的养老服务建设远远没有跟上，居家、社区等专业养老服务匮乏，许多养老住宅缺乏配套服务，养老服务功能与普通房地产相差无几，仅流于概念。

正因为如此，目前来海南过冬的老人，生活自理是必备条件之一，候鸟老人主要依靠自我养老和以血缘、地缘为基础的"抱团互助"养老，来补偿居家、社区养老服务的缺失。当自理能力下降时，老人的一个选择是回老家，但如果已经适应了海南的气候条件和生活环境，不想再回家乡过冬，就只能面对第二个选择，入住海南当地的养老机构。

访谈对象 13，YZJ，女，是一位 80 岁高龄的老人，中年丧偶，女儿定居德国，儿子在成都。2011 年购买澄迈 S 季春城的住房，2013 年入住，一人独居养老。因患有严重的肺气肿,冬季在海南能明显感觉身体较舒适,再加上长年练习太极拳和太极扇,一直保持生活自理状态。目前已从候鸟老人变成常住海南,今后还打算入住海南的养老院。

> 我在这里(海南)也是一个人,回老家(重庆)也是一个人,回去也没什么事情。以前还要回去领退休金,要按手印。现在可以视频领退休金了,2016年夏天我就没回重庆,重庆夏天太热了,还不如就在海南岛,夏天比在重庆好过些。在海南住习惯了,后面就不想回重庆了,过两年身体如果不行了(不能自理了),打算就在海南岛找一个养老院住进去。隔壁老C上次去海口看到一个养老院,条件还可以,价格也不贵,下回我也去看一下。

海南的养老服务体系建设,不仅要满足本地老龄人口的养老需求,还必须考虑部分候鸟老人的养老需求。目前候鸟式异地养老人群基本处于生活自理和"抱团互助"阶段,对居家、社区和机构养老服务还未形成刚性需求。但是,随着这一批候鸟老人年龄的增长,对居家和社区养老服务的需求会增加,其中的一部分高龄老人甚至会由"候鸟"变成常住,对机构养老服务的需求将会更加迫切。面对这样的难题,早在2011年8月,中国(海南)改革发展研究院课题组撰写了《海南省社会养老服务体系建设建议报告》,报告中提出,目前以及将来,大量候鸟老人会对居家、社区和机构等养老服务提出更多、更高的要求,这也将成为海南省社会养老服务体系建设面临的挑战之一。

三、城市病凸显

城市病,是指城市在发展过程中出现的交通拥挤、住房紧张、供水不足、能源紧缺、环境污染、秩序混乱、供求矛盾加剧等问题。其实质是城市资源的稀缺性(Scarcity)和城市居民需求的无限性之间的冲突与矛盾,体现为不同群体对城市资源的争夺,为城市管理带来难题,提出了新的挑战。

(一)公共资源供求失衡

因为海南的气候特点,一直以来旅游高峰都是在冬季,近年来候鸟式异地养老兴起之后，旅游高峰叠加养老热潮，使得其冬热夏冷的"半年经济"现象更加突出。以公交车这种公共交通资源为例，如果根据 10 月至次年 3 月旺季的人流量进行配置，到淡季就会大量闲置，浪费资源；如果根据 4—9 月淡季的人流量进行配置，到旺季就会不够用，拥挤不堪。

访谈对象 1，CB，男，73 岁，来自重庆。

  有一次我们几个重庆的老人约起一起坐车去海口，从 S 季春城小区门口公交车站上车到海口要一个多小时，如果没有座位，站过去还是累。车上比较挤，人很多，我们因为上车早，坐到了后排的几个位子。听到我们几个人在大声地说着重庆话，有一个站在旁边的当地老人回过头来问我们："你们是哪里来的？四川的？"我们一开始以为她是想和我们聊一聊天，就高高兴兴地回答她："不是，我们是重庆的。以前是四川的，设直辖市以后我们就不是四川人了，是重庆人了！"没想到那位老人说道："我们海南不欢迎你们！你们一来，公交车挤得我们都没有位置坐。"我们也很不高兴，说："我们来了，买你们的房子，买你们的水果，帮助你们发展，挤一点有什么关系呢？我们不来，你的房子卖给哪个？水果卖给哪个？对不对嘛？"当时还争吵了几句，闹得大家都很不愉快。

（二）生态环境变差

环境质量下降、生态环境恶化等问题也日益明显。一方面，旅游度假村、养老地产等相关产业的无规划、过度开发会对海南原始的生态环境造成破坏；另一方面，大规模候鸟老年人群的流入加大了垃圾、废水的排放量，如果当地的环境保护和治理工作未能及时跟上，会对海南的生态环境造成不良影响。

访谈对象 4，ZJ，女，64 岁，来自成都。

  我们 2013 年住进来（指的是住进澄迈 S 季春城小区）的时候，周围没有这么多的房子，一出小区，过马路，对面就是大片大片的芒果树林、香蕉树林，还有一大片火龙果树。树林下面长的野菜也多，没事的时候过来挖野菜，回去大家一起包抄手（成都话，指馄饨）吃，好要得很。现在到处都在修房子、修路，芒果树、香蕉树都砍完了，就剩一点火龙果树了，野菜也没有地方挖了。现在澄迈的房子越来越多，人也越来越多，热闹是热闹多了，但是环境还不如前两年，特别是感觉空气质量也不如前两年了。

（三）基础设施不完善

近几年海南各地房地产市场的发展，吸引了越来越多来过冬的候鸟老人，但由于部分地区基础设施不完善，有些老人的候鸟式异地养老生活过得并不舒心。例如，近两年临高、乐东等地区的候鸟老人入住居民小区后遭遇冬季"水荒"，老人们不得不从超市购买大量瓶装水来解决日常的用水问题。当地水务局给出的解释是"水厂设备落后，没办法扩大产量；主要水源地文澜江冬季处于枯水期，浑浊度高，水厂每天供水有限，无法满足地势较高地区的供水"。除"断水"外，"断电"现象也时常发生。每年淡季，临高县不少小区"人去楼空"，房屋空置率较高，有些小区的空置率甚至达90%。为避免浪费，供电单位平时会减少对部分地区的输电和投入，而冬季候鸟老人的大量到来和集中用电又让供电单位措手不及。部分地区，特别是西部市县的诸多不便长期得不到妥善解决，甚至使得一些候鸟老人打消了来过冬的念头。

访谈对象2，QYX，女，65岁，来自重庆。

> 我们2012年住进来以后（自购住房：S季春城DH轩），经常停水、停电。有时停水，小区会提前通知，我们赶紧把水接到水桶里面；有时临时停水，说停就停了，那就没办法了！只能去打听，问什么时候来水，盼着水快点来。现在好多了，停水、停电的次数少多了，但每年来还是要停几回，只不过停水、停电的时间都不长，很快就来了。

（四）城市治理面临挑战

候鸟老人的季节性涌入给海南的城市管理带来巨大挑战。例如，冬季的住房紧张，物价上涨；春节期间候鸟老人、游客等形成大量客流，七天长假期间驾车上岛，轮渡过琼州海峡、过海时异常拥堵，等待时间长达十几个小时；三亚、海口等城市必然出现交通拥挤等现象。再如，以办证难为例。根据三亚政策，70岁以上者办"老年人优待证"后可免费乘公交车。但因办证效率低下等，很多候鸟老人无法享受这项优待。

访谈对象45，HXP，女，35岁，来自重庆。

> 我现在还没退休，买的S季春城的房子，一个是方便父母过来过冬，二是我们自己过来休假。父母可以早点来，我们自己只能放假了以后再来。春节开车过来路上还好，过海的时候太慢了。来的时候因为多请了几天假，还不是太挤，回去的时候就麻烦了，去年等了十几个小时，太耽误时间了！所以现在又想开车来，有车方便到处玩；又怕开车来，过海一来一去，搞不好2天就没有了！

第三节 政府主导化解策略

随着候鸟群体大量流入海南，产生的各方面问题日益加剧。为缓解候鸟老人在海南异地养老期间面临的就医不便、公共服务水平偏低、养老服务供求失衡、社会管理水平有待提升等问题，政府主导出台相关政策，采取有效措施化解现实困境。

一、推进异地就医结算

区域之间人口流动越来越频繁，人们因外出务工、求学、旅行、养老等需要异地短期居住或者异地安置，对医保政策必然提出更高的要求。人到老年，疾病风险逐年增加，许多老人由于各种原因离开原居住地，进行异地养老，如果医保无法满足异地就医与结算，则报销时还得回到原所属地，耗时费力，非常不方便。因此，实行异地安置的退休人员就地就医、就地结算办法极为迫切。异地就医结算也是在海南的候鸟老人养老期间普遍感到最不方便、最为关注的问题之一。

医保异地就医结算是国家医药卫生体制改革的总体要求，海南省推进国际旅游岛建设也需要及时解决参保人员异地就医结算报销的难题。针对各省医保统筹层次、医保网络平台建设及医保目录等方面的差异性，海南省尝试采取多种结算方式，通过即时结算、延时结算、点对点结算等不同的联网方式，和全国各省（自治区、直辖市）以及新疆生产建设兵团开展合作，着力解决医保异地结算合作领域的问题，一定程度上减轻了参保人员的经济负担，简化了报销程序，异地医保结算监管机制得以进一步健全和完善。

2009年11月，海南与广西、贵州、山西、黑龙江和广州市等签订区域性异地就医结算合作协议后，2010年上半年，海南省人力资源和社会保障厅到天津、福建两省市就异地就医结算进行沟通协商，并初步达成合作意向。2010年6月28日，海南省人力资源和社会保障厅与天津市人力资源和社会保障局签订了异地就医结算合作协议。接下来将与7个省份签订该项协议，吉林、辽宁、四川、湖南、云南、江西、福建等有一定数量退休人员在海南生活的省份是重点考虑对象。同时，按照规划，在海南的定点医疗机构也要增加，三亚部分医院也将会划入医保异地结算定点机构，这样在海南生活的候鸟老人就不用为了报销医疗费往返折腾了。

海南省异地就医结算平台于2017年1月12日实现与国家跨省异地就医结算系统联网，已经按照国家进度要求完成了异地定点医疗机构社会保障卡用卡环境改造、职工医保异地就医四类备案人群信息全部上传、预付金归集和清算资金拨付等工作，与13个省份进行了实际医疗费用直接结算，异地定点医疗机构和异地就医人员全部纳入基本医疗保险统一管理。随着上线国家平台的省份不断增多，海南省跨省异地就医实际医疗费用结算范围将不断扩大，候鸟老人看病、拿药时就能够享受到更加方便、快捷的服务了。

三亚是东北的候鸟老人冬季聚集的主要区域之一。2018年2月，在三亚进行实地调查时，三亚市人民医院的收费处已经增设了黑龙江异地就医结算窗口，极大方便了黑龙江候鸟老人的医保费用结算。截至2018年8月31日，三亚的解放军总医院海南分院、海南省第三人民医院（农垦医院）、三亚市人民医院、三亚市中医院、三亚哈尔滨医科大学鸿森医院、解放军425医院这6家医院已经实现跨省异地就医直接结算，来自全国的参保患者，只要在其参保地做好了备案，就可以在三亚上述6家医院持社会保障卡就医，再也无需垫付医药费回参保地报销，而是在三亚直接即时结算。如今，更可以通过国家医保服务平台实现异地就医线上备案。

二、提升公共服务水平

海南省公共服务水平的提升，面对的不仅仅是候鸟老人，而是更为广大的整个候鸟群体。公共服务，特别是基本公共服务在候鸟老人以及整个候鸟群体生活中占据着重要地位。除了候鸟群体最为关心的异地就医结算以外，其他公共资源短缺，基本公共服务发展滞后、水平偏低等都是影响候鸟生活的另一个突出方面。

近年来，"候鸟"的大量涌入，就像一把双刃剑，他们既为推动海南经济与社会发展做出了贡献，同时也给海南的城市管理、社会治理及公共服务等方面带来了新挑战。2018年，海南省政协针对候鸟群体开展调研，调研报告显示，"候鸟"主要是指每年10月至次年4月来琼，不以旅游为目的、居住时间超过半个月的人员。据统计，2017年10月1日至2018年4月30日，在琼"候鸟"数为164.77万人，约为海南户籍人口总数的17%。其中，三亚"候鸟"数达41万人，占全省"候鸟"总数的24.9%，约为三亚户籍人口（58.56万人）总数的70%；海口"候鸟"数27.2万人，占全省"候鸟"总数的16.5%。[1]

候鸟老人作为候鸟群体中的主要组成部分，提升针对候鸟老人的公共服务水平显然是迫在眉睫的。针对这一问题，海南省已经出台《海南省养老服务业发展"十三五"规划》，逐步完善社区各种养老服务设施，推进公办养老机构社会化运营管理，提高淡季养老服务设施的使用效率和旺季的服务容量与能力；出台《城市公共设施规划规范》《城镇老年人设施规划规范》《城市居住区规划设计规范》等标准，要求新建城区和新建居住区落实其中关于配套建设医疗、养老、教育、文化、体育、商业服务等各类公共服务配套设施的规定；"十三五"期间陆续建成"田字型"高速公路、铺前大桥（联结海口和文昌的跨海大桥）、农村公路六大工程及环岛旅游公路等重点公路项目，方便人民群众便捷、舒适、安全出行；公共卫生服务方面将加大财

---

[1] 数据来源于海南省政协关于进一步加强"候鸟群体"服务管理，发挥"候鸟人才"作用的调研报告。

政投入，2017—2019 年省级财政投入 5 个亿，其中 2017 年公共卫生服务省级财政投入 1.7 个亿，对基本公共卫生服务的投入约 1 个亿，支持省内基本公共卫生服务建设；出台《海南省推进医疗卫生与养老服务结合发展实施意见》（琼府办〔2016〕277 号），支持养老机构内设医疗机构发展，养老服务床位数达到 100 张以上的可以内设卫生所，200 张以上的可以内设老年病专科医疗机构，制定实施养老机构内设医疗机构设置标准和服务规范，适当增加诊疗护理服务许可项目和用药类别，探索医养结合发展模式。在 2021 年 11 月发布的《海南省"十四五"民政事业发展规划》（以下简称《规划》）中提出，养老服务事业是人民群众十分关注的重要民生事业，海南省将积极发展普惠型和互助性养老服务，健全养老服务综合监管制度，推动养老事业和养老产业协同发展，优化供给结构、提升服务质量，奋力开创自贸港背景下海南养老服务工作新局面。《规划》提出，海南省将推动《海南自由贸易港养老服务条例》立法，研究基本养老服务对象精准识别机制和建立基本养老服务清单。打造县乡村三级养老服务网络。在市县层面建立覆盖面较广、适度普惠的 28 个区域性养老服务中心；在乡镇（街道）层面建设具备全托、日托、上门服务、对下指导等综合功能的养老服务中心；在社区层面建立嵌入式养老服务机构或日间照料中心。到 2025 年底，全省每千名老年人口拥有养老床位数达到 32 张，养老机构护理型床位占比不低于 60%，培训养老护理人员不少于 1.5 万人次，区域养老服务中心在乡镇（街道）的覆盖率达到 60% 以上。[1]

  面对大量"候鸟"的涌入，一方面需要提升管理方式和服务水平；另一方面还需要关注到，海南经济和社会的发展也需要及时有效发挥"候鸟"人才作用。这既是面向人口老龄化加剧和异地养老人口规模不断扩大的积极应对策略，也是推动海南经济社会发展和产业转型升级，提升海南国际旅游岛建设水平的现实需要。"候鸟"人才主要是指根据国家政策来海南短期工作的在职人才和已经退休在海南休闲、度假、养老的具备工作能力的人才，不仅包括候鸟群体中的人才，也包括来琼短期工作的国内外各类人才。据 2019

---

[1] 数据来源于海南省人民政府网印发的《海南省"十四五"民政事业发展规划》印发。

年海南省政协调研报告，海南的候鸟群体中有30%—40%是各类人才。[1]

"候鸟"人才应该如何引进？引进哪些类型的人才？如何对接和使用？如何才能留得住人才？海南省委办公厅和省政府办公厅印发的《关于充分发挥"候鸟型"人才作用的意见》（琼办发〔2017〕1号），内容主要关于如何进一步做好候鸟人群服务和管理工作，充分发挥"候鸟型"人才作用，将候鸟人才作为宝贵资源和优势进行深入挖掘，推动海南各行各业的发展。政府层面需要发挥自身的服务功能，建立全省统一、动态更新的"候鸟"人才数据库，打造"候鸟"人才供需对接平台，根据情况定期或不定期举办"候鸟"人才供需见面会；充分利用好中央12号文件中"允许内地国企、事业单位的专业技术人才按规定在海南兼职、兼薪，并按劳取酬"的政策，鼓励用人单位使用兼职型"候鸟"人才，按市场机制引进和使用"候鸟"人才；建立契约化管理机制，维护用人主体与"候鸟"人才的合法权益，建立"候鸟"人才相关保障机制，解决"候鸟"人才的后顾之忧。

三、发展健康养老养生产业

老年群体是涌入海南的候鸟大军中的特殊群体，他们对与健康相关的医疗、养老、养生、旅游、度假等方面有着自身的需求，形成了一股推动海南医疗健康产业发展的强大力量。

海南发展医疗健康产业有着得天独厚的优势。从海南省的优势资源看，海南省一直以"健康岛""阳光岛""长寿岛"著称，是我国唯一的热带省份。作为岛屿省份，海南的森林覆盖率高出全国平均水平40.34个百分点，空气质量优秀，拥有丰富的土壤、热带作物、海洋、矿藏、生物等自然资源，是全国首个生态建设试点省、全国生态文明建设示范区。这些优势资源为海南省大力发展医疗健康产业提供了先决条件。

在我国人口老龄化的大背景下，结合候鸟老人的养老养生需求，海南发展医疗健康产业大有可为。近年来，海南省政府已经将旅游与养老产业融合

---

[1] 资料来源于海南省政协关于进一步加强"候鸟群体"服务管理，发挥"候鸟人才"作用的调研报告。

发展作为医疗健康产业的一部分加以推进。海南发展医疗健康产业有利于造就新的医疗旅游高端消费市场，推动现有医疗资源的优化升级，在扩大内需、促进就业、转变经济发展方式等方面具有显著的经济效益和社会效益。根据海南省旅游委统计，"十三五"期间计划开展旅游项目183个，投资总额6 260.6亿元，其中医疗康体养生旅游项目13个，投资总额649.6亿元，分布在海口市、三亚市、保亭县、陵水县、琼海市、定安县、昌江县等7个市县。[1]

人口老龄化的大背景下，候鸟老人有着迫切的医疗康复、养老养生等需求，结合海南的旅游资源，医疗健康旅游项目有较大的发展空间。目前海南的博鳌乐城国际医疗旅游先行区在试点建设中，重点发展特许医疗、健康管理、照护康复、医学美容和抗衰老等产业，形成为游客提供体检、健康管理、医疗、康复、养生等服务的完整产业链。还有其他形式的医疗健康旅游产品，例如，温泉度假产品，以温泉休闲度假为核心，开发中医康疗、养生运动、美容美体等配套产品；森林养生旅游产品，发挥海南五指山、霸王岭、尖峰岭等地区的热带森林旅游资源优势，开发建设森林观光、度假养生、雨林科普等森林旅游产品；滨海医疗旅游产品，将休闲度假旅游与医疗健康养生旅游充分结合，利用沙滩浴、日光浴、海水浴等方式推出滨海旅游产品；结合中医药特色产业和南药产业，推出中医药高端定制健康服务特色旅游等，将海南打造为"医疗健康养生天堂"，满足目标人群的需求。

本章主要探讨国家在候鸟式异地养老发展过程中的功能体现。

国家在候鸟式异地养老发展过程中所发挥的功能与作用，分为三个阶段。

第一阶段是从1988年海南建省并设立经济特区到2009年前后。这期间，海南省的经济、社会、文化等各领域得到全面发展，各地的生活配套设施逐步完善，为大量候鸟老人落地提供了良好的物质条件基础。

第二阶段是从2010年海南推进国际旅游岛建设到2015年。这期间，大量候鸟老人开始聚集，同时由于公共服务政策措施缺失与滞后，各方面的冲

---

[1] 资料来源于海南省人民政府办公厅、海南省旅游发展委员会联合发布的《海南省旅游发展"十三五"规划（2016—2020）》。

突与问题也层出不穷。例如，大量老人都患有各类急、慢性疾病，对就医有刚性需求，但海南医疗服务整体水平偏低，医疗资源的分布不均衡，各大医院的医疗服务水平还不能和其他大城市同日而语；候鸟老人来自全国各地，在就医过程中普遍体验到异地就医结算不便；另外，海南面对四面八方聚集而来的候鸟老人，社会养老服务供给不足的问题也日益突出。与此同时，城市资源的稀缺性和城市居民需求的无限性之间的冲突与矛盾也为城市管理带来难题和新的挑战。公共资源供求失衡、生态环境变差、基础设施不完善、城市管理水平较低等城市病凸显。

第三阶段是2016年以后至今，针对前一阶段候鸟式异地养老在发展过程中出现的各方面问题，政府政策和措施逐步跟进，陆续出台推进异地就医结算、提升公共服务水平、发展健康养生养老产业等相关政策、措施，充分发挥其扶持、调控与主导的关键作用，采取有效措施破除候鸟式异地养老所面临的现实困境，提升候鸟老人在异地的养老生活质量。

第五章
候鸟式异地养老中国家、市场和社会的功能调适

梳理候鸟式异地养老的发展过程会发现，十多年来，候鸟式异地养老可以大致划分为三个阶段。2010年以前是候鸟式异地养老发展初期。2010—2015年是候鸟式异地养老的快速发展期，2016年以后，候鸟式异地养老进入平衡发展期。

从候鸟式异地养老发展至今的过程中分析可见，国家、市场和社会在不同阶段的功能呈现各不相同，而且持续发生调适。

第一节　国家与市场：市场先行到国家调控

改革开放以后，我国经济发展引入竞争性的市场经济体制，极大地释放了市场配置资源的能力。在候鸟式异地养老的发展过程中，海南省的旅游、房地产、老年公寓等市场遵循供求定律，根据市场需求，先行发展起来，有效地吸引了大量消费者，旅游、房地产、老年公寓等市场得以飞速发展。与此同时，在快速发展的过程中，各类市场主体为争夺市场资源，展开恶性竞争，导致各类市场价格混乱、产品和服务质量下降等问题凸显。当市场处于"失序"状态时，国家利用宏观调控这只"看得见的手"，对各类市场开展引导和调控，使各类市场回归有序竞争，市场价格趋于均衡。

一、看不见的手：市场先行

"看不见的手"被亚当·斯密（Adam Smith）描述为：于个人行为的非故意的结果，一种能产生善果的社会秩序。卡尔·门格尔（Carl Menger）称之为"对社会现象的有机理解"，哈耶克（Hayek）称之为"自发的秩序"。正常情况下，维持市场健康运行的是它的内在机制，主要包括市场经济活动中经济人的理性原则，以及在经济人的理性原则支配下的理性选择。这些选择逐步形成了市场经济中的价格机制、供求机制和竞争机制。这些机制就像一只"看不见的手"，在市场经济中支配着每一个主体自觉地按照市场规律参与市场竞争。

候鸟式异地养老的发展初期，各类市场均接受供求定律这只"看不见的手"的调节和指引。

首先，将大量老人引入海南，让他们体验到海南岛优越、舒适的自然环境的是旅游市场。全国各地的老人通过到海南旅游，饱览以"阳光沙滩、海鸥海水、海鲜水果……"为特征的海岛风光，也体验到冬季海南岛适宜的温度、湿度，清新的空气，丰富的物产，等等。身体上的舒适、愉快的旅行体验引发了老人们在此地养老过冬的想法，并让老人最终付诸实施。成为候鸟老人以后，漫长的冬季，环岛旅行也是部分老人异地生活的重要组成部分。可以说，海南旅游市场在候鸟式异地养老的形成和发展过程中发挥着重要作用。

其次，衣食住行中的"住"是候鸟老人异地养老生活的一个重要方面。目前候鸟老人常见的"筑巢"方式主要有三种：入住养老机构（包括老年公寓）、租房居住和购房居住。因此，大量越冬老人的到来，引起房地产、老年公寓等市场的飞速发展。

最后，围绕候鸟老人在海南养老期间的方方面面的需求，其他各类如餐馆、超市、商场等市场也纷纷寻求商机，谋求发展。

二、看得见的手：国家调控

与候鸟式异地养老关联度较高的旅游市场、房地产市场和老年公寓等市场，主要解决候鸟老人的"住"和"行"等问题。这几类市场也较容易出现价格混乱、服务质量参差不齐等问题，需要政府加强监管和调控，以规范市场秩序、保障消费者权益。

（一）调控房地产市场的"两个暂停"

随着海南岛建设国际旅游岛的规划出台，出于"投资+养老"双重目的，来自全国各地的大量购房者蜂拥而至，海南房地产市场出现供需两旺的局面，但同时也使海南的房地产市场出现投机购房者大幅度增加、价格飞涨等现象。

为支持合理住房需求，遏制投机性购房，稳定市场预期，促进海南省房地产市场平稳健康发展，政府相关部门陆续发布一系列调控政策和措施，规范海南的房地产市场。

2016年2月23日，海南省政府发布《海南省人民政府关于加强房地产市场调控的通知》（琼府〔2016〕22号），标志着调控海南房地产业"两个暂停"的正式开始。

海南房地产业的"两个暂停"包括两个层面：一是暂停办理新增商品住宅（含酒店式公寓）及产权式酒店用地审批（包括农用地转用及土地征收审批、土地供应审批、已供应的非商品住宅用地改为商品住宅用地审批、商品住宅用地容积率提高审批），二是暂停新建商品住宅项目规划报建审批。政府实施"两个暂停"主要是为了去库存，控制房地产开发节奏，减弱对土地财政的依赖性，鼓励其他产业的发展。

海南调控房地产市场的一系列措施详见表5-1。

表5-1　2016—2017年海南省规范房地产市场的系列调控措施

发布时间	发布单位	文件名称	主要内容
2016-2-23	海南省人民政府	海南省人民政府关于加强房地产市场调控的通知（琼府〔2016〕22号）	"两个暂停"：暂停办理新增商品住宅及产权式酒店用地审批；暂停新建商品住宅项目规划报建审批
2016-5-22	海南省住房和城乡建设厅	海南省商品住宅全装修管理办法（试行）	商品住宅工程全部实行全装修
2017-4-14	海南省住房和城乡建设厅、海南省国土资源厅、中国人民银行海口中心支行	关于限制购买多套商品住宅的通知（琼建房〔2017〕96号）	支持合理住房需求和限制投机性购房；禁止期房转让和限制现房转让；合理安排商品住宅用地供应；实行商品住宅价格备案管理；加强交易资格审核
2017-9-29	海南省住房和城乡建设厅、海南省规划委员会	关于严格控制小户型商品住宅审批有关问题的通知	停止批准套型建筑面积在100平方米以下（含100平方米）的商品住宅建设

资料来源：海南省人民政府网，海南省住房和城乡建设厅。

同期发布的调控措施中，还包括住宅建筑全面执行绿色建筑标准、实施严格的围填海总量控制制度和规范审批程序等措施,以及海南省部分市县深化限购限贷及限售措施等。

(二) 调控旅游市场

海南旅游市场经历了 1992—1998 年的快速发展阶段,1999—2008 年出现阶段性"失序",大量的负团费、"黑旅行社""黑导游""黑店""黑车"等问题涌现出来,具体体现为政府监管乏力之下愈演愈烈的恶性竞争。2009 年以后,海南旅游业仍然保持较快发展,与此同时,政府的各项调控和监管措施也相继出台并且得到严格实施,有效规范了海南的旅游市场,各类群体包括岛内外的老年人都可以放心参团旅行。

2001 年 12 月,海南省人大常委会制定了《海南省旅游条例》;2014 年 9 月,为适应海南旅游业新形势的发展需要,海南省第五届人大常委会第十次会议修订通过了《海南省旅游条例》(以下简称《条例》),于 2014 年 11 月 1 日起正式施行。新《条例》作为海南省旅游综合性法规,是促进海南省旅游业发展的一部"基本法",与旅行社、导游、景区景点等单项旅游法规一起构成海南旅游法规体系。新《条例》中,除了规划旅游业的发展方向,加强旅游资源保护等措施以外,还对保护旅游者权益、规范旅游经营者行为、保障旅游安全等方面做出规定。[1]

依据《条例》,海南的旅游市场"有法可依",发展越来越规范,监管力度越来越有力。现在,每逢大小节假日,海南省有关部门会按照要求切实做好假日期间旅游市场检查,对重点地区和重点领域加强监管,对各种违法违规行为,无论是涉及规模大、效益好的龙头企业,还是涉及规模小、效益差的中小企业,都将一视同仁,一查到底,依法从重从严进行查处。

访谈对象 2,QYX,女,65 岁,来自重庆。

> 早些年(2011 年)我们在海南岛旅游,参加旅行社的四日游,价格很乱。当时旅行社给的三种价格,普通团 300 多,豪华团 400 多,贵宾团 500 多,我们报的贵宾团,以为价格贵一些服务好一些。结果上车那一天一问,车上的人三种价格都有,全部混到一起,路线、去的景

---

[1] 资料来源于海南省旅游和文化广电体育厅的《海南省旅游条例》解读。

点、吃住都一样,简直是受骗上当。导游还劝我们说,出来玩的是一个开心,不要计较几百块钱的小事情,让人哭笑不得!现在参加旅游团,规范多了,价格不贵,听说是国家有补贴。导游也很负责,也没有强制购物,游客提出改变路线,导游都有规范手续,大家要签字确认。旅游团规范了,我们就敢多出去玩几趟了。不像以前,老是怕受骗上当,现在就不怕了,找到消费者是上帝的感觉了!

(三) 治理整顿老年公寓市场

前往海南过冬的候鸟老人,排除在海南购房和租房的以外,一般会选择入住不同类型的老年公寓,或者是包吃住的家庭旅馆,以及环境优美、居住条件较舒适的宾馆、酒店、度假村等。因老年公寓会提供针对候鸟老人的服务和活动,更受到候鸟老人的欢迎。但海南老年公寓市场也良莠不齐,有的设施齐全、服务规范、价格合理;有的虽然价格低廉,但是设施简陋,服务也有限,卫生条件等不容乐观,甚至直接威胁入住老人的生命安全。

三亚市是冬季候鸟老人较为集中居住的区域,老年公寓众多,候鸟老人挑选满意住所的空间很大。但与此同时,也存在部分经营者只顾招揽顾客,忽略公寓基本安全设施等问题。例如,2015年11月9日,央视《朝闻天下》报道三亚海坡村存在火灾隐患问题:三亚市天涯区海坡村2015年的户籍数678户,人口2366人。但在旅游旺季时期,在海坡村租房、住店的游客、候鸟老人及务工的外来人口达到近3万人。[1] 由于海坡村地理位置优越、风景优美,一些投机者看到这里面的巨大商机,建设了大量违法的酒店、出租屋和老年公寓。这些违建存在建筑防火间距不足、建筑消防设施配置不合要求、消防通道堵塞、乱拉乱接电线、消防供水不足、居民安全意识淡薄等问题,严重威胁居住者的生命安全。三亚市委、市政府成立联合整治组,迅速开展了消防安全隐患检查整顿行动,查封了5家未达到消防技术标准的旅馆和老年公寓。

---

[1] 资料来源于央广网"央视曝光后三亚海坡村供电线路隐患问题整治完成"的报道。

第二节　国家与社会：政府扶持与社会补缺

关于国家和社会的关系，学者们认为我国长期以来处于"强国家、弱社会"的模式。随着经济、社会转型，国家在社会治理中越来越重视发挥社会的作用，逐步向"小政府、大社会"的发展目标转变。国家和社会之间，保持一种"良性互动"的关系，是顺应时代发展趋势的。

一、政府的扶持和引导

国家和社会之间的"良性互动"关系中，国家方面的作用主要体现为：国家为社会提供制度保障，搭建活动平台，扶持社会发展，承认社会的合法性和独立性，给予社会合法的活动空间等。

（一）出台有利于异地养老的政策措施

候鸟式异地养老这种新颖的养老方式，逐渐被越来越多的老年人所接受和尝试。候鸟老人群体日益壮大，他们所面临的医保异地结算不便等突出问题也越来越引起政府职能部门的重视。

近年来，海南省不断加快异地就医结算平台建设，2017 年 1 月 12 日实现与国家跨省异地就医结算系统联网。目前已经按照国家进度要求完成了异地定点医疗机构社会保障卡用卡环境改造、职工医保异地就医四类备案人群信息全部上传、预付金归集和清算资金拨付等工作，与 13 个省份进行了实际医疗费用直接结算，异地定点医疗机构和异地就医人员全部纳入基本医疗保险统一管理。[1] 随着上线国家平台的省份不断增多，海南省跨省异地就医实际医疗费用结算范围不断扩大，在海南过冬的候鸟老人将会享受更为便捷的服务。

除此以外，海南省还为 60 周岁以上的本省户籍老年人和在本省连续居

---

[1] 资料来源于南海网"跨省异地就医结算全国联网第一例在海南实现"的报道。

住一年以上的外埠老年人提供申领"老年人优待证"服务。

持有海南省"老年人优待证",70周岁及以上的老年人可以享受:(1)优先购买车船票、飞机票,优先上车、上船、登机;(2)免费使用公共体育场馆的设施;(3)免费参观博物馆、展览馆、纪念馆等场所;(4)参观游览公园、风景名胜区等免收门票;(5)免费乘坐城市公共交通汽车;(6)免交普通门诊挂号费。此外,60周岁及以上的老年人享受公共汽车票、公园门票等半价优惠。

(二)政府"搭台",候鸟人才"唱戏"

来到海南的候鸟群体可以说是人才济济,是海南岛可以利用开发的不可多得的资源和财富。

1. 候鸟群体中人才济济

2017年初,海南省人力资源开发局开展全省候鸟人才首轮征集和调查活动,在前期调研和后期大规模征集活动的基础上,对征集到的1 024名候鸟人才的信息数据进行整理和分析。样本分析结果显示,海南候鸟人才主要来自全国27个省、自治区、直辖市,来源广泛,其中又以北京、黑龙江、河南、河北等地居多。

根据千名候鸟人才抽样年龄分布图(图5-1),51—60岁的候鸟人才占38%,61—70岁的候鸟人才占28%,70岁以上的候鸟人才占8%。

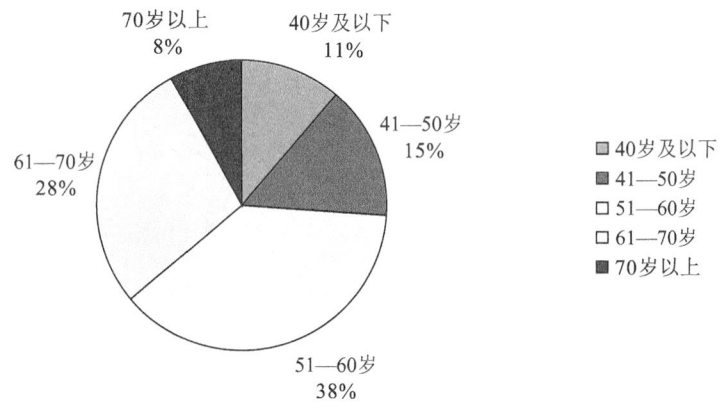

图5-1　2017年2月海南省千名候鸟人才抽样年龄分布图

根据千名候鸟人才抽样行业分布图(图5-2),候鸟人才来自各行各业,其中来自医疗行业的占17%，来自教育文化行业的占16%。此外，在这千名候鸟人才中，有7人是享受国务院政府特殊津贴专家，教授占比达到11%。

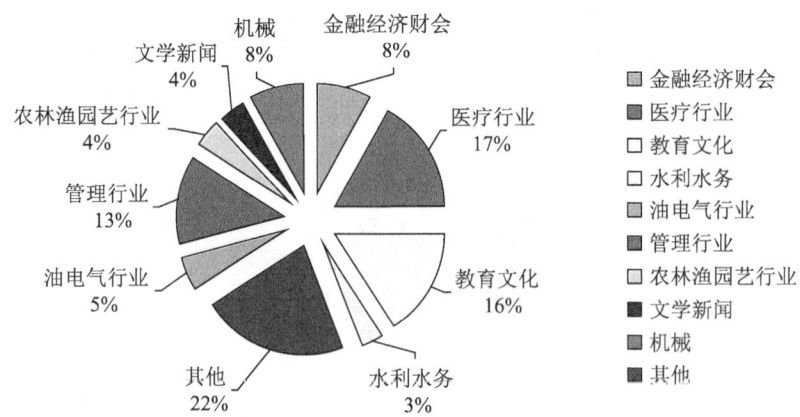

图5-2　2017年2月海南省千名候鸟人才抽样行业分布图

2. 政府搭建平台，助推候鸟人才落地

从2016年开始，为加强候鸟人才供需之间的信息联通，政府为供求双方搭建平台。2016年11月22日，海南"候鸟"人才服务网上线试运行；之后，海南省人力资源开发局不定期发布大量公开征集海南省"候鸟"人才的通告及海南"候鸟"人才岗位需求调查通告等，为"候鸟"人才供求双方牵线搭桥（表5-2）。

表5-2　海南省人力资源开发局发布的关于"候鸟"人才的通知公告一览表

序号	发布时间	通知公告标题
1	2016-11-22	海南"候鸟"人才服务网上线试运行
2	2017-4-21	公开征集海南省"候鸟"人才项目招标通告
3	2017-5-2	关于公开征集海南省"候鸟"人才的通告 附件：海南省"候鸟"人才信息表
4	2017-6-12	海南"候鸟"人才岗位需求调查通告
5	2017-6-20	关于海南省"候鸟"人才岗位需求调查活动项目承办单位的公示
6	2017-7-28	关于征集海南省"候鸟"人才岗位的通告

续表

序号	发布时间	通知公告标题
8	2017-9-26	关于委托举办 2017 年高级"候鸟"人才对接会的通告
9	2017-9-26	关于委托开展第二批海南省"候鸟"人才征集调查的通告
10	2017-9-29	海南省人力资源开发局关于 2017 年高级"候鸟"人才对接会等三个项目承办单位的公示
11	2017-11-07	海南省人力资源开发局关于举办首场高级"候鸟"人才对接会的通告
12	2017-12-12	海南省人力资源开发局关于征集第二批海南省"候鸟"人才的通告

资料来源：海南省人力资源开发局（海南省就业局）通知公告。

2017年开始，海南省人力资源开发局发布的关于"候鸟"人才的新闻动态也逐渐增加，对"候鸟"人才的关注度越来越高（表5-3）。

表5-3 海南省人力资源开发局发布的关于"候鸟"人才的新闻动态一览表

序号	发布时间	新闻动态标题
1	2017-4-13	敬业"候鸟"，幸福海南
2	2017-5-22	"头脑风暴"献计策创新求进谋发展——海南省"候鸟"人才工作（东部片区）调研座谈会在琼海召开
3	2017-8-30	海南候鸟人才开发潜力巨大，1.4 万余名候鸟人才海南展身手
4	2017-9-7	为"候鸟"人才发挥作用"穿针引线"
5	2017-9-26	对接服务结硕果，静待"候鸟"回归季
6	2017-11-13	这片温热的土地，正吸引着随季节迁徙的英才——我省首届高级"候鸟"人才对接会今天举办

资料来源：海南省人力资源开发局（海南省就业局）通知公告。

2017年2月9日，澄迈县 Y 岛小城小区大门前搭起表演舞台，举办了"Y 岛小城 2017 春节联欢会"，在联欢会上，同时举行了"澄迈县'候鸟型'人才工作 Y 岛小城联络站授牌仪式"。授牌仪式上，由澄迈县人才工作领导小组办公室负责人将"澄迈县'候鸟型'人才工作联络站"授予 Y 岛小城方面的负责人，现挂于 Y 岛小城会所内。（图5-3）

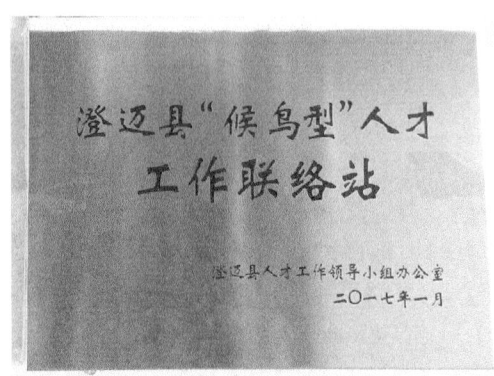

图 5-3 悬挂于澄迈 Y 岛小城会所内的"澄迈县'候鸟型'人才工作联络站"铜牌

(三) 扶持社会组织发展

20 世纪 90 年代后期和 21 世纪开始,社会组织大量出现,政府对社会组织的态度转变为积极的培育,开始让各种社会组织参与社会治理。根据中国社会科学院大学(研究生院)"社会组织与公共治理研究中心"发布的《中国社会组织报告(2019)》蓝皮书,截至 2018 年底,全国共有社会组织 81.6 万个,与 2017 年的 76.2 万个相比,总量增长了 5.4 万个,增速为 7.1%;[1] 报告显示,我国社会组织 2018 年开始从高速增长阶段迈入高质量发展阶段,从重视数量扩张转变为更重视质量提升。当前,我国的各类社会组织通过购买政府公共服务和参与社会治理等方式,在社会生活中发挥日益重要的作用。

澄迈和三亚的异地养老协会在创立和发展过程中,也得到候鸟老人迁入地和迁出地政府的大力支持和协助。例如,三亚市异地养老老年人协会成立之前,2012 年在哈尔滨市老龄办的支持下,首先在三亚市设立了哈尔滨市老年基金会异地养老项目海南办事处,由三亚市异地养老老年人协会创始人王颖担任负责人;2013 年 12 月 27 日,在三亚市委、市政府和市民政局的帮助支持下,三亚市异地养老老年人协会正式成立,开始为全国各地到三亚异地养老的老年人提供力所能及的各项服务。

---

[1] 数据来源于《中国社会组织报告(2019)》蓝皮书。

(四) 推动文化交融

政府部门主导的推动候鸟群体之间，以及候鸟群体和当地群众之间文化沟通与交流的主要活动之一，是候鸟旅居文化节。

由于海南独特的地理气候环境和丰富的休闲旅游度假资源，每年来过冬的候鸟群体越来越多。为了给候鸟群体搭建一个交流互动及旅游度假的服务平台，让国内外候鸟群体更好地融入海南，海南首届候鸟旅居文化节于2016年12月31日至2017年1月2日在海南国际会展中心举行。举办候鸟旅居文化节的目的非常明显——促进"候鸟"人才交流，展示候鸟群体的文化才艺，推动候鸟服务产业合作，让候鸟群体体验康养服务，为候鸟专家学者提供研讨的平台，等等。因此，文化节活动项目包括候鸟休闲服务企业联展、候鸟休闲康养项目展示、候鸟休闲旅游产品展示、候鸟老相片及全家福征集展示、候鸟看海南、"孝行天下"文化交流活动、候鸟才艺展示、候鸟旅居看房团活动、候鸟文化笔会活动交流、候鸟旅居海南突出贡献奖人物评选、候鸟专家人才交流、相亲相约龙凤呈祥、候鸟旅居书画义卖拍卖活动等。[1]

海南候鸟旅居文化节依托"海南世界休闲旅游博览会"（以下简称"海南休博会"）的平台。"海南休博会"由海南省旅游和文化广电体育厅、海南省商务厅、海口市人民政府共同主办，海口市会展局承办，作为海南国际旅游岛欢乐节重要活动之一，截至2018年底已经成功举办两届。

二、社会的拾遗补阙

国家和社会之间的"良性互动"关系中，社会的作用主要体现为：在社会各领域承担了部分政府难以顾及的社会服务功能，拾遗补阙，充分发挥自身的作用。

（一）社团发挥自主性和能动性

社会组织的发展是衡量社会发展程度的一个重要指标，社会组织是构成

---

[1] 资料来源于海南省人民政府网的相关报道。

第三部门的主体，第三部门与第一部门（政府）和第二部门（市场）相辅相成。[1] 当前，我国政府为大力促进社会组织的发展，已经放宽社会组织的登记手续，并向社会组织让渡某些社会职能，充分发挥社会组织的功能。社团作为社会组织的主要类型之一，通过发挥自身的自主性、能动性，整合社团内部资源和外部资源，开展各项社会服务和社会活动，既能够组织成员为他人服务，也能够组织他人为社团老人们服务，减少成本，提高效率，更好地满足各类群体的不同层次的养老需求。

如前所述，三亚市异地养老老年人协会通过资源整合，形成候鸟人才库，组织老年专家学者们集思广益为三亚的发展建言献策；组织协会成员创办老年大学，义务担任教学工作；组织编辑排版的《海南异地养老服务指南》，为在三亚生活的候鸟老人提供交通、旅游等各类信息，极大方便候鸟老人的异地生活；协会定期组织学雷锋活动、慰问孤寡老人、保护环境等各类型活动，有力地促进了在三亚异地养老的老年人服务三亚，为三亚的发展贡献力量。

（二）社区搭建各类活动平台

如前所述，在我国城市中，属于社区组织的目前主要有社区居民委员会、业主委员会和物业管理公司。澄迈、文昌这两个主要田野调查点的调查资料显示，社区主要在物质和精神这两个层面为候鸟老人提供力所能及的生活照料等服务，同时搭建文艺、娱乐、体育等活动平台，丰富候鸟老人的日常生活，促进候鸟老人的社会适应和社会融合。有的社团立足社区，充分利用社区的场地和已有设施等开展活动，将社团活动和社区治理、社区文明建设等结合起来。

例如，三亚市异地养老老年人协会立足三亚市的各社区建立分会，充分利用社区的室内外活动场地和已有设施等开展活动，将协会活动和社区治理、社区文明建设、社区文化娱乐活动等结合起来。澄迈的Y岛小城，已经建成国家公共文化服务体系示范区特色示范点，搭建起了社区文化教育平台，开设Y岛小城老年大学，为入住老人提供太极、微信、国画、书法、器

---

[1] 管兵.城市政府结构与社会组织发育[J].社会学研究，2013（4）：129-153+244-245.

乐、摄影等十几门课程的学习机会；建有"澄迈图书馆 Y 岛小城分馆"，藏书上千册；每月定期召开读书日活动，内容有读书分享会、才艺展示、5 分钟演讲等；会所三楼的"小城影院"，定期播放经典电影；建有两个"小城艺术创作基地"，不定期举办知名艺术家的艺术画展、艺术交流会等，并为澄迈县爱心学校捐建"Y 岛画室"，定期组织文化艺术界的人士与爱心学校师生互动交流。

综上所述，不论在理论上还是在实践中，国家与社会的"良性互动"都可以较好地补齐彼此的短板，起到互相促进、共同发展的作用。

第三节　市场与社会：冲突与协作

随着市场的发展，社会组织的兴起，社区意识的增强，几方之间既有冲突，也有协作。一方面，在一些社会公共领域中，如义务教育、慈善救济、养老服务等，本应具有"非竞争性""非排他性"特征的公共服务，一旦贴上了市场行为的标签，就产生了新的教育危机、信任危机和道德危机。另一方面，社会组织和社区的作用、功能的更好发挥，也离不开市场的助力。

一、冲突：信任危机

类似义务教育、慈善救济、养老服务等，属于社会公共领域中具有"非竞争性""非排他性"特征的公共产品。如果这一类型的公共产品，贴上了市场行为的标签，被人们认为带有了"营利"的动机，信任危机、道德危机必然产生，由此产生冲突就在所难免。

例如，澄迈县 KLM 养老协会创立过程中，动员老人入会被怀疑是骗老人的钱。创始人 ZDM 说：

> 2012 年底开始动员入住澄迈 S 季春城的候鸟加入 KLM 协会。"KLM 是干什么的？卖保健品的还是搞保健按摩？""是不是打着协会旗号骗老人钱呀？"……来自全国各地的候鸟并不领情，而是保持着警惕

心理。面对大伙的敌意,只能不厌其烦地向大家解释自己的想法,以及今后协会的运作模式等,逐渐取得部分候鸟的信任。

为了趁热打铁,协会决定在2013年春节前搞一台候鸟春节联欢晚会,并动员大家自创节目。没想到在晚会要举行的前一天,排练的候鸟们突然宣布不演了。有两位带头老人对他说:"KLM协会还没有注册,是非法的,我们不能跟你干非法的事。"这时只能尽力向大伙解释,由于会员没有达到50人,还不能注册,而且晚会就是大伙自娱自乐的活动,何来非法之说?可是,不管他怎么解释和请求,对方就是不肯表演。当时演出通知都贴出去了,怎么办?情急之下,只能跑回海口找到东北老乡,让老乡去演出救场,才使得晚会成功演出。

二、协作:更好地服务候鸟老人

社会组织作用、功能的更好发挥,也离不开市场的助力。

如前所述,海南澄迈、三亚等地的田野调查资料显示,异地养老协会与市场开展合作,更能有效发挥社会组织的资源整合、拾遗补阙、服务老人、服务社会等功能和作用。

澄迈的KLM养老协会和三亚市异地养老老年人协会通过资源整合,都广泛联系本地企业,同数十家企事业单位签订了敬老为老服务协议,为协会会员提供各类优惠、便捷的企业服务。以澄迈的KLM养老协会为例:该协会与银行合作发行的"KLM卡",可在与KLM合作的商家刷卡消费,享受打折优惠,加盟的商家包括医院、药店、饭店、宾馆、超市、家具店、家电经营点、养老院、旅行社等,为协会的候鸟老人在异地养老期间提供便利。访谈对象48,LGK,三亚市异地养老老年人协会生活服务部部长在接受访谈时,也提到:"协会还和三亚市许多敬老惠老意识强、服务质量好、信誉高的商业企业签订了协议,加入我们协会以后,协会会员可以享受他们提供的优质服务和优惠价格。凡是三亚市异地养老老年人协会会员,持有会员证,就可以享受餐饮、住宿、购物、旅游、物品托管等多项优惠。这些特别受到我们协会候鸟老人的欢迎!"

海南YD集团在澄迈开发的Y岛小城,是国家公共文化服务体系示范区特色示范点，搭建起了社区文化教育平台，开设 Y 岛小城老年大学，建有"澄迈图书馆 Y 岛小城分馆"，会所三楼建有"小城影院"，建有两个"小城艺术创作基地"，并为澄迈县爱心学校捐建"Y 岛画室"，定期组织文化艺术界的人士与爱心学校师生互动交流。这也可视为市场与社会之间协作行为的体现。

本章主要讨论在候鸟式异地养老产生、发展的过程中，国家、市场和社会在不同阶段的功能呈现和调适问题。

候鸟式异地养老产生发展初期（2010 年以前），政府政策滞后，功能发挥有限；旅游、房地产等各类市场发挥着较强的吸引作用，客观上推动了候鸟式异地养老群体的发展壮大和候鸟式异地养老的发展；社会方面，社群发挥主要的支持功能，候鸟老人主要通过自发地"抱团"养老，共同面对异地养老期间的诸多问题。候鸟式异地养老进入快速发展期（2010—2015 年），候鸟老人群体和候鸟式异地养老引起更多关注，针对这一群体和这一种新型养老方式共同面对的问题，政府政策逐步跟进；市场这只"看不见的手"继续发挥其资源配置功能，与此同时，旅游、房地产、老年公寓等市场升温带来的价格混乱、服务质量下降等问题逐渐凸显；社会方面，除了候鸟老人通过社群"抱团"养老以外，各地的异地养老协会等社会组织开始涌现，在促进候鸟老人社会适应等方面发挥应有功能；社区的功能也逐步增加。候鸟式异地养老进入平稳发展期后（2016 年以后），随着候鸟老人群体的快速增长，国家层面、地方政府层面的相关政策文件大量出台，主导化解公共服务等领域出现的问题，加强调控市场由"失序"走向规范；市场在接受调控的同时，继续发挥其"看不见的手"的资源配置功能；社会方面，社群功能持续发挥作用；各类型异地养老协会等社会组织发展壮大，在国家的扶持下功能得到拓展；社区等功能进一步完善，多方共同促进候鸟老人社会融入，提升其在候鸟式异地养老期间的生活质量。

从候鸟式异地养老发展至今的过程中分析可见，国家、市场和社会在不同阶段的功能呈现各异，而且发生调适。市场这只"看不见的手"先行，国家的调控、主导在后；初期，市场凭借敏锐的"嗅觉"先行发展，当市场

"失序"、公共服务缺失和滞后等问题凸显时,国家发挥主导功能,化解公共服务等领域出现的问题,加强对市场调控,促进候鸟式异地养老平稳发展。国家和社会之间,从初期只靠社会组织自觉发挥自身功能,到后期国家大力扶持,社会组织得以更好地发挥拾遗补阙的重要功能,共同推动候鸟式异地养老平稳发展。

第六章
研究结论与相关讨论

随着社会的发展与变迁，养老方式也在不断发展和变化。在老年群体自由选择养老方式的外在表征之下，体现了各种结构性力量对老年群体做出选择的内在影响。因此，老年群体选择养老方式的行为实际上隐含着该群体与各种"系统"的对立统一、冲突融合的辩证互动关系，新型的养老方式——候鸟式异地养老就是在这些互动过程中建构起来的。

第一节 研究结论

一、候鸟式异地养老应时而生

候鸟式异地养老直观体现为一种养老方式，对于社会而言，它是社会变迁中出现的一种全新的社会现象；对于市场而言，它是老年群体的一种消费选择，是市场面临的巨大商机；对于国家而言，它是需要出台政策措施，加以引导、扶持的一种经济、社会发展趋势；对于老年人自身而言，是生存型养老观念向发展型养老观念转变的体现，是老年人选择的一种质量更高的生活方式。

在经济发展和社会变迁中，候鸟式异地养老这种养老方式应时而生。

一方面，随着社会经济条件的改变和社会保障体系的逐步健全，养老保险制度不断完善，老年群体收入水平逐年上升，老人们对子女的经济依赖程度和对家庭的依附程度逐渐下降。另一方面，随着养老观念的转变，社会养老服务体系的健全和完善，再加上老年群体的补偿性消费心理，养老方式开始向多样化发展，异地养老成为近年来越来越多的老年人乐于尝试的一种养老方式。

也正是在这样的社会背景下，异地养老方式逐渐步入老人们的老年生活。大量的候鸟老人开始出现，在不同的季节寻找着适合养老、舒适、优美的新环境，抱着提升自己老年生活质量的美好愿望，做着季节性的迁徙，对新的养老方式做出尝试和实践。

二、社会促进候鸟老人在异地的适应与融入

社会在候鸟式异地养老发展过程中的功能，主要从社群、社团和社区等三个方面来实现。候鸟老人在异地养老期间，不同的阶段主要通过个人、社群、社团等多种主体采取社会行动，借助社区等平台，追求能够尽快适应生活场域的改变，最终实现社会融入的目标，实现在异地期间舒适、舒心地养老和生活。

首先，初到异地，候鸟老人倾向于以血缘、地缘和业缘等社会关系为基础形成各种类型的社群，通过社群的互动来进行"抱团互助"养老。这里的血缘、地缘、业缘关系，是社会关系建立的基础。除了血缘、地缘、业缘关系这三种基本社会关系以外，还衍生出志缘、趣缘等社会关系。寻求安全感、共同应对外在压力、互相支持与合作等是人类结成社会群体的重要原因。当人们感觉到外部环境的威胁、安全感缺失、个体心理压力增大、有合作的需要时，都会形成结群的倾向。因血缘、地缘、业缘、志缘、趣缘等各种缘由结成的各种类型的社群，满足了候鸟老人多方面的需要。因血缘、地缘、业缘关系而"抱团"的这些社会群体千差万别，但也拥有认同群体目标、互助互惠、持续互动这三点特质。其次，候鸟老人在异地通过重构社会网络，开展社会互动与联系。社会网络代表各种社会个体成员之间因为互动而形成的相对稳定的社会关系，这些社会关系包括亲友关系、同乡关系、同事关系、朋友关系、同学关系等。候鸟老人通过在异地进行强连接关系的移植与弱连接关系的重构，或者说，通过内生性社会网络与外延性社会网络的建构，从而实现了在新的生存空间"抱团"，实现了在新的生活场域中更快地适应和融入。最后，从社会资本的缺失和补偿的视角，候鸟老人"抱团互助"养老，通过互帮互助有效补偿缺失的社会资本，获取稀缺的养老资源，在一定程度上也是对目前缺失的居家养老、社区养老资源的一种替代；成为新的载体之后，这些社会网络中的关键节点更加能够引起政府各部门、企业和社会组织等的关注，以便获取多样化的社会支持，有效补偿了集体层面的社会资本。候鸟老人这种在异地"抱团互助"的生活、养老方式，在他们重构社会网络、补偿社会资本、获取社会资源等方面均发挥了积极作用。

随着候鸟老人数量的增加，基于异地养老的需求，海南各地逐渐涌现出异地养老协会之类的社团。作为社会组织的一种，这一类型社团的发展，不仅增加了候鸟老人的归属感，还有效整合了各种资源，为候鸟老人的异地生活提供更多的便捷和福利，提升其候鸟式异地养老期间的生活品质，促进老人们的社会参与，帮助候鸟老人自我价值的实现。例如，澄迈 KLM 养老协会和三亚市异地养老老年人协会这两个社团成立之后，一方面是在社团内部重构社会网络，为成员提供了沟通交往、互相帮助、增进友情的平台，强化了成员之间的联系；另一方面，社团的成立形成了与外界沟通的重要的社会网络节点，增强了成员群体同政府、市场等外界各类型组织、机构的联系。丰富、活跃的社团活动，发挥了资源整合、拾遗补阙、调适缓冲、示范引领以及拓展服务功能，使候鸟老人在异地的养老生活过得更加丰富、充实。

当前，候鸟式异地养老得到进一步发展，结合多样化的社群、社团功能和作用的发挥，再加上社区搭建的生活照料、文娱活动等各种平台，能够极大丰富候鸟老人在异地的生活，使他们在身体、精神两方面都能够更加健康、充实。

三、市场与候鸟老人相互影响，共同发展

市场在候鸟式异地养老发展过程中的功能体现，主要通过和候鸟式异地养老密切相关的旅游市场、房地产市场和老年公寓等三个方面展开。

市场功能的发挥首先体现在市场对候鸟老人的吸引。根据三亚等地候鸟式异地养老的发展过程可知，初始阶段，旅游市场吸引大量游客南下，使游客们对海南的环境有了直观感受，特别是身患慢性疾病的老年群体，对海南的气候、环境等有了切身体会，萌生了来海南过冬的想法，对房地产、养老机构以及旅游市场产生大量需求，进一步推动了当地各类市场的发展。各类市场纷纷投其所好，吸引更多的候鸟老人前来养老。候鸟老人大量聚集之后，带来商机，推动和影响着各类市场发展，同时也导致海南出现冬热夏冷的"半年经济"现象。各类市场受到"看不见的手"的调节，在此过程中难免出现"失序"，需要政府这只"看得见的手"来规范市场行为，引导市场有序发展。

四、国家发挥主导型的扶持与调控作用

从国家层面看待其在候鸟式异地养老发展过程中所发挥的功能与作用，分为三个阶段。第一阶段是从1988年海南建省并设立经济特区到2009年前后。这期间，海南省的经济、社会、文化等各领域得到全面发展，为大量候鸟老人落地提供了良好的物质基础条件。第二阶段是从2010年海南推进国际旅游岛建设到2015年。这期间，大量候鸟老人开始聚集，同时由于公共服务政策措施缺失与滞后，各方面的冲突与问题也层出不穷，例如医疗服务整体水平较低、异地就医结算不便、社会养老服务供给不足等；与此同时，公共资源供求失衡、生态环境变差、基础设施不完善、城市管理水平较低等城市病凸显。第三阶段是2016年以后，针对前一阶段候鸟式异地养老在发展过程中出现的各方面问题，政府出台推进异地就医结算、提升公共服务水平、发展健康养生养老产业等相关政策、措施，充分发挥其扶持、调控与主导的关键作用。

五、国家、市场和社会的功能调适

候鸟式异地养老的实践需要建立在一定的经济基础之上，它面对的是自己或者子女有一定经济实力的老人，满足的是老年群体基本养老需求之上的发展性养老需求。因此，候鸟式异地养老产生的初期，大部分需求主要由市场来满足。但是，随着这一养老方式的发展，候鸟群体逐年增加，由此产生的异地就医结算不便、社会养老服务不足、公共资源短缺、城市管理面临挑战等方方面面的问题，则需要国家、市场和社会发挥各自的作用，来共同加以解决。

在候鸟式异地养老产生和发展的过程中，国家、市场和社会在不同阶段发挥着不同程度的重要功能，各方功能主导性的强弱程度不同，在不断调适中寻求契合点，推动候鸟式异地养老向前发展（表6-1）。

表 6-1　国家、市场与社会在候鸟式异地养老不同发展阶段的功能

发展阶段	国家	市场	社会
发展初期 （2010年以前）	政策滞后，功能有限	市场先行，发挥吸引和拉动功能	依靠社群，自发开展"抱团"养老
快速发展期 （2010—2015年）	加强关注，政策跟进	快速发展，问题凸显，市场"失序"	社团大量出现，社区服务改善
平稳发展期 （2016年以后）	政策大量出台，主导、扶持、调控	接受政府调控，规范发展	得到政府扶持，功能拓展

候鸟式异地养老产生发展的初期（2010年以前），政府政策滞后，功能发挥有限；旅游、房地产等各类市场发挥着较强的吸引作用，客观上推动了候鸟式异地养老群体的发展壮大和候鸟式异地养老的发展；社会方面，社群发挥主要的支持功能，候鸟老人主要通过自发地"抱团"养老，共同面对异地养老期间的诸多问题。候鸟式异地养老快速发展期（2010—2015年），候鸟老人群体和候鸟式异地养老引起更多关注，针对这一群体和这一种新型养老方式共同面对的问题，政府政策逐步跟进；市场这只"看不见的手"继续发挥其资源配置功能，与此同时，旅游、房地产、老年公寓等市场升温带来的价格混乱、服务质量下降等问题逐渐凸显；社会方面，除了候鸟老人通过社群"抱团"养老以外，各地的异地养老协会等社会组织开始涌现，在促进候鸟老人社会适应等方面发挥应有功能；社区的功能也逐步增加。候鸟式异地养老平稳发展期（2016年以后），随着候鸟老人群体的快速增长，国家层面、地方政府层面的相关政策文件大量出台，主导化解公共服务等领域出现的问题，加强调控市场由"失序"走向规范；市场在接受调控的同时，继续发挥其"看不见的手"的资源配置功能；社会方面，社群功能持续发挥作用；各类型异地养老协会等社会组织发展壮大，在国家的扶持下功能得到拓展；社区等功能进一步完善，多方共同促进候鸟老人社会融入，提升其在候鸟式异地养老期间的生活质量。

从候鸟式异地养老发展至今的过程中分析可见，国家、市场和社会在不同阶段的功能呈现各异，而且发生调适。如图6-1所示，市场这只"看不见的手"先行，国家的调控、主导在后。初期，市场凭借敏锐的"嗅觉"先行发展，当市场"失序"、公共服务缺失和滞后等问题凸显，国家发挥主导

功能，化解公共服务等领域出现的问题，加强对市场调控，促进候鸟式异地养老平稳发展。国家和社会之间，从初期的社会特别是社会组织自觉发挥自身功能，到国家对社会特别是社会组织进行大力扶持，促使其更好地发挥拾遗补阙的重要功能，推动候鸟式异地养老平稳发展。

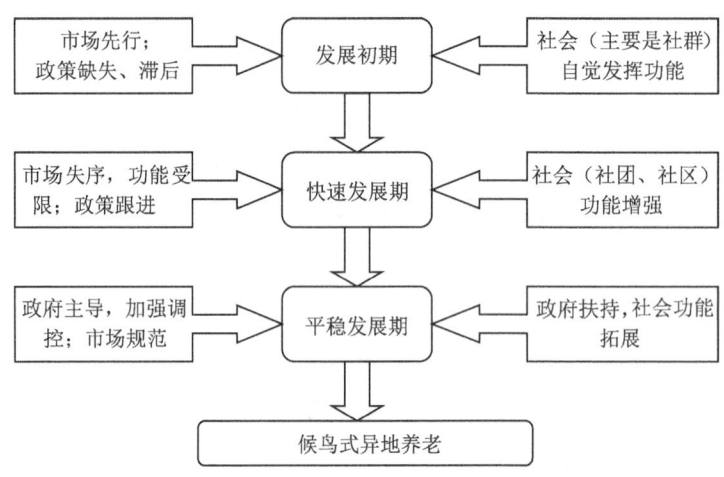

图 6-1　国家、市场与社会在候鸟式异地养老不同发展时期的功能调适

通过分析国家、市场和社会之间的功能调适，还可以进一步梳理出两两之间的相互关系。国家与市场之间，市场先行，国家主导、调控在后。根据需求，市场先行发展起来，有效地吸引了大量消费者，旅游、房地产、老年公寓等市场得以飞速发展。与此同时，在快速发展的过程中，各类市场主体为争夺市场资源，展开恶性竞争，导致各类市场价格混乱、产品和服务质量下降等问题凸显。当市场处于"失序"状态时，国家利用宏观调控这只"看得见的手"，对各类市场开展引导和调控，使各类市场回归有序竞争，市场价格趋于均衡。国家和社会之间，是国家扶持、社会拾遗补阙的关系。随着经济发展、社会转型，国家在社会治理中越来越重视发挥社会的作用，逐步向"小政府、大社会"的发展目标转变。国家和社会之间，保持一种"良性互动"的关系，是顺应时代发展趋势的。市场与社会之间，既有冲突，也有协作。一方面，在一些社会公共领域中，像义务教育、慈善救济、养老服务等，本应具有"非竞争性""非排他性"特征的公共产品，贴上了市场行为的标签，便产生了新的教育危机、信任危机和道德危机。另一方面，社会组织和社区作用、功能的更好发挥，也离不开市场的助力。

第二节 相关讨论

一、本书存在的不足

通过调查分析，本书针对候鸟式异地养老，从国家、市场和社会的功能及其转换等方面展开分析研究。但本书仍然存在以下不足之处：

（一）调查范围的局限性

本书主要采用文献法、访谈法和参与式观察开展调查和资料收集，调查范围主要集中在海南省的澄迈、三亚、文昌、临高和海口等地，对于海南省外以及海南省内的其他地区未能针对候鸟式异地养老中的国家、市场和社会的功能及其功能调适等展开充分的调查，调查范围存在局限性。

（二）研究内容的局限性

候鸟式异地养老已经产生并将继续发展下去，还将在未来继续发展和演变。本书仅针对候鸟式异地养老中的国家、市场和社会的功能及其调适等问题开展调查和研究，但候鸟式异地养老中的国家、市场和社会的功能问题是一个复杂的系统问题，其演变历程、未来的发展趋势，以及与其他养老方式的比较分析等，目前均未涉及，还有待从纵向、横向等多视角开展后续的研究和思考。

（三）研究方法的局限性

目前针对候鸟式异地养老中的国家、市场和社会的功能及其调适问题主要开展的是描述性研究，对于国家、市场和社会功能强弱调适的实证研究以及多视角的研究，还未涉及。也未针对候鸟式异地养老产生和发展过程中国家、市场和社会的功能及其调适开展反思性的研究，这些内容有待将来在长期跟踪调研的基础上进一步研究和探索。

二、有待后续研究的问题

因调查时间、精力和调查主题的限制,笔者只对国家、市场和社会视角下的候鸟式异地养老进行了调查、了解和分析,而对候鸟式异地养老产生和发展过程中涉及的各种其他问题并未过多涉及,有待今后继续深入地研究。笔者也会继续关注候鸟式异地养老现象,并将其作为今后的研究方向之一。

(一) 候鸟式异地养老趋利避害发展过程中国家、市场和社会的功能定位

随着候鸟式异地养老的发展,候鸟老人规模越来越大,这种季节迁移给海南带来的影响越来越受到关注,其中也不乏反对的声音。

围绕"候鸟"资源的存在对于海南经济社会发展的利弊之争随即展开。

有人认为,候鸟群体对海南经济社会发展带来冲击。主要体现:产生大量"空置房",造成了土地等社会资源的闲置;部分候鸟老人的消费力较低,对海南的经济拉动能力有限,此外,大量老人的到来让海南提前进入老龄社会,带来一系列的社会问题,影响了海南旅游的转型升级,对于国际旅游岛的建设也有影响;大量小户型、中低端房地产的建成,阻碍了海南房地产业的提档升级;"候鸟"聚集的季节推高了海南的消费价格,对本地居民造成了不利影响,此外,"候鸟"大量聚集还会占用当地的交通等公共资源,对本地居民出行等也造成不良影响;让海南形成了冬热夏冷的"半年经济"状态,不利于经济的均衡发展;数额庞大的间歇性人口的涌入,带来了社会管理上的难题。所以,"候鸟"资源对于海南来说弊大于利。

也有一些人认为,海南的经济发展暂时还离不开数量庞大的候鸟人群。无论是推进海南的国际旅游岛战略,还是发展第二居住地路线,都需要广大的市场支撑,候鸟群体的到来为海南经济筑就了坚实的市场基础;候鸟群体到海南购买商品房,支撑了海南房地产市场的发展;海南旅游收入绝大多数都是岛外人贡献的,其中冬来春去的候鸟群体,占了很大份额,支撑了海南旅游市场的发展。因此,候鸟的季节性涌入,固然带来了对经济、社会的巨大冲击,反过来也会对海南的旅游、房地产乃至整个服务业发展产生一种全

面的推动作用。此外，任何一种旅游的实质都是一种文化交流，候鸟群体每年在海南的生活时间较长，他们的生活将逐渐渗透到海南的各个角落，通过传播先进的观念和文化，将会对海南的发展产生有力的推动作用，所以利大于弊。

候鸟式异地养老发展至今，是应时而生的。未来它将继续存在、发展。因此，在候鸟式异地养老发展过程中，如何趋利避害？国家、市场和社会在这一过程中如何更好地发挥各自的功能，形成更为均衡的互动关系？这些问题有待后续进一步研究。

（二）中西比较视野下候鸟式异地养老中的国家、市场和社会的功能

候鸟老人这一说法，在国外已经有很多年的历史。数据表明，高达170万欧洲各国"候鸟"在西班牙落脚，他们的到来让西班牙的海岸线获得了10年的结构性繁荣。西班牙扮演了接纳欧洲人候鸟式"猫冬"[1]的角色，比中国的海南更早。北欧众多国家的老人到西班牙养老，看中的不仅是那里的自然环境，还有功能齐全的养老设施、良好的公共医疗卫生服务、保险服务等。与此同时，西班牙的实业家们也盯紧了那些希望来西班牙养老的北欧人的钱袋。异地养老实在是互利双赢的好事情，已经被越来越多的国家、企业和老年人认可。

西班牙每年平均有60万所新房子问世，是欧洲其他地区的3倍，其中大部分位于传统观光地区。统计表明，新建房贡献了西班牙国内生产总值的8%。但随着过去10年间的疯狂开发，海滩狂欢似乎要落下帷幕。相比2002—2004年间每年17%的增幅，西班牙海滩的不动产价格涨幅已经降至每年最低5个百分点，二手房交易的过程也越来越慢。候鸟群体的存在，为西班牙这个高失业率国家带来工作机会、房地产繁荣、高经济增长率的同时，也毁坏了美丽的海滩风光。越来越多的人开始担心，遍地的起重机和水泥建筑破坏了景观，将把每年5 300万的游客都给吓跑。而旅游，则是西班牙经济最为依赖的产业。

他山之石，可以攻玉。从中西比较的视角来看候鸟式异地养老，或许能

---

[1] "猫冬"：指一到冬天就像动物一样躲起来，能不露面便不露面，能不活动便不活动。

够带来更多的启发和思考。其他国家和地区在候鸟式异地养老方面的实践，可以更清楚地为我们梳理国家、市场和社会功能的发挥提供参考和借鉴。

（三）候鸟老人未来规划中国家、市场和社会将面对的挑战

已经习惯冬季到海南养老的候鸟老人，随着年龄逐渐增长，将会如何规划自己未来的日子呢？

访谈对象13，YZJ，女，80岁，老伴已去世，从当初的"候鸟"变成现在一人常住海南，常年练习太极拳和太极剑，生活自理，有一儿一女。2017年2月与她访谈时，她谈及对未来的打算：

> 我目前就想把身体养好，能够自理，这样能多一天是一天。儿子一家在成都，他丈母娘身体不好，常年卧床，儿子要照顾她；女儿在德国，现在每年春节都休假来海南看我。以后反正就像现在一样，能多挨一天是一天吧！

2018年2月再次见到访谈对象13 YZJ时，她已经萌生了寻找合适的养老院的念头：

> 现在身体是一年不如一年了，长期这样一个人下去肯定不行。实在是一个人住不动了，我就准备找养老院了。女儿在德国，春节能回来看看我，我就心满意足了；儿子的丈母娘前不久去世了，儿媳妇也同意今后儿子来海南照顾我，儿媳妇她自己说是去上海找孙女。儿子要是来了，这样就可以在家多待几年了。但是这样儿子、儿媳妇就不在一处，想来想去也不好。反正就我的身体情况，我以后也不准备离开海南了，以后还是去养老院。

有的老人对今后入住养老机构表示暂时无法接受，如访谈对象10，CWY，女，80岁，是一名来自上海的事业单位退休人员，目前与老伴一起当"候鸟"：

> 现在身体越来越不行了，一年不如一年。我现在腿不行，走不远；颈动脉狭窄，不敢动手术，保守治疗，脑缺血，动不动就头晕；左眼眼底黄斑，看东西看不太清楚，主要是右眼在看东西。女儿在加拿大，给我们办了枫叶卡，去加拿大住过几次，还是觉得住国内习惯。今年枫叶

卡到期，还在考虑要不要再去续卡，一续五年，续吧，还得再去，不续吧，好不容易办的枫叶卡就这样放弃了怪可惜的，到时候再看吧。老伴有糖尿病，每天要注射胰岛素，还有就是手抖得越来越厉害。去年女儿带我去看了一家上海的养老院，各方面都还可以，想住还住不了，没床位，排队已经排到10年以后了。虽然这样，我还是不想去养老院，喜欢住家里，都住习惯了，不想换到一个陌生的环境里去。反正我们老两口生活目前还能自理，就先这样吧。

目前已经有一部分候鸟老人由"候鸟"变成了常住。一般说来，日常生活能够自理的老人选择常住自购住房，日常生活自理困难的高龄老人选择常住海南的养老机构。访谈对象47，YLF，女，84岁，就是一名来自成都的候鸟老人，目前已经常住海南养老院。

我老伴已经去世多年了，有一个独生女儿在成都。女儿女婿在三亚买了一套房，两室两厅，我一个人住了好几年，冬天去，夏天回成都。一个人住不好耍，有时也请朋友来一起住，这样热闹些！我身体其他方面没什么问题，就是腿不好。人老腿先老，后来走动就越来越不方便了。也不想回成都，在海南住久了，回去就怕冷，后来想想还是考虑在海口找一个养老院。前两年联系了这家养老院，算是海口最好的养老院了。一开始住进来也不习惯，后来慢慢也就习惯了。这个养老院条件比较好，吃、住、护理都好，吃的是自助餐，喜欢吃什么自己选，春节还有联欢会。女儿女婿过节有假都来看我。他们腿脚好的，可以耍的挺多的，太极、瑜伽都有，还经常组织出去玩。护理员挺上心的，基本上能叫得出每一个老人的名字。

访谈对象47入住的养老院是海口GH苑，一家星级养老院。该养老院位于海南省海口市美兰区海甸岛颐园路1号，是一家民办养老院，占地面积2万多平方米，床位总数600张。收住对象为自理、半自理老人，还可接受异地老人。在海口GH苑的实地调查过程中，笔者接触到好几位入住老人，他们最开始就是每年来海南过冬的"候鸟"，随着时间的推移和身体条件的变化，选择不回老家，已经直接入住海口的养老院，续写自己在海南的"候鸟"生活。

通过以上调查分析，可以预见的是，一部分候鸟老人已经对未来的去向做出了选择，他们将会从"候鸟"转变为常住海南，由此，国家、市场和社会在候鸟式异地养老的未来发展过程中将会面对新的问题和挑战，值得继续关注和开展研究，以期有助于实现候鸟式异地养老的可持续发展。

参考文献

一、中文著作、中文译著

[1] 埃利亚斯. 个体的社会[M]. 翟三江, 陆兴华, 译. 南京：译林出版社, 2003.

[2] 鲍曼. 个体化社会[M]. 范祥涛, 译. 上海：上海三联书店, 2002.

[3] 鲍曼. 流动的现代性[M]. 欧阳景根, 译. 上海：上海三联书店, 2002.

[4] 贝尔特. 二十世纪的社会理论[M]. 瞿铁鹏, 译. 上海：上海译文出版社, 2002.

[5] 布迪厄, 华康德. 实践与反思：反思社会学导引[M]. 李猛, 李康, 译. 北京：中央编译出版社, 1998.

[6] 布迪厄. 实践感[M]. 蒋梓骅, 译. 南京：译林出版社, 2003.

[7] 布尔迪厄. 科学的社会用途：写给科学场的临床社会学[M]. 刘成富, 张艳, 译. 南京：南京大学出版社, 2005.

[8] 布尔迪厄. 实践理性：关于行为理论[M]. 谭立德, 译. 北京：生活·读书·新知三联书店, 2007.

[9] 陈功. 社会变迁中的养老和孝观念研究[M]. 北京：中国社会出版社, 2009.

[10] 丁文, 徐泰玲. 当代中国家庭巨变[M]. 济南：山东大学出版社, 2001.

[11] 杜鹏. 回顾与展望：中国老人养老方式研究[M]. 北京：团结出版社, 2016.

[12] 段成荣, 杨舸, 马学阳. 中国流动人口研究[M]. 北京：中国人口出版社, 2012.

[13] 费孝通. 乡土中国 生育制度[M]. 北京：北京大学出版社，1998.

[14] 亨廷顿. 现代化：理论与历史经验的再探讨[M]. 张景明，译. 上海：上海译文出版社，1993.

[15] 吉登斯. 社会学方法的新规则：一种对解释社会学的建设性批判[M]. 田佑中，刘江涛，译. 北京：社会科学文献出版社，2003.

[16] 金耀基. 从传统到现代[M]. 北京：中国人民大学出版社，1999.

[17] 李珊. 移居与适应：我国老年人的异地养老问题[M]. 北京：知识产权出版社，2014.

[18] 梁鸿. 礼记[M]. 长沙：湖南文艺出版社，2003.

[19] 刘少杰. 国外社会学理论[M]. 北京：高等教育出版社，2006.

[20] 陆学艺，景天魁. 转型中的中国社会[M]. 哈尔滨：黑龙江人民出版社，1994.

[21] 米尔斯. 社会学的想象力[M]. 2版. 陈强，张永强，译. 北京：生活·读书·新知三联书店，2005.

[22] 潘允康. 家庭社会学[M]. 重庆：重庆出版社，1986.

[23] 彭华民. 社会福利与需要满足[M]. 北京：社会科学文献出版社，2008.

[24] 齐明珠. 老年人口迁移、保障的理论与实证分析：中加老年人省际迁移的比较研究[M]. 北京：中国人口出版社，2004.

[25] 切尔. 家庭生活的社会学[M]. 彭铟旎，译. 北京：中华书局，2005.

[26] 田雪原. 中国老年人口：经济[M]. 北京：社会科学文献出版社，2007.

[27] 王宁. 消费社会学[M]. 北京：社会科学文献出版社，2011.

[28] 韦伯. 经济与社会（上卷）[M]. 林荣远，译. 北京：商务出版社，2004.

[29] 谢立中. 西方社会学名著提要[M]. 南昌：江西人民出版社，2003.

[30] 许烺光. 祖荫下：中国乡村的亲属、人格与社会流动[M]. 王芃，

徐隆德,译. 台北：南天书局有限公司, 2001.

[31] 阎云翔. 礼物的流动：一个中国村庄中的互惠原则与社会网络[M]. 李放春, 刘瑜, 译. 上海：上海人民出版社, 2017.

[32] 阎云翔. 私人生活的变革：一个中国村庄里的爱情、家庭与亲密关系：1949—1999[M]. 龚晓夏, 译. 上海：上海书店出版社, 2006.

[33] 阎云翔. 中国社会的个体化[M]. 陆洋等, 译. 上海：上海译文出版社, 2012.

[34] 杨国枢, 余安邦. 中国人的心理与行为[M]. 台北：桂冠图书公司, 1994.

[35] 杨善华. 当代西方社会学理论[M]. 北京：北京大学出版社, 1999.

[36] 杨善华. 感知与洞察：实践中的现象学社会学[M]. 北京：社会科学文献出版社, 2012.

二、中文期刊论文

[1] 柴效武. 异地集中养老模式可行性探讨[J]. 浙江大学学报（人文社会科学版）, 2004, 34 (6)：150-153.

[2] 陈皆明. 中国养老模式：传统文化、家庭边界和代际关系[J]. 西安交通大学学报（社会科学版）, 2010, 30 (6)：44-50.

[3] 陈卫, 刘金菊. 人口流动家庭化及其影响因素：以北京市为例[J]. 人口学刊, 2012 (6)：3-8.

[4] 陈昶屹. "候鸟式异地养老"的困境[J]. 法庭内外, 2011 (9)：40-41.

[5] 陈谊, 黄慧. 如何解决老年人的异地养老需求[J]. 北京观察, 2006 (10)：19-22.

[6] 陈友华. 异地养老：问题与前景[J]. 江苏社会科学, 2016 (2)：127-132.

[7] 成伯清. 代际差异、感受结构与社会变迁：从文化反哺说起[J]. 河北学刊, 2015, 35 (3)：96-100.

[8] 崔烨, 靳小怡. 亲近还是疏离？乡城人口流动背景下农民工家庭的代际关系类型分析：来自深圳调查的发现[J]. 人口研究, 2015, 39 (5): 48-60.

[9] 戴桂斌. 社会转型与社会整合[J]. 求实, 2003 (3): 27-30.

[10] 费孝通. 家庭结构变动中的老年赡养问题：再论中国家庭结构的变动[J]. 北京大学学报（哲学社会科学版），1983 (3): 6-15.

[11] 高和荣. 文化变迁下的中国老年人口赡养问题研究[J]. 学术论坛, 2003, 26 (1): 136-139.

[12] 苟天来, 左停. 从熟人社会到弱熟人社会：来自皖西山区村落人际交往关系的社会网络分析[J]. 社会, 2009, 29 (1): 142-161.

[13] 郭于华. 代际关系中的公平逻辑及其变迁：对河北农村养老事件的分析[J]. 中国学术, 2001, 3 (4): 221-254.

[14] 郭志刚. 中国高龄老人的居住方式及其影响因素[J]. 人口研究, 2002, 26 (1): 37-42.

[15] 何星亮, 杜娟. 文化人类学田野调查的特点、原则与类型[J]. 云南民族大学学报（哲学社会科学版），2014, 31 (4): 18-25.

[16] 何阳. 异地养老文献综述及其引申[J]. 重庆社会科学, 2015 (10): 66-71.

[17] 胡鞍钢, 马伟. 现代中国经济社会转型：从二元结构到四元结构 (1949—2009) [J]. 清华大学学报（哲学社会科学版），2012, 27 (1): 16-29+159.

[18] 黄慧. "候鸟式"异地养老群体的养老质量研究：基于三亚市的个案分析[J]. 特区经济, 2020 (4): 58-60.

[19] 黄宗智. 认识中国：走向从实践出发的社会科学[J]. 中国社会科学, 2005, 12 (1): 83-93.

[20] 黄宗智. 中国的现代家庭：来自经济史和法律史的视角[J]. 开放时代, 2011 (5): 82-105.

[21] 姜向群. 对"异地养老"的概念及其实践活动的质疑[J]. 人口研究, 2006, 30 (4): 39-42.

[22] 孔金平, 刘瑜闻. 养老方式多样化的探索：互动式异地养老[J].

湖南科技学院学报，2008，29（1）：73-75.

[23] 黎莉，陈棠，王珏. 佛罗里达经验对海南"候鸟式"养老产业发展的启示[J]. 科技和产业，2014，14（2）：29-33.

[24] 李芬. 异地养老者的特征：异地养老模式的机遇与挑战——基于157位异地养老者问卷调查的分析[J]. 人口与发展，2012，18（4）：62-66.

[25] 李汉宗. 血缘、地缘、业缘：新市民的社会关系转型[J]. 深圳大学学报（人文社会科学版），2013，30（4）：113-119.

[26] 李培林. 另一只看不见的手：社会结构转型[J]. 中国社会科学，1992（5）：3-19.

[27] 李荣荣. "差序格局"与个体主义之间的距离[J]. 中国农业大学学报（社会科学版），2008，25（4）：42-49.

[28] 李珊. 我国移居老年人的居住意识研究[J]. 西北人口，2011，32（5）：69-72.

[29] 李延宇，任姣姣，丁玉乐. 老龄化与少子化背景下中国老年人口异地养老现象探究[J]. 经营管理者，2013（4）：5-7.

[30] 李雨潼. "候鸟式"异地养老方式研究[J]. 社会科学战线，2018（8）：276-280.

[31] 李雨潼，曾毅. "候鸟式"异地养老人口生活现状研究：以海南省调查为例[J]. 人口学刊，2018，40（1）：56-65.

[32] 梁辉，胡健，杨云彦. 迁移模式对农民工人际网络构建的影响研究[J]. 人口与发展，2014，20（2）：44-52.

[33] 林默彪. 社会转型与转型社会的基本特征[J]. 社会主义研究，2004（6）：134-135.

[34] 凌建勋，凌文辁，方俐洛. 深入理解质性研究[J]. 社会科学研究，2003（1）：151-153.

[35] 刘爽，陈谊，黄慧等. 孰是孰非：聚集"异地养老"[J]. 人口研究，2006，30（4）：35-39.

[36] 刘伟，陈鹏. 我国异地养老的现状及对策研究[J]. 广西政法管理干部学院学报，2012（3）：65-68.

[37] 刘燕，万欣荣. 中国社会转型的独特性分析[J]. 中国经济问题，

2011 (5): 11-16.

[38] 刘祖云. 社会转型与社会流动: 从理论到现实的探讨[J]. 华中师范大学学报 (人文社会科学版), 1998 (5): 4-9.

[39] 陆杰华, 沙迪. 老龄化背景下异地养老模式类型、制约因素及其发展前景[J]. 江苏行政学院学报, 2019 (4): 56-63.

[40] 孟向京, 姜向群, 宋健. 北京市流动老年人口特征及成因分析[J]. 人口研究, 2004, 28 (6): 53-59.

[41] 穆光宗. 关于"异地养老"的几点思考[J]. 中共浙江省委党校学报, 2010, 26 (2): 19-24.

[42] 盛亦男. 中国流动人口家庭化迁居[J]. 人口研究, 2013, 37 (4): 66-79.

[43] 宋健. 流迁老年人口研究: 国外文献评述[J]. 人口学刊, 2005, 27 (1): 28-32.

[44] 宋林飞. 中国社会转型的趋势、代价及其度量[J]. 江苏社会科学, 2002 (6): 30-36.

[45] 孙立平, 温勇, 张新岭等. 社会转型: 发展社会学的新议题[J]. 社会学研究, 2005, 31 (1): 1-24.

[46] 孙友然. 海南国际旅游岛建设中的流动人口服务管理及对策[J]. 人口与社会, 2015 (1): 42-52.

[47] 田北海, 雷华, 钟涨宝. 生活境遇与养老意愿: 农村老年人家庭养老偏好影响因素的实证分析[J]. 中国农村观察, 2012 (2): 74-85.

[48] 王建民. 转型社会中的个体化与社会团结: 中国语境下的个体化议题[J]. 思想战线, 2013 (3): 79-83.

[49] 韦晓丹, 陆杰华. 季节性候鸟老人自评健康影响因素的实证分析: 以海南省为例[J]. 北京社会科学, 2017 (5): 99-107.

[50] 吴帆. 中国流动人口家庭的迁移序列及其政策涵义[J]. 南开学报 (哲学社会科学版), 2016 (4): 42-46.

[51] 吴要武. 独生子女政策与老年人迁移[J]. 社会学研究, 2013, 28 (4): 49-73.

［52］阎萍. 异地养老市场分析及对策建议[J]. 市场与人口分析, 2006, 12（3）: 67-70.

［53］杨舸. 社会转型视角下的家庭结构和代际居住模式: 以上海、浙江、福建的调查为例[J]. 人口学刊, 2017, 39（2）: 5-17.

［54］杨菊华, 陈传波. 流动人口家庭化的现状与特点: 流动过程特征分析[J]. 人口与发展, 2013, 19（3）: 2-13.

［55］袁开国, 刘莲, 邓湘琳. 国外关于异地旅游养老问题研究综述[J]. 福建江夏学院学报, 2013, 3（6）: 63-69.

［56］张茂玲. 异地养老: 我国社会保障制度改革面临的新问题[J]. 财经政法资讯, 2006, 22（2）: 16-19.

［57］张晓青. 国际人口迁移理论述评[J]. 人口学刊, 2001（3）: 41-46.

［58］张雪霖. 城市化背景下的农村新三代家庭结构分析[J]. 西北农林科技大学学报（社会科学版）, 2015, 15（5）: 120-126.

［59］张伊娜, 孙许昊, 周双海. 老年人口迁移的特征和影响: 文献综述[J]. 西北人口, 2012, 33（4）: 27-31.

［60］张伊娜, 周双海. 中国老年人口迁移的选择性[J]. 南方人口, 2013, 28（3）: 38-45.

［61］郑杭生. 改革开放三十年: 社会发展理论和社会转型理论[J]. 中国社会科学, 2009（2）: 10-19.

［62］郑佳明. 中国社会转型与价值变迁[J]. 清华大学学报（哲学社会科学版）, 2010, 25（1）: 113-126.

［63］郑欣. 田野调查与现场进入: 当代中国研究实证方法探讨[J]. 南京大学学报（哲学·人文科学·社会科学）, 2003, 40（3）: 52-61.

［64］周刚, 曹威, 李运娥, 等. 基于推拉理论的重庆市旅游养老者迁移因素与迁移行为分析[J]. 经济师, 2016（12）: 29-32.

［65］周皓. 省际人口迁移中的老年人口[J]. 中国人口科学, 2002（2）: 35-41.

［66］周婷. 浅析"异地养老"在我国发展缓慢原因及其对策研究[J]. 特区经济, 2011（1）: 226-228.

三、学位论文

[1] 曹昭. 变迁社会中的农村养老问题研究：关于山东省平陵村的个案分析[D]. 上海：上海大学，2009.

[2] 陈茉. 中国养老政策变迁历程与完善路径[D]. 吉林：吉林大学，2018.

[3] 雷龙乾. 马克思主义社会转型理论：历史观视角的考察[D]. 北京：北京大学，2000.

[4] 李桂梅. 冲突与融合：传统家庭伦理的现代转向及现代价值[D]. 长沙：湖南师范大学，2002.

[5] 赵昊骏. "候鸟式"养老群体公共服务供需问题研究[D]. 吉林：吉林大学，2019.

四、外文文献

[1] BEVERIDGE W E. Retirement and life significance: a study of the adjustment to retirement of a sample of men at management level[J]. Human relations, 1980, 33 (1): 69-78.

[2] BILEY C F, HILTON W, PHILLIPS J, et al. A brief report on an action learning group exploration of how older people adapt to change in later life [J]. Nursing reports, 2011, 2 (1): 13-17.

[3] BRADSHAW J. The concept of social need[J]. New society, 1972, 19 (469): 640-643.

[4] CASADO-DIAZ, ANGELES A, CLAUDIA K, et al. Northern European retired residents in nine southern European areas: characteristics [J]. Aging & society, 2004, 24 (3): 353-381.

[5] CHEVAN A. Holding on and letting go: residential mobility during widowhood[J]. Research on aging, 1995, 17 (3): 278-302.

[6] CLARK W A V, WHITE K. Modeling elderly mobility[J]. Environ-

ment and planning A: Economy and space, 1990, 22 (7): 909-924.

[7] CONWAY K S, HOUTENVILLE A J. Do the elderly "vote with their feet"? [J]. Public choice, 1998, 97 (5): 663-685.

[8] CONWAY K S, HOUTENVILLE A J. Out with the old, in with the old: a closer look at younger versus older elderly migration[J]. Social science quarterly, 2003, 84 (2): 309-328.

[9] DOYAL L, GOUGH I. A theory of human need[M]. Basingstoke: Macmillan, 1991.

[10] GAVIN W J. Population ageing in Asia and its implications for mobility[J]. Journal of population ageing, 2008, 1 (1): 31-49.

[11] GUSTAFSON P. Tourism and seasonal retirement migration[J]. Annals of tourism research, 2002, 29 (4): 899-918.

[12] KROUT, JOHN A. Seasonal migration of the elderly[J]. Gerontologist, 1983, 23 (3): 295-299.

[13] LEE E S. A theory of migration[J]. Demography, 1966 (3): 47-57.

[14] LITWAK E, LONGINO C F. Jr. Migration patterns among the elderly: a developmental perspective[J]. The gerontologist, 1987, 27 (2): 266-272.

[15] LONGINO C F, MARSHALL V W. North American research on seasonal migration[J]. Ageing and Society, 1990, 10 (2): 229-235.

[16] RAVENSTEIN E G. The laws of migration[J]. Journal of the statistical society: Series A (statistics in society), 1889, 52 (2): 241-301.

[17] SHARMA A. The chain is only as strong as the weakest link: older adult migration and the first move[J]. Research on aging, 2013, 35 (5): 507-532.

[18] SMITH S K, HOUSE M. Snowbirds, sunbirds, and stayers: seasonal migration of elderly adults in Florida[J]. The journals of gerontology. Series B. Psychological sciences and social science, 2006, 61 (5): 232-239.

[19] STARK O, DAVID E B. The new economics of labor migration[J].

The American economic review, 1985, 75 (2): 173-178.

[20] SUSSMAN, MARVIN B. The isolated nuclear family: fact or fiction [J]. Social problems, 1959, 6 (4): 333-340.

[21] VIALLON P. Retired snowbirds [J]. Annals of tourism research, 2012, 39 (4): 2073-2091.

[22] WARNES A M, KRIEDRICH K, KELLAHER L, et al. The diversity and welfare of older migrants in Europe [J]. Ageing and society, 2004, 24 (3): 307-326.

[23] YAHRUM J J. Take me "home": return migration among Germany's older immigrants [J]. International migration, 2014, 52 (4): 231-254.

附录1 访谈对象基本情况一览表

序号	访谈对象编码	性别	年龄（岁）	子女情况	迁出地	访谈时间	访谈地点
1	CB	男	73	2女	重庆	2017-11-24 至 2018-2-12 多次访谈	S季春城小区等
2	QYX	女	65				
3	WSG	男	65	1儿	四川成都	2017-1-24 至 2018-2-12 多次访谈	S季春城小区等
4	ZJ	女	64				
5	WJF	女	54	1女	重庆	2017-1-24 至 2018-2-12 多次访谈	S季春城小区等
6	ZLP	男	62	1女	重庆	2017-1-24 至 2018-2-12 多次访谈	S季春城小区等
7	XYP（与8再婚）	女	61	1儿	重庆	2017-1-24 至 2018-2-12 多次访谈	S季春城小区等
8	LMZ（与7再婚）	男	66	1儿1女	吉林白山	2017-1-24	S季春城小区
9	LZW	男	84	1儿1女	上海	2017-1-24 至 2018-2-12 多次访谈	S季春城小区等
10	CWY	女	80				
11	WNY	男	77	2儿	重庆	2017-1-24 至 2018-2-12 多次访谈	S季春城小区等
12	YZS	女	76				
13	YZJ	女	80	1儿1女	重庆	2017-1-24 至 2018-2-12 多次访谈	S季春城小区等
14	WZW	男	68	2女	山东济南	2017-1-25	S季春城会所门口
15	YYH	女	76	2女	四川德阳	2017-1-25	S季春城小区门口
16	ALS	男	78				

续表

序号	访谈对象编码	性别	年龄（岁）	子女情况	迁出地	访谈时间	访谈地点
17	ZSH	女	73	1儿1女	重庆	2017-1-25	NY广场
18	LWX	男	63	1女	重庆	2017-1-25	NY广场
19	ZL	女	60				B饺子馆
20	WKR	女	65	1儿	重庆	2017-1-24至2018-2-12多次访谈	文昌S海湾小区
21	WLY	男	80	1女	重庆	2017-1-25	NY广场
22	ZLL	女	76				B饺子馆
23	ZZK	男	80	2儿	北京	2017-1-24至2018-2-12多次访谈	S季春城小区
24	LGR	女	79				
25	SZM	男	84	1儿2女	浙江杭州	2017-1-27	海口市XWY小区
26	CZM	女	82				
27	TYF	女	68	2女	重庆	2017-1-27	S季春城小区
28	ZMF	男	75	1儿1女	重庆	2017-1-25	S季春城小区
29	SYR	女	61	1儿	甘肃兰州	2017-1-26	S季春城小区
30	WJM	女	60	1女	贵州贵阳	2017-1-27	金山寺门口
31	WZW	男	72	2女	山东泰安	2017-1-24至2018-2-12多次访谈	S季春城小区
32	LSJ	女	68				
33	ZGM	男	70	1儿1女	四川涪陵	2017-1-27	S季春城小区门口
34	PQ	女	62				
35	LP	女	55	1女	重庆	2017-1-24至2018-2-12多次访谈	S季春城运动场
36	WXS	男	74	3儿	湖北武汉	2017-1-24至2018-2-12多次访谈	微信电话访谈
37	XJ	女	69				
38	CYM	女	60	1儿	北京	2017-2-3	澄迈公交车站

续表

序号	访谈对象编码	性别	年龄（岁）	子女情况	迁出地	访谈时间	访谈地点
39	LXS	男	52	1儿1女	黑龙江哈尔滨	2017-2-3	S季春城会所门口
40	SSP	女	55				
41	LJY	男	81	1儿1女	辽宁沈阳	2017-2-5	S季春城小区
42	LC	女	78				
43	CZQ	女	48	1儿	四川涪陵	2017-2-5	S季春城小区
44	XXS	男	49	无子女	重庆	2017-1-24至2018-2-12多次访谈	S季春城小区
45	HXP	女	35				
46	ZDY	男	82	1儿1女	江苏南京	2017-1-27	HS湾湿地公园
47	YLF	女	84	1女	四川成都	2018-2-8	海口市GH苑
48	LGK	男	62	1儿	内蒙古	2018-2-8	三亚市解放路96号
49	ZJL	男	70	1儿	黑龙江	2018-2-8	三亚市解放路96号
50	WDH	女	81	1儿1女	四川成都	2018-2-9	三亚市三亚湾路
51	ZW	男	35	1儿	海南澄迈	2018-2-12	S季春城会所门口
52	LP	女	42	1女	海南海口	2018-2-8	海口市GH苑
53	WL	女	37	1女	海南澄迈	2018-2-11	NY广场B饺子馆

备注：子女情况一列内容相同的两人为夫妻关系。

附录 2　访谈提纲

一、基本情况

候鸟老人性别、年龄、原居住地、退休前的工作情况、婚姻状况、子女数目、健康情况、经济状况、养老金的大概水平等。

二、来海南异地养老的相关情况

1. 何时来海南异地养老？每年往返的大概时间段。
2. 来海南异地养老的主要原因。
3. 在海南的居住情况，租房？买房？住老年公寓？
4. 来海南异地养老的主要经历，租房的过程，买房的过程，预约老年公寓的过程。
5. 每月的消费概况，租房、购房或者居住老年公寓的价格，日常消费，等等。

三、在海南异地养老的生活状态

1. 在海南一起异地养老的是否有自己的亲戚、朋友？平时是否经常来往？
2. 与邻居、朋友主要通过哪些方式开展交流？
3. 异地养老期间是否接受他人的帮助？在哪些方面接受帮助？接受帮助的频率？
4. 异地养老期间是否帮助他人？通过哪些方式帮助他人？帮助他人的

频率？

5. 异地养老期间是否外出旅游？旅游地点？花费多少？外出游玩的频率？
6. 是否参加异地养老协会？
7. 参加异地养老协会的原因？主要开展哪些活动？参加活动最大的体会什么？哪些活动对您的异地养老生活影响较大？
8. 不愿意参加异地养老协会的原因？
9. 社区为候鸟老人提供哪些服务？还需要完善哪些方面的服务？
10. 社区为候鸟老人开展哪些活动？还需要开展哪些方面的活动？

四、在海南异地养老期间对市场等方面的感受

1. 日常用品采购是否便利？购买到自己家乡的特产等是否容易？
2. 旅游过程中的体验如何？旅游市场是否规范？
3. 买房过程中的体验如何？
4. 预订养老公寓过程中的体验。
5. 在消费过程中对海南各类市场还有哪些感受？

五、在海南异地养老期间对公共服务等方面的感受

1. 在海南异地养老期间最大的不便之处是什么？
2. 在看病、就医等方面希望能够得到哪些便利条件？
3. 出行方面的感受如何？
4. 在海南异地养老期间周边的生活环境、生态环境发生哪些变化？
5. 居住地点的供水、供电等是否正常？
6. 居住地点周边的基础设施是否完备？
7. 在海南异地养老期间有没有再就业的打算？如果有，是否实现？过程如何？
8. 是否了解海南对候鸟老人在乘车等方面的优惠措施？是否享受过？手续的办理是否简便？

六、候鸟老人今后的去向

1. 今后是否会继续这种候鸟式异地养老方式？取决于哪些因素？
2. 除了冬季避寒，是否还考虑夏季的避暑？如果有，已经开展的情况如何？
3. 是否会考虑由候鸟式异地养老改变为常住海南异地养老？取决于哪些因素？
4. 今后如果准备全年常住海南异地养老，会考虑采用什么样的养老方式？

后　　记

　　本书是在我的博士论文的基础上修改、整理完成的。

　　一路走来，最为感激、感谢的，是我的导师黄健元教授！黄老师一直致力于人口社会学的研究，学识渊博，极富人文情怀和人格魅力，对所有的学生无私授业，悉心指导！黄老师看待问题思路清晰，治学严谨，在专业相关领域一直保持孜孜不倦的求索精神和状态，对于能够成为黄老师的学生，我一直心怀感激！衷心感谢黄老师一直以来的指导、帮助和鼓励，让我能够不断进步，找准研究方向，提升学术研究的能力，黄老师教授给我的宝贵的知识和方法让我受益匪浅！

　　感谢施国庆教授、陈友华教授、陈阿江教授、王毅杰教授、陈绍军教授、曹海林教授、叶南客教授、张虎彪副教授等，他们在书稿写作各环节给予了我大量帮助。还要感谢河海大学公共管理学院社会保障系的韩振燕教授、郭剑平副教授、张鑫副教授、唐国红老师等在书稿写作期间给予的大力支持！感谢我的同门以及同专业同学们，是他们的帮助和鼓励使得我一路坚持走到现在！

　　我还要由衷地感谢在田野调查过程中那些给予积极配合与帮助的朋友们！他们就是那一群勇于尝试候鸟式异地养老的"南飞的候鸟"，是他们的实践经验、他们的畅所欲言，使得我能更好地完成数据收集和实地调查，为书稿的完成打下了坚实的基础。

　　最后，要感谢我的家人。由衷地感谢我的父母，他们就是两位健康乐观、热爱生活的候鸟老人，正是他们数年前开启的候鸟式异地养老之行，引起了我的观察与思考，在之后的田野调查过程中，我的父母也给予了我大量的帮助，使我能够积累丰富的经验材料，为书稿的撰写提供强大支撑！我还要特别感谢我的先生和女儿，他们父女俩在书稿写作期间给予了我极大的关心，他们是支持我从事各项研究工作的精神力量！

本书得到河海大学中央高校基本科研业务费项目（人文社科专项—社科文库项目）"候鸟式异地养老中国家、市场和社会的功能研究"的资助，在此表示感谢！同时，也向为本书出版付出辛勤劳动的苏州大学出版社的编辑们表示感谢！

鉴于笔者学术造诣、研究能力和研究时间等方面的局限性，对候鸟式异地养老的研究还有待进一步深入。本书难免有疏漏之处，敬请各位专家学者批评指正，不吝赐教。

陈际华

2023 年 7 月于南京